经济学

基本问题与经典文本解读

李露亮◎著

·广州·

图书在版编目（CIP）数据

经济学基本问题与经典文本解读/李露亮著.—广州：中山大学出版社，2014.10

ISBN 978-7-306-05054-0

Ⅰ.①经…　Ⅱ.①李…　Ⅲ.①经济学—研究　Ⅳ.①F0

中国版本图书馆 CIP 数据核字（2014）第 233651 号

出版人：徐　劲
策划编辑：蔡浩然
责任编辑：蔡浩然
封面设计：林绵华
责任校对：杨文泉
责任技编：何雅涛
出版发行：中山大学出版社
电　　话：编辑部 020-84111996，84113349，84111997，84110779
　　　　　发行部 020-84111998，84111981，84111160
地　　址：广州市新港西路 135 号
邮　　编：510275　　传　真：020-84036565
网　　址：http：//www. zsup. com. cn　E-mail：zdcbs@ mail. sysu. edu. cn
印 刷 者：广州中大印刷有限公司
规　　格：787mm×960mm　1/16　14.75 印张　280 千字
版次印次：2014 年 10 月第 1 版　2014 年 10 月第 1 次印刷
印　　数：1—2000 册　　定　　价：35.00 元

内容简介

本书以分工理论为线索，着重介绍了从亚当·斯密到杨小凯之间的诸多经济学家对社会分工、市场协调、契约、企业组织、公共选择等问题的深刻见解，并把分工理论作为打开经济学之门的钥匙。

本书讨论了以下问题：①斯密问题、李嘉图问题、赫克歇尔－俄林问题。对于古典分工理论，作者强调指出，分工演化的制度条件在于生命权、财产权及自由权的优先确认，分工演化的决策条件在于决策成本对外部成本的有效替代。②杨小凯问题、科斯问题、奥尔森问题。这些问题分别对应于新兴古典分工理论、企业契约理论、集体选择理论，而杨小凯的新兴古典框架给出了经济现象首尾一致的解释。③李约瑟问题、诺斯问题、陈平问题。这些问题集中于经济史，而分工理论是理解近代经济史问题的基本线索。④斯密悖论、奥尔森悖论、诺斯悖论。这些问题涉及到分工原理与市场原理的关系、个体理性选择与外部性的矛盾和契约制度与非契约制度的比较。作者指出：斯密悖论与奥尔森悖论是假问题，而契约型国家的经济目标在于外部成本的最小化，非契约型国家的经济目标在于垄断与权力的租金最大化。

本书内容丰富，对经济学经典文本的解读十分精辟，从而使抽象的经济学理论变得生动有趣，可作为高等院校经济学、管理学、金融学等专业的本科生及研究生教材与扩展阅读书籍，对经济管理类专业的教师及相关研究人员也有参考价值。

目　录

论

分工理论：打开经济学之门的钥匙

本书重点讨论制度改进对分工演化与外部成本的影响，并把这一讨论与经济理论史上的一些基本问题联系起来。其基本结论为以下方面。

（1）个人财产权与契约权的法律保护，是分工演化的制度前提，也是市场契约形成的基础。这一点对于分工演化理论来说具有逻辑上的优先性。斯密认为，在私有财产与契约自由的基础上，人们会选择分工内生演化与外生演化的方式促进财富增长，并通过市场交换来实现分工带来的好处。而完全竞争、完全信息以及不存在交易成本与外部成本的理论假定，是对斯密悖论的误读。所谓斯密悖论，即斯密的分工定理与市场原理的矛盾，也是一个假问题。

（2）个人是自身利益得失的最好裁判。人们通过纯粹的个人决策、契约决策、公共决策这三种方式协调分工。纯粹的个人决策，是降低外部成本的基本方式；契约决策，是通过界定或交换彼此的权利来协调相互间的利益；公共决策，是个人因外部性问题导致公共产品供给不足，由此来界定由政府提供公共服务的边界与义务。而社会成员选择某种决策类型的唯一经济学根据在于该项决策比起其他的决策类型来说，更有利于克服外部性。

（3）决策成本对外部成本的有效替代，是决策优化与制度改进的充要条件。决策均衡意味着决策成本对外部成本的边际替代率等于一。如果决策成本对外部成本的边际替代率大于一，则意味着决策优化；反之，意味着决策失效。社会成员不参与决策，将不承担决策成本，但要承受较大的外部成本；社会成员参与决策，将有效降低外部成本，但要承担决策成本；只有当决策成本与外部成本相等时，个人不再存在进一步参与决策或者退出决策的激励。

（4）不仅交易的地理集中（如市场）与交易媒介（如货币）的出现，是分工演进与协调分工的产物，而且企业、公司、银行这些组织形式的出现，也是分工演进与协调分工的方式。硬预算约束条件下企业的性质，不仅在于通过增加一个劳动的契约成本，来避免与降低中间产品的交易成本与外部损失，而且还包含着通过增加一个监督成本与选择性激励成本，来降低集体行动中的机会主义成本与收益漏出。这一点，有助于解答科斯问题与奥尔森问题。

（5）决策权分配的公平与否，构成契约性制度与非契约性制度的基础。契约制度下的决策，社会参与程度较高，外部成本较低，私人净收益接近社会净收益的水平，其决策目标为外部成本的最小化；非契约制度下的决策，社会参与程度较低，外部成本与监督成本较高，其决策目标为垄断与权力的租金最大化。社会成员普遍参与决策，虽不是合作解的充分条件，但却是合作解的必要条件。而帕累托最优的取得，只有在合作决策的条件下才可能实现。

（6）相对于完全竞争定价来说，由垄断与权力参与定价的竞争受阻性市场，不仅存在着偏离竞争价格的套利空间与寻租空间，也存在着帕累托改进与卡尔多－希克斯改进空间[①]。高定价寻租意味着较小的交易量与较低的效率；低定价寻租意味着较大的交易量与较快的租金漏出，参与人通过寻租获得交易机会，整个社会以一个较高的外部代价与福利损失换取经济增长。后一点构成后发国家制度转型中的基本特征，由此也可以解释寻租与增长共生的现象。

第一节　分工演进与市场协调

1776年，亚当·斯密的《国民财富的性质和原因的研究》（以下简称《国富论》）一书问世，在这部划时代的著作中，斯密提出了这样的问题：国民财富的性质及其增长的原因到底是什么？斯密认为：国民财富在本质上是劳动，财富增长最为深刻的根源在于劳动分工，而技术的进步、交换的发展、货币的出现、投资的增长，都是劳动分工演进的结果。这是一种不同于以往重商主义与重农主义的全新见解。斯密还把劳动的分工与专业化程度看作衡量一个社会经济发展水平的标准，即一个社会经济越是原始落后，它的分工与专业化程度就越低，交换系统也就越不发展；相反，一个社会经济越是发达，它的分工与专业化程度就越高，交换系统也就越是完备。

分工与交换是人类经济活动的本质。劳动在本质上是人与自然界之间能量的交换，劳动分工则体现了这种交换的组织方式。在分工经济中，每个人只专注于一个生产环节或一种产品的生产，并从专业化中获得劳动效率的提高。相对于自给自足的自然经济来说，分工经济首先在生产形态上表现为社会成员通过让渡产品生产的多样性获得专业性，然后在市场形态上又表现为让渡专业化产品交换回产品多样性。市场作为协调分工的手段，以交易双方相互承认彼此的权利为前提，以交易契约的方式实现分工。而人们在公共事务层面的活动，也可以看作协调分工的方式：人们在政治市场上通过让渡权利来交换公共产品。今天，离开了劳动分工与市场交换，一个人就难以生存。早在200多年以前，斯密就注意到了劳动分工与市场交换对于人类经济生活的意义，并把分工当作经济增长的动力，把市场作为协调分工与优化资源配置的根本方式。

经济学家通常用内生演化与外生演化的概念来描述劳动分工演进的不同途径。内生演化，是指经济活动的当事人在事前相同，他们之间不存在自然禀赋上

---

① 帕累托改进，是指在不减少部分人的福利的情况下，通过改变原有的决策方式与资源配置方式，可以提高另一部分人的福利；卡尔多－希克斯改进，是指一部分人的境况由于决策调整而变好，他们能够补偿另一部分人的损失，而且保证还有剩余；帕累托最优，是指从一种决策状态到另一种决策状态的变化中，不再可能使社会成员的福利状况变得更好。

和技术上的事前差别，但由于人们通过自发选择不同的专业化分工模式，导致了财富的增长。而外生演化，是指经济活动的当事人在事前不同且可以比较，他们之间在自然禀赋上和技术上存在着差别或比较优势；在这样的前提下，人们通过选择不同专业化分工的方式，生产具有各自比较优势的产品，并通过交易的方式实现财富的增长。此外，还有一种被经济学家所忽略的情形：经济活动的当事人在自然禀赋上和技术条件上在事前是不同的，他们选择的专业化生产方式又是不可比较的，在这样的前提下，人们不仅能够在原有的路径上内生演化出专业化分工经济，也能够通过互通有无的交换反过来演化出外生比较优势。这一点对于解释分工与交换的起源尤为重要。

斯密的分工演化原理既包括内生演化，也包括外生演化，其前提条件为：①理性经济人；②私有财产权；③契约自由。在斯密看来，在上述基础上，人们会自发促进分工演化与财富增长，并通过市场来协调分工。产权的基本功能在于界定权利边界，降低外部成本；市场的基本功能在于协调分工、发现价格。斯密认为，在自由竞争市场中，每个人只关心自身的利益，但受一只“看不见的手”所左右，社会利益会自动得以实现，资源会自发得到合理配置。斯密证明，这是一个正和游戏，即使在劳动生产率不变的条件下，参与分工与交换的各方的净收益依然可以得到增长。而在一个垄断与政府权力介入的市场，竞争受阻，效率受损，分工带来的好处将大打折扣。

实际上，经济学中的劳动分工原理与生物学中的生物进化原理以及物理学中的宇宙演化原理在逻辑上相一致，这一点，早在耗散结构理论被布鲁塞尔学派经典表述以前就为学者所提及。涂尔干在《社会分工论》（1893）一书中写道：“尽管分工并不是晚近的事实，但直到上世纪（18 世纪）末人们才开始认识到它的规律。……亚当·斯密就是分工理论最早的阐发者。”“最近在生物学领域内的许多哲学思考最终使我们发现，劳动分工对经济学家来说已经成为一个普遍事实。……可以说，如果一个有机体所在的动物等级越高，其技能分化也就越细。这一发现不仅扩大了劳动分工的影响，而且把分工的起源推进到了无限远古的时代，因为自从地球上有了生命，分工就几乎同时出现了。分工已经不再仅仅植根于人类理智和意志的社会制度，而是生物学意义上的普遍现象，是我们在有机体中必须有所把握的条件。因此，所谓社会分工只不过是普遍发生的一种形式。”[1]生物物种在自然演化中生成适应于特定环境的特化器官，人类在社会演化中生成适应于特定环境的专业化分工与交换模式，都表现为生命系统通过建构起一个复杂性的适应结构，在专业分工及其协调中，使得它们与环境之间的能量交换更为有效。从进化序列的意义上讲，分工原理不过是物质世界与生物世界的进化的逻辑在人类社会形态上的再现。

从物理系统的演化，到生物系统的演化，再到社会分工系统的演化，呈现出一种重复出现的秩序，一种逻辑上的同构性。“这些组织层次束当中的每一束都是在下面那个层次束的基础上建立起来的。由于在较高层次束得以出现以前，较低层次就已经形成了，因此这些层次束按时间顺序而出现就不足为奇了。”[2]“较低的层次限定了较高层次能够进化的约束条件有多宽，可能性有多大。较低层次束的系统能够做到允许更高层次束上的系统的进化，但却永远不可能决定较高层次束上的系统的性质。进化的规律不是决定性的，而是概率性的；它们并不决定精确的进化轨线，而是确定了进化的脉络。物理的物质－能量系统的进化为生物的进化建立了舞台，并确定了进化的规则；而生物的进化又为社会文化系统的进化建立了舞台，并确定了相应的进化规则。”[3]进化过程就是这样一个原有的组织层次束被打破，跃迁到更为复杂的组织层面的演化过程。在这一自发扩展的秩序中，系统的开放程度、组织层次、复杂性不断提高，使得系统与环境之间的物质、能量、信息的交换变得更有效率。

人类社会作为生物化学系统的一个次级层次，是自然史的一个有机组成部分。作为一个开放的系统，人类通过劳动活动实现人与自然之间的能量交换，并通过制度安排实现人与人之间的权利交换，以此作为人与自然能量交换的社会组织形式。在经济演进的过程中，人类超越了生物遗传层面的器官分工与人类性别差异层面的自然分工，通过劳动的社会分工，使经济形态从封闭的自给自足经济演化出开放的分工交换经济，随着从局部分工向完全分工的演进，市场制度又从分工演化中出现，商业与货币也在分工与交换中产生；再后来，企业组织形式通过劳动契约替代中间产品的交换契约也在分工演化中出现；甚至更为复杂的组织与制度规则，包括集体决策与社会公共决策，也是特定的人群基于自身的自然禀赋条件、技术条件、先行的组织与制度规则，在分工演进的路径上集体博弈与社会适应的结果。

社会分工不断演进的过程，既是从个人决策到契约决策再到公共决策的递进过程，也是经济活动在更为社会化的范围内被组织起来的过程。而以个人财产权与契约自由为制度基础的分工演化，导致了近代人类的工商业革命与经济起飞。由于在分工与交换的结构中，不同利益主体的决策之间发生相互作用，由此带来的外部性问题又需要通过制度不断改进来处理，因此，分工演化与制度改进的互动成为近代人类进步的特征。在这一过程中，决策方式、决策层级、决策成本对分工演进与外部成本将产生重要的影响。

这里所指的决策方式，包括决策权的平等分配与决策权的不平等分配两种类型。决策权的平等分配，意味着社会成员有权参与关乎自身利益的决策，使个人净收益接近社会净收益的水平，它指向外部成本的最小化。决策权的不平等分

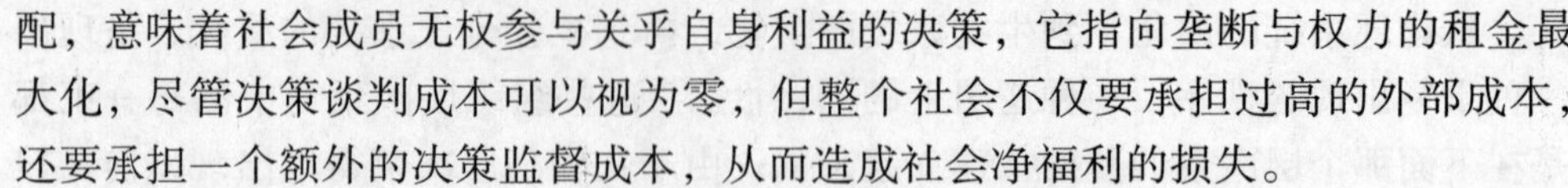

配，意味着社会成员无权参与关乎自身利益的决策，它指向垄断与权力的租金最大化，尽管决策谈判成本可以视为零，但整个社会不仅要承担过高的外部成本，还要承担一个额外的决策监督成本，从而造成社会净福利的损失。

这里所指的决策层级，包括纯粹个人决策、契约决策、公共决策三个层次。随着决策参与程度的提高，决策成本上升，外部成本下降，决策的复杂程度与相互依赖程度也随之提高。决策的先后关系说明了决策在时间序列上优化的可能，决策的组织层级说明了制度创新的可能。这一演化秩序的逻辑基础，在于私有财产制度与契约制度的确立，以及决策成本对外部成本的有效替代。而假定交易成本、信息成本、外部成本为零，并不是斯密的原意。

决策成本，是指达成某种决策的费用，包括达成决策的谈判成本、实施决策的监督成本以及交易成本。而外部成本是指一项决策对他人的福利产生的影响。当某种决策安排造成了收益溢出，给他人带来了收益增加或成本减少，而受益者无须花费代价，称为正外部效果或外部收益；而当某种决策安排造成了成本溢出，给他人带来成本增加或收益减少，而决策者却没有为此承担成本，称为负外部效果或外部成本。决策成本针对的就是他人带给自己的外部成本。

在决策成本与外部成本之间，存在着消长的关系。决策者支付一个决策成本的目的在于降低外部成本。如果某种制度安排能够使社会成员的私人净收益等于社会净收益，就存在着普遍的制度激励，此时，不存在外部性，既没有收益溢出，也没有成本溢出；如果某种制度安排使得社会成员的私人净收益小于社会净收益，对于社会成员来说意味着收益漏出或外部成本上升，就缺乏普遍的制度激励；如果某种制度安排使得个别社会成员的私人净收益大于社会净收益，存在着外部成本漏出或外部收益增加，对于这些成员来说就存在着制度激励。

就分工演化的逻辑来说，财产权与契约权的确认，是分工演进的制度基础，而决策成本对外部成本的有效替代，则是分工演进过程中决策优化与制度改进的充分必要条件。以个人权利为前提的制度安排，避免了制度性强制导致的过高的外部成本，人们经由相互协商与妥协达成契约，以一个较低的决策成本来降低外部成本。人的生命权、财产权、自由权的确认是近代西方文明的起点，由洛克首先通过自然权利的概念加以说明。

在分工自发成长的过程中，个人通过纯粹个人决策、契约决策、公共决策这三种方式来协调分工，判定自身利益的得失，确定符合自身利益的决策，以使得施加到自身的外部成本最小化。其中，纯粹的个人决策无需经过他人同意，尽管存在着外部成本，但不存在决策谈判成本；契约决策须经参与决策的个人之间达成契约认同方可形成，将有效降低外部成本。这种类型的决策可能既存在外部成本，也存在决策成本，而施加到一方或各方的外部成本的大小，取决于契约各方定价权利的强弱以及他人相关决策对自己福利的影响程度；有些决策是公共决策，达成完全一致的决策不存在外部成本，但存在极高的决策成本。正缘于此，在公共事务的决策中，除了最为重大的原则需要优先确定或一致同意之外，完全一致规则常常为多数一致规则所替代，它允许外部成本的存在，同时避免了过高的决策成本。

随着参与决策的人数的增加，决策成本不断提高，但同时能够使外部成本下降。在决策的层次从纯粹的私人领域过渡到契约交易的领域再过渡到公共事务领域的过程中，决策所涉及的对象的排他性程度逐次降低，外部性问题越加突出，人们必须通过增加决策成本来降低外部成本。在公共事务决策中，社会成员参与决策，要承担决策成本，但可降低外部损失；社会成员放弃决策，可节约决策成本，但要承担外部成本。只有在决策成本与外部成本相等时，对社会成员来说才不存在进一步付出决策成本或者退出决策的激励，实现了决策均衡。在决策的变动中唯一不变的是：参与决策的每一个人都期望使施加在自己身上的外部成本最小。这是一个对演进系统中的经济市场和政治市场来说普遍有效的定律。

这样，我们可以从决策变动对外部成本的替代的角度来刻画分工演化、契约生成与制度变迁。所谓决策问题，首先是在两个或两个以上的备选方案中的取舍问题，是"是"或"否"的问题，而不是连续的、不考虑生产活动中的成本的边际变动与市场上的价格变动，只考虑决策成本对外部成本的替代。此外，当不同主体之间的决策发生相互影响时，决策问题又是对策问题或称博弈问题，它涉及他人决策带来的外部性影响，需要通过制度性安排来克服。而对策问题的根本，就在于通过支付一个决策成本以有效降低外部成本。

外部成本是决策的外生变量，是指他人施加到一个人身上的成本或福利损失，并不是由决策当事人的活动直接发生的成本；而决策成本是决策的内生变量，是指个人、组织、社会在决策中需要直接支付的成本，包括谈判成本、监督成本、交易成本。在原有的制度条件与决策层级上，并列存在着外部成本与决策成本，而对于较高一阶的层级来说，只要存在着决策成本对外部成本的替代，都可以通过制度改进与决策调整来降低原来的外部成本。外部性问题的根源在于制度规则，一项制度设计，对于一些人来说是外部收益，而对于另一些人来说又是外部损失，关键在于制度设计中利益相关的人们的决策参与程度，对于整个社会来说，决策参与程度与外部成本成反比。

外部成本作为制度经济学最为重要的概念之一，也是衡量制度改进的基本指标。外部成本的根源在于权利与义务的不对等分布。由于界定权利、监督权利、惩罚机会主义行为均要付出制度安排费用，外部性问题就在所难免。而所有的决策变动与制度创新，根本上对付的都是外部性问题，所有的决策成本与制度成本的增加都是为了降低外部成本。它通过改变或创设一种机制，以把先前决策安排中的外部性问题内部化：外部成本被进一步界定该由谁来承担，溢散的外部收益被进一步界定该如何避免。这一点对于不同决策体制、制度条件、价值标准来说，都是适用的。唯一的区别在于，在决策权平等分配基础上达成的决策，意味着更小的决策执行费用，并使决策者的私人净收益接近社会净收益的水平；而在社会成员缺乏普遍参与关乎自身利益决策的条件下，意味着社会要承担较高的外部成本。由于社会成员的预期收益有可能被外部化，他们便失去了贯彻他人决策的积极性，为此，决策者还要付出一个较高的监督费用。在国家层面上，这种情况还须付出一个较高的意识形态成本，用诺斯的话说，作为一种节约机制，它可以降低决策执行费用。

科斯指出，如果在交易成本为零的情况下，不管初始权利如何配置，当事人之间的谈判都会导致财富最大化的决策安排；而在交易成本不为零的情况下，不同的权利界定将会带来不同的资源配置效果。科斯定理应由外部成本概念来补充：由于存在着外部成本与正的交易成本，意味着降低外部成本的制度安排是需要付费的。界定财产权利有助于克服外部性，市场导致交易的地理集中、货币充当交易媒介，都是通过新增一个制度成本以降低原有的交易成本与外部成本；企业以劳动的交换契约避免了中间产品过多的交易环节，并通过新增一个监督成本来降低机会主义成本；有限责任制度、破产制度、中央银行制度则通过界定外部成本进一步溢散的制度边界来协调投资与交换；更为复杂的集体决策与社会公共决策，通过由自治组织或政府公共部门提供公共产品，避免了由私人直接提供公共产品因外部性而导致的公共产品供给不足的情形。后一种情形意味着降低外部性需要通过集体选择或公共政策来实现，也意味着一个更高的决策成本。当外部成本由制度规则所固化，决策改进对外部成本替代的难度将提高，它意味着社会成员个人付出的决策成本不足以有效替代外部成本。

人们常说，可以通过某种制度安排来降低交易费用。这是一种相当粗糙和通俗的表述，它不仅忽略了制度安排包含的交易成本，而且忽略了外部成本。人们不会说，通过增加监督费用减少了监督费用，只会说尽管增加了监督费用但降低了机会主义成本或外部成本；人们也不会说，通过增加谈判成本来降低谈判成本，只能说通过达成新的决策降低了原有决策中的外部性问题。当决策者说原有制度的交易成本太高，需要通过一种决策安排来降低时，意味着它首先要支付一个制度安排的交易成本，要么是界定财产权利的费用，要么是执行新的交易规则的费用。之所以如此，是因为在原有的交易制度下，或者存在着一个可以属于自己的潜在收益出现了可以避免的外溢，或者存在着一个本不该施加到自己头上的外部成本被自己承担，而这两类问题都是外部性问题，需要通过制度改进来处理。从决策者看来的原有决策结构的交易成本问题，恰恰可以通过增加交易成本的方式来解决，这是由于原有层级不仅存在交易成本问题，而且存在外部成本问题，只要新增的决策成本（包括交易成本）降低了原来的交易成本与外部损失，就属于决策改进。因此，在分工演化的过程中，新的决策层级上的决策只有一个目标，就是降低对它来说上一个决策层级的决策成本与外部成本。

当然，在新的层级上不仅发生了决策成本，还会伴随着发生外部成本，关键在于新的决策发生的成本－收益变动与原有的决策的成本－收益关系的比较。如果新的决策有效解决了外部性问题，使得与原有的决策相比，有一个净收益被决策者内部化，则是决策的优化或决策的改进，反之，则是决策的不经济或决策的失败。当分工演化使得该层次的外部成本与决策成本的冲突发展到这样一个阶段，必须通过不断变动（新增或减少）决策成本来对付（降低或放任）外部成本以保障分工收益时，原有的决策机制便受到冲击。当一系列的决策变动改变了原有的产权结构与决策制度的基础，改变了社会成员的个人决策在整个社会决策中的地位，改变了集体行动与公共政策制定所必需遵循的基本规则时，制度变迁便发生了。

第二节　分析工具：决策成本与外部成本

布坎南与塔洛克在《同意的计算》一书中建立了外部成本函数与决策成本函数，把外部成本与决策成本之和称为相互依赖成本，当相互依赖成本取得最小值时，为公共决策的最优规则[4]。作者通过成本分析工具把经济市场与政治市场联系了起来，使公共选择理论建立在经济学的基础之上，给出了人们通过个人决策、契约决策、公共决策对付外部成本的经济学原理，使外部成本问题成为一个决策优化与制度改进所要对付的核心问题。半个世纪过去了，公共选择理论得到传播与发展，并运用到垄断理论、寻租理论、代议制理论、决策理论等方面，那些横亘在经济市场与政治市场的藩篱从理论上被一一拆除。决策的本质在于决策成本对外部成本的替代：要想保证一个较低的决策费用，就要忍受一个较高的外部成本；要想减低外部成本，就要支付一个较高的决策费用。

需要指明的是，无论是在斯密的纲领中，还是在布坎南与塔洛克的纲领中，都回到了霍布斯、洛克自然权利的起点，以社会成员个人的生命权、财产权、自由权得到确认为分工演进与契约制度的基础，直到社会公共决策。这一过程运用的是演化的逻辑，它以外部成本的存在以及决策成本对外部成本的替代为前提，开启了以个人权利为基础、通过契约安排来降低外部成本的道路。而完全竞争、完全信息、交易成本与外部成本等于零，帕累托最优，等等假定，则是分工演化秩序的理想状态或最终目标，运用的是演绎的逻辑，且不能把目标当作前提，颠倒了演进逻辑与演绎逻辑。而许多理论上的混乱则源于这种颠倒。

在分工演进过程中，所有依据决策成本与外部成本消长关系的决策调整，从社会角度来评价其优劣，在根本上就是看其是否保证有一个净收益的产生并被内部化，从而使整个社会的外部成本降低。因此，有必要引入净收益概念对布坎南的分析工具加以补充。等净收益线刻画了保证一个净收益所有的决策成本变动与外部成本变动的组合，等净收益线与外部成本－决策成本替代线相切，为决策变动的最优解。它表示同等相互依赖成本条件下的最大收益，或者一定收益的最小相互依赖成本。这样，不仅包含布坎南－塔洛克相互依赖成本最小的解，而且也可以包含净收益最大的解。

按照布坎南与塔洛克的分类，以 a、b、g 分别表示纯粹的个人决策、契约决策、公共决策的预期决策成本与外部成本之和，即相互依赖成本[5]；在他们看来，在财产权与契约权得到保证的前提下，个人决策的目标就是要使相互依赖成本最小化。对于个人来说，个人决策、契约决策、公共决策这三种决策类型发生的相互依赖成本从最低到最高分别为：

（1）纯粹个人决策：（$a \leqslant b < g$）或（$a < g < b$）。

（2）契约决策：（$b < a < g$）或（$b < g < a$）。

（3）社会公共决策：（$g < a \leqslant b$）或（$g < b < a$）。

纯粹个人决策的经济学依据在于：当且仅当纯粹个人决策优于契约决策或公共决策。为使外部成本最小化，有理性的个人做出的决策选择是把所有符合上述条件的活动留给私人领域。在这种条件下，可能存在着外部成本，但由于个人决策的预期成本低于自愿协作的契约决策或政府公共决策的预期成本，因此，人们把决策活动留在纯粹私人决策的范围内，社会相互依赖成本就能够被有效地最小化。

契约决策的经济学依据在于：当且仅当由自愿的契约安排来组织活动所导致的成本，小于纯粹个体主义的行为所施加的成本与集体的组织活动的预期成本。当纯粹个人行动带来显著的外部效应，个人之间通过契约安排，就有可能最为有效地避免较大的外部成本。因此，个人通过自愿协作与契约安排，宁愿承担由此带来的决策成本与外部成本，而不愿把决策权转交给公共的领域；只有当公共决策给个人造成的相互依赖成本，低于纯粹个人决策所造成的成本，个人才会把某些个人决策转交给公共部门。

公共决策的经济学依据在于：当且仅当公共决策优于纯粹个人决策与契约决策。当纯粹个人决策产生的外部效应，只有通过行政过程来组织才能有效消除或减少，公共决策对于个人来说才是必要的；或者说，减少个体主义决策将造成重要的溢出效应或外部成本的有效方法，是通过契约安排或是把这些活动转交给公共部门，并且与契约安排相比，公共部门决策更能够减少外部性[6]。

这一决策分析工具所刻画的从个人决策到契约决策再到公共决策的决策层级演进，再现了斯密分工演进的逻辑。它填补了从洛克的自然权利（卢梭称天赋权利）到社会公共契约之间个人决策与契约决策地带的空白，也是哈耶克、科斯、诺斯、诺齐克、埃琳娜·奥斯特罗姆、杨小凯所从事的工作。他们都呈现出回到斯密、回到自然权利、回到分工演化原理与契约原理源头的理论特征。

人类经济活动的初级形态是原始的自给自足自然经济。在这种状态下，私有产权制度与契约制度尚未确认，分工演化与市场制度创新尚未发生，个人、家庭或者部族只是依据自然禀赋条件的约束与可能性，通过劳动活动与自然之间实现能量的交换。如果把这些原始单位看作一个独立的不相关的个体的话，其活动既不存在外部成本，也不存在决策成本：既不发生利用市场机制的交易成本与抑制机会主义行为的监督成本，也不发生达成契约决策与公共决策的谈判成本。如果把这些原始单位看作一个个独立的但决策相关的个体的话，其活动就存在外部成本，也存在决策成本，需要通过决策安排来对付外部性问题。自给自足的经济形态可以构成一种路径依赖，可能长期延续下去，也可能在环境变化条件下逐步内生演化出分工经济。

我们以 Ri 表示决策变动带来的收益变动，Ci 表示决策变动带来的成本变动，包括外部成本变动与决策成本的变动。其中：外部成本（C）是决策的外生变量，并不由参与人直接支付，而是指他人的机会主义行为施加到个人的成本或福利损失；决策成本（D）是决策的内生变量，必须有参与人直接支付，包括个人之间达成契约的交易成本，组织为抑制机会主义行为而支付的监督成本，达成集体行动与公共决策的谈判成本；△R 表示决策变动的净收益，$\triangle Ri = Ri - Ci$。

处在分工演化的第一个层面，是从自给自足自然经济过渡到局部分工经济的层面，分工内生演化与纯粹个人决策的层面。其中：Ra 表示分工带来的收益增量；Ca 表示个人在财产权与契约权获得初始界定之后由分工经济带来的成本变动，包括外部成本的变动与决策成本的变动。在这一层级上，个人承担着由于制度创新带来的外部成本与决策成本。由于尚不存在企业组织形态下发生的旨在克服机会主义行为的监督费用，也不存在达成集体行动与公共决策的谈判成本，决策成本只表现为界定产权的费用与协调分工的交易成本，它所要对付的就是外部成本问题。$\triangle Ra$ 表示决策变动带来的净收益，$\triangle Ra = Ra - Ca$。如果 $Ra < Ca$，这种转换就是不经济的，原有产权结构、决策方式、自给自足经济形态就是均衡态；如果 $Ra > Ca$，这种转换就是经济的，分工交换经济就会从自给自足经济中演化出来。后者表明，新增的决策成本有效降低了外部成本，即使在总收益不变的情况下，由于节约了相互依赖成本，也会带来净收益的增长，$\triangle R>0$。

处在分工演化第二个层面，是分工的外生演化与市场契约决策的层面。其中：Rb 表示由于内生与外生比较优势带来的收益增量，包括外部性变化带来的收益变动；Cb 表示分工演化带来成本变动，包括外部成本的变动与决策成本的变动。分工演进与市场协调不仅会带来分工收益，也会带来外部成本与决策成本的上升。如果中间产品交易的成本过高，由劳动的交换来替代中间产品的交换的组织契约形式就会在分工演化中出现，但无需达成公共决策来协调外部成本与决策成本，那么，决策成本就不仅包括交易成本，也包括企业为克服机会主义行为的监督成本。契约安排通过支付交易成本与监督成本来交换一个更低的外部成本，在这一决策层级，所有决策由个人决策与契约制度实现，包括市场交易制度的创新与组织创新。$\triangle Rb$ 表示决策变动带来的净收益，$\triangle Rb = Rb - Cb$。如果 $Rb < Cb$，由个人决策向契约决策的转换就是不经济的，纯粹个体主义决策就是均衡态；如果 Rb > Cb，这种转换就是经济的，交易契约与组织契约就会从分工经济中演化出来。企业定理表明：只有当劳动交换的契约替代了中间产品交换的契约，通过把中间产品交易的内部化，避免了中间产品的交易成本；通过增加监督成本与激励成本来降低了组织内的机会主义成本，避免了内部收益的外部化；节约的交易成本与外部成本大于决策成本增量，保证了一个净收益可为当事人按企业契约分享。只有满足上述条件，企业制度才会作为中间产品交易的替代物而在分工演化中出现。这样，不仅把劳动契约对中间产品交易的契约替代关系包含在企业理论当中，也把监督成本对机会主义成本的替代关系包含到企业理论当中。

处在分工演化第三个层面的是公共决策的层面。其中：Rg 表示公共决策带来的收益增量，包括降低外部成本带来的净收益增加；Cg 表示公共决策带来的成本变动，包括外部成本的变动与决策成本的变动。$\triangle Rg$ 表示决策变动带来的净收益，$\triangle Rg = Rg - Cg$。这一层级转换的前提在于：$\triangle Rg > \triangle Rb > \triangle Ra$，或 $\triangle Rg > \triangle Ra > \triangle Rb$，即，当公共决策的效果高于个人决策与契约安排，更能够降低施加到个人的外部成本与交易成本并带来净收益的增长，公共决策就会从个人决策或契约决策中演化出来，成为协调分工与交换的方式。

集体行动与公共决策面对并要解决的是公共产品与外部性的问题。当纯粹个人决策不愿提供公共产品以避免他人“搭便车”而遭受不必要的外部损失，国家可以通过建立排他性产权结构使外部性问题内部化，政府也可以通过提供公共产品避免公共产品供给的不足。如果一项公共产品潜在的用户人数较少，外部成本就较小，且外部成本与“搭便车”机会主义行为容易被测量并加以监控，那么，在这种情况下，潜在用户会达成用户团体自主治理的集体行动协议，而无须采取市场治理与政府治理的方式。对此，埃琳娜·奥斯特洛姆以公共池塘资源为例有着细致而深入的说明。如果一项公共产品潜在的用户人数较多，外部成本就较高，且外部成本与“搭便车”机会主义行为不容易被测量与监控。在这种情况下，潜在用户达成用户团体自主治理的集体行动协议尽管可以抑制外部成本，但达成一致的决策成本却很高，以至于交给政府公共部门决策与治理会优于纯粹个人治理、市场治理和集体自主治理。

在公共选择的层面，依然遵循着理性经济人的成本－收益法则，如果 $Rg < Cg$，个人选择的市场契约决策向集体决策或公共决策的转换就是不经济的，契约经济甚至个人决策就会是均衡态，个人宁愿承担一个外部成本，也不愿把决策权上升到公共决策的层面；反之，如果 $Rg > Cg$，这种转换就是经济的，集体决策与公共决策就会从个人决策或市场契约决策中演化出来。假定在收益增量不变的情况下，如果全体社会成员参与决策的成本过高，而代理决策的成本较低，那么，代理制与代议制就会从直接决策制中产生；如果达成完全一致决策的成本过高，那么，达成多数一致的决策可以为全体成员作为一种规则确定下来，多数规则就会成为协调与处理公共事务的基本规则。这一点，密尔在《代议制民主》一书中早有论述。胡叔宝在评价《同意的计算》一书中指出：在多数规则中，当达成公共决策的时间成本较大时，应当采用简单多数规则；当时间成本较小时，契约的最佳规则在绝对多数规则（不含半数）与一致性规则之间[7]。他把这个规则称为超多数规则。

需要重申的是，社会分工的演化以社会成员的财产权与契约自由为制度条件。这一被洛克、霍布斯、卢梭称作的自然权利，经由斯密、密尔、科斯、诺斯、哈耶克、布坎南、诺齐克、奥斯特罗姆夫妇、杨小凯等人的一再讨论，已成为经济学的首要原则，契约制度立于其上。这一条件是达成个人最优决策与个人之间合作解的前提，也是防止外部成本过高、少数人极权或多数人暴政、公共权力侵害个人权利的优先条件；而在个人财产权与契约权尚未构建起来的社会中，不仅制度性的外部成本较高，而且制度优化的决策成本也较高。从经济学的角度看，公共决策存在的理由在于：只有在公共决策比个人决策与契约决策更有效地降低了机会主义成本或外部性，并带来净收益增长的条件下，公共决策对于社会成员来说才是必要的。

总之，只有当个人决策与契约决策尚不能有效对付外部性问题与公共产品的供给，人们才会在集体决策与公共决策的层面达成公共事务的决策。即使在人们把权利有限地让渡给公共部门，达成公共决策的条件下，也要对政府抱有警惕，加以制约与监督，以防止公权对私权的侵害。因此，建立排他性产权结构与非排他的公权结构，是克服外部性、保障个人权利的社会经济与政治条件，而开放的非排他产权结构与封闭的排他性公权结构，却是外部性的最大根源，公地的悲剧、公器的滥用皆由此而生。

在人类经济生活从简单的形态向复杂的形态演化的过程中，劳动分工具有在扩大交换、构建秩序方面创造的原动力，它创造出一种人与自然、人与人之间独特的交换结构，而一切更为复杂的高级形态皆由此而发生。爱因斯坦曾说：科学就是用系统的思想把这个世界可感知的各种现象凝聚到一起，变成尽量首尾一致的体系。[8]而斯密的分工演化原理以及杨小凯对于这一原理的深入研究，使得建构一个合乎逻辑的经济学体系成为可能。在这一体系中，分工不仅是财富增长的源泉，也不仅是交换的前提，也是市场、城市、商业、货币、信用、保险得以出现的先行条件与依据，甚至是企业制度、技术进步、景气周期和国际贸易的根源。

劳动分工是人类对自然的适应性结果。当自然条件与社会条件的变化形成进化的障碍时，意味着支付一个分工的决策成本不足以降低外部成本，经济形态可以长期保持在自给自足自然经济这一分工不发展的形态，甚至可以从分工经济退化为自然经济；当自然条件与社会条件的变化不构成分工演化的障碍时，意味着支付一个分工的决策成本可以有效替代外部成本，局部分工就可能从自给自足经济中内生演化出来，更为复杂的交易规则与制度规则也会从分工中演进出现。在分工演进的过程中呈现出层级逐步演进、自发扩展的特性，分工可以从一个不发达的经济内生演进出来，并产生更高一级的分工与交换结构，这一结构更具有开放性与复杂性，它协调并解决了先行结构的问题，又会出现新的问题，产生新的外部成本、交易成本、监督成本、谈判成本等，于是又演化出更为复杂的结构。这一描述经济演化秩序的分工理论，可以解释从自给自足到局部分工再到完全分工的演进过程，可以解释诸如市场、货币、企业制度的演化线索，是打开经济学之门的一把钥匙。而这一点，已为杨小凯先生跨世纪的关于分工理论的研究成果所佐证。他的新兴古典框架对于分工理论来说是划时代的贡献。

经济理论上的真正进步，几乎都是由研究专业化分工与契约制度问题取得的。经济学的进步与科学的进步一样，始于问题并终于新的问题[9]。以分工演化理论为线索，以外部性问题为核心，有利于厘清分工演进的制度条件与逻辑条件。

第三节　本书基本问题与基本内容

本书共十二章。

第一章、第二章和第三章集中讨论古典分工理论，并强调分工演化的制度条件与分工演化理论的基础理论意义。

在斯密时代，英国经由了新教改革与光荣革命，工商业革命正在发动之中。英国这样一个资源与国土并不丰饶的岛国，正成为全球最大的工业经济体。斯密敏锐地注意到了英国经济的奇迹。当许多人还沉浸在重商主义贸易保护政策中时，斯密则开始思考这样的问题：国民财富的性质是什么？是什么因素导致了一国经济持续的增长，使一个国家比另外一个国家更为富裕？斯密指出，劳动是财富的本质，劳动分工是财富增长与经济进步的关键，市场拓展、技术进步、投资增长、国内与国际贸易的发展，都是劳动分工的产物，并且劳动分工水平是衡量发达社会与落后社会的基本尺度。[10]斯密建立的古典经济学的"大厦"，以分工演进为核心，以私有产权与契约自由为基石。启蒙主义强调的自然权利，在斯密这里成为分工演化的初始条件，而启蒙主义从人的自然权利到社会契约的政治理想之间留下的广大真空地带，则由斯密的分工理论与市场契约理论所填补。私有产权与契约权构成以分工演化为标志的近代工商业文明的制度基础，排他性产权在分工演进过程中有效地抑制了外部性，并能使私人收益接近社会收益；契约自由则通过支付一个交易成本来协调分工，实现分工带来的经济增长。在此基础上，斯密进一步说明了分工与交换、分工与资源配置、分工与国际贸易等一系列问题，提出了劳动价值论、分工内生演化论、外生绝对成本说、"看不见的手"的理论等，对后来的经济思想产生了深远的影响，成为经济理论史上的丰碑（见第一章）。

在斯密的基础上，大卫·李嘉图继承了斯密关于劳动分工的思想，并提出了比较优势说。斯密曾经证明，如果两个国家互有优势，那么，采用国际分工与国际贸易对双方均有好处。李嘉图的问题是：假如一个国家在各种商品的生产上比另外一个国家均有劣势，这两个国家之间还有没有必要进行国际分工与国际贸易？李嘉图证明，即使一个国家在各种商品比另外一个国家均有劣势，但只要存在着劣势上的差异，那么，劣势小的比起劣势大的就存在着比较优势，依此采用国际分工与国际贸易，为双方都能带来好处。在这里，保证分工与贸易外部性最小的条件依然是排他性的产权结构与自由贸易，即使在双方投入的劳动要素不变与各自的劳动生产率不变的情况下，依然能够保证双方净收益的增长。在斯密与李嘉图之后，经济学的研究重点与方向发生了三个转向：一是在价值问题上从客观价值论向效用价值论的转向，对效用进行了数量化描述，背离了古典经济学客观价值之根本；二是在核心原理上从分工理论向价格理论的转向，在市场价格机制的层面展开了大规模的分析，背离了古典经济学分工演化原理之根本；三是在理论框架上从发展经济学向微观与宏观两分结构的转向，在自由市场与政府干预的层面费尽周章，背离了古典经济学以个人决策安排为基础之根本。斯拉法在

《用商品生产商品》一书中，批评了所谓“边际革命”的理论走向，通过一个分工体系的自身更新，说明了相对价格的决定，通过劳动的还原，说明了价值的决定。斯拉法体系清除了价值论中的心理因素与价格论中的边际变动，为价值理论与价格理论向其客观基础的回归，也为资本与劳动的分配理论，提供了一个基本的分析框架（见第二章）。

作为分工演化的核心原理，在斯密与李嘉图那里，并没有直接讨论自然禀赋、交易成本、外部成本等因素。这样的处理使分工演进理论简洁明了，而并未更多的附加条件。赫克歇尔－俄林解释（以下简称H－O模型）则强调了国家之间在自然禀赋、要素稀缺程度、产品价格方面的差异，指出了国家之间应该按照这些差异来组织国际分工与国际贸易，出口要素稀缺程度低的产品，进口要素稀缺程度高的产品。H－O模型尽管被普遍当作外生比较优势理论，通过外生自然禀赋比较优势与外生技术比较优势，发展了李嘉图的比较优势理论，但由于H－O理论强调了自然禀赋的差异，回到了资源背景本身，暗含着内生专业化经济比外生比较优势更为基本的思想，提供了内生演化理论的一种新的类型：以往的外生演化理论强调事前不同但可以比较，内生演化强调事前相同不可比较，但人们依照自然禀赋选择的专业化模式则是事前不同且不可比较的，这种类型也可以内生演化出分工经济与交换经济。正是这一点，对于解释分工与交换的起源来说是必不可少的。其实，人类越是古老，它越是依赖于其自然禀赋与资源约束，一个自给自足的部族经济在社会层面来看可能是相对专业化的，它不仅是部族内部分工演进的基础，也是部族之间交换的基础。从分工演进的意义上来看，斯密的内生分工理论、赫克歇尔－俄林的内生演化理论、杨小凯的分工演进理论更趋于一般性或解释力；而赫克歇尔－俄林基于事前可以判定的外生技术比较优势与自然禀赋优势理论，与斯密的绝对优势理论、李嘉图的比较优势理论一样，都是外生比较优势理论的类型，并为国际分工与国际贸易理论提供了解释。相对于分工演化原理与内生比较优势来说，外生比较优势理论在理论层级上属于低一级的理论（见第三章）。

本书的第四章、第五章和第六章集中讨论分工演化理论、企业契约理论、集体选择理论（包括国家理论），是分工理论在组织与集体行动问题上的延续。

自斯密之后，分工理论长期被搁置，尽管价格理论在效用理论的指引下得到不断的发展并被形式化，但分工原理始终没有超过斯密而取得像样的进步。这一局面直到21世纪初，莫纳什大学以杨小凯为代表的新兴古典理论的提出方才扭转（价值理论除外）。杨小凯的问题是：有没有一个基本的逻辑，可以说明从自给自足到局部分工、再到完全分工的演化，可以解释诸如交换、城市、市场、货币、企业、国际贸易、景气循环等更为复杂的经济现象？有没有一个基本的框架，可以建立起经济学首尾一致的体系？杨小凯的分工理论与新兴古典框架，对斯密分工思想、新古典理论、制度分析的交易成本理论进行了卓有成效的综合，保证了分工演化不同层级在逻辑上的一致性，成为斯密之后在关于分工理论与经济学基础理论研究方面取得的最为杰出的成就。对此，布坎南、阿罗等诺贝尔经济学奖获得者给予了高度评价。[①] 此外，分工演化的思想对于经济学分析来说，有着建立逻辑起点以及逻辑秩序重要的方法论意义（见第四章）。

1937 年，科斯在《企业的性质》一文中提出了这样一个问题：企业为什么会存在？企业为什么会在专业化分工中演化出来？被新古典综合所忽略并当作不言自明的前提的企业，在科斯那里成了一个需要重新审视的问题。科斯通过引入交易成本概念重建企业理论，开辟了制度研究的新方向。一开始，科斯认为，企业组织形态的出现是通过管理协调替代市场协调，节约了交易费用。后来，张五常认为，企业并非用非市场规则替代市场规则，而是通过劳动的交换替代中间产品的交换。张五常指出，劳动的交易效率高于中间产品的交易效率是企业存在的充分必要条件。实际上，只有当新增的劳动契约成本小于中间产品的交易成本，并且把中间产品的交易内部化，新增的监督成本与激励成本小于克服的机会主义成本，并且把潜在的外部溢散收益内部化，有一个净收益可以按契约为成员分享，企业才会在分工演进中出现。这里决策的基础条件是排他性产权结构与个人达成的组织契约。在杨小凯解释中，是从自给自足到分工，还是从分工到自给自足，是生产中间产品的专家雇佣生产最终产品的专家，还是生产最终产品的专家雇佣生产中间产品的专家，完全取决于交易成本与交易效率，双向之间是可逆的。而马克思则从商品所有权向资本占有权转化的角度对资本主义条件下企业的契约性质给出一个解释（见第五章）。

随着囚徒困境、公地的悲剧、集体行动的悖论的提出，外部性问题才真正受到经济学家们的重视，成为组织理论与集体行动理论的难题。1965 年，奥尔森的《集体行动的逻辑》一书问世，在该书以及《国家的兴衰》一书中，奥尔森反复论证了这样一个问题：除非存在选择性激励，理性的个人不会为组织主动做出贡献。而外部性与“搭便车”是这一困局的推手。他指出，在一个组织内部或集体行动内部，“搭便车”问题在所难免，如果是一个大集体行动，会导致组织与集体利益供给的不足，甚至会导致集体的解体。即使在一个比较容易监控的小集体行动中，也会存在三个和尚没水吃的问题，也难以达到集体利益供给的最优。奥尔森所描述的集体行动中的个人行为，是纯粹的个人机会主义行为，它不

① 参见杨小凯：《经济学：新兴古典与新古典框架》、《发展经济学：超边际与边际分析》。布坎南说：“现在全世界最重要的经济研究就在莫纳什大学，就是以杨小凯为主的对分工的分析。”

足以描述组织层级或集体行动中的决策问题。因为，集体行动的前提不仅包括只有当集体决策在某种情况下优于个人决策时，个人才会选择加入集体行动，而且包括只有在集体行动的组织层级上通过增加监督成本与选择性激励成本，抑制机会主义行为，才能保证集体产品的有效产出。这是达成集体行动决策的基础条件。此外，奥尔森还运用制度分析工具，说明了从流窜匪帮到常驻匪帮的演变，从非契约性国家产生的巨大的外部成本向契约性政府较小的外部成本的过渡，提出了一种不同于以往契约论与掠夺论的关于国家起源的理论。奥尔森问题暗含着这样一个推论：任何组织规则与集体行动的规则的根本，在于建立一种激励性的制度规则，以便把原有的外部性问题内部化，或者说把外部性与“搭便车”问题降到最低程度（见第六章）。

本书第七章、第八章、第九章为经济史问题研究，分工理论依然是理解与解答上述问题潜在的线索。

1940 年，英国学者李约瑟提出了这样一个问题：为什么从公元前 1 世纪到公元 15 世纪，中国文明比西方文明更有效地应用了人类的自然知识以满足人的需要，为什么这种领先没有在中国建立起近代科学，反而科学革命发生在欧洲而不是中国？该问题一经提出，就成为国内外学术讨论的热点，迄今为止仍没有取得统一的意见。1976 年，美国经济学家肯尼思·博尔丁称上述问题为李约瑟难题（Needham Problem），也有人称之为李约瑟问题（the Needham Question）、李约瑟命题（Needham Thesis）、李约瑟之谜（the Needham Puzzle）。美国科学史学者席文从逻辑意义与历史意义上对李约瑟问题提出了质疑，认为李约瑟问题不是一个好问题，甚至不是一个真问题，因为它把两个不相关的问题放在了一起。为避免歧义性，有必要对李约瑟问题进行转换：一是说明西方传统社会结构的特点，它如何支持了近代科学革命、近代工商业革命、近代民主制度在西方的发生（李约瑟问题转换 1）？二是说明中国传统社会结构的特点，它如何制约了分工的发展以及如何限制了近代科学、近代工商业、近代民主制度的出现（李约瑟问题转换 2）？这样，我们就将李约瑟问题转换为西方与中国经济史上两个独立不相关的问题（见第七章）。

李约瑟问题转换 1 可以表述为：西方传统社会结构的特点是什么，它如何促进了宗教改革以及支持了近代科学革命、近代工商业革命、近代民主制度在西方的发生？恰如席文指出的：问题可以变为：在 17—18 世纪的西欧，科学革命是在什么条件下发生的？关于科学革命之所以发生在西欧，马科斯·韦伯与霍伊卡通过圣经宗教给出了一个说明，他们认为，圣经宗教与新教革命，直面迎接或正面推动了现代科学的兴起，新教改革的世界观是资本主义世俗生活的精神写照，是近代工商业革命的思想前提；关于近代工商业革命在西方世界的兴起，诺斯从经济史的角度给出了一个解释。诺斯在《西方世界的兴起》与《经济史中的结构与变迁》等著作中的研究表明，一个有效率的经济组织的出现是西方世界兴起的关键，它使得私人净收益接近社会净收益，这也意味着外部成本的大幅降低。诺斯还给出了一个经济史研究中的分析框架，他指出，产权结构、国家理论、意识形态三个基本因素在经济结构的变迁中起着至关重要的作用，是制度分析的基石。[11]诺斯的这一框架受到了马克思制度分析思想的影响。诺斯指出："在详细描述长期变迁的各种现存的理论中，马克思的分析框架是最有说服力的。这恰恰是因为它包括了新古典分析框架所遗漏的所有要素：制度、产权、国家和意识形态。马克思强调了有效率的经济组织中产权的重要作用，以及在现有的产权制度与新技术的生产潜力之间产生的不适应性。这是一个根本性的贡献。"[12]我们将诺斯对上述问题的说明称为"诺斯问题"（见第八章）。

李约瑟问题转换 2 可以表述为：中国传统社会结构的特点是什么，它如何制约了劳动分工的发展以及如何限制了近代科学、近代工商业、近代民主制度的出现？对于这样一个问题，伏尔泰、孟德斯鸠、马克思、恩格斯、魏特夫格尔、李约瑟、梁启超、冯友兰等都提出了自己的见解。傅筑夫在《中国古代经济史概论》一书中提出了一个"变态的封建制"的观点，以说明自秦代至鸦片战争这一相当长的历史时期中国经济制度的特征。陈平在 1979 年《光明日报》发表那篇讨论中国封建社会停滞落后的原因文章之后，一直关注这一问题，他在此后的研究中，运用耗散结构的方法，通过稳定性与复杂性消长关系的研究，从分工演化停滞的角度对这一问题做出了独特的解读。我们将上述对此问题的说明简称为"陈平问题"。笔者认为，中国传统社会之所以稳定而缺乏分工演进动力，在于它有着自身独特的激励机制：土地买卖制度使普通农民有着成为地主的预期；科举制度使普通读书人有着成为官吏的预期；儒家思想使知识分子与有知识的官吏有着求内圣之学达外王之道的预期。这种独特的激励结构成为中国文明曾经辉煌的重要原因。但由于对民间土地交易的激励与对工商业投资的抑制，官僚制度固化的外部成本使得制度创新的决策成本过高，成为其难以演进到分工经济与民主制度的根本原因（见第九章）。

本书第十章、第十一章、第十二章讨论经济理论史上的三个"悖论"，即斯密悖论、奥尔森悖论、诺斯悖论。它们分别指向分工演进过程中的市场问题、组织与集体行动问题、公共选择与国家制度问题。

斯密悖论是指斯密定理与斯密原理的不能兼容。斯密定理可由三个陈述构成：分工是经济增长的源泉，分工依赖于市场的大小，市场的大小取决于运输条件的优劣。斯密原理也可由三个陈述构成：分工产生交换；市场像一只"看不见的手"，自发调节着资源配置；每个人在追求自身利益的同时，社会利益会自动得以实现。斯蒂格勒指出，斯密定理与斯密原理不能兼容：斯密定理指明分工受市场限制，市场越是接近于完全竞争，斯密定理与斯密原理就越有效；但问题在于，分工接近于市场极限时就会产生垄断，而垄断又限制分工的发展与资源配置的效率。在所谓“斯密悖论”为斯蒂格勒指出之前，类似的质问也为一些人所指出，米瑟斯给出了有力的反驳，指出了从竞争的逻辑导不出垄断的逻辑。而这一悖论的方法论根源在于，把斯密的演化逻辑颠倒成为演绎逻辑。实际上，在分工演化过程中，不仅完全竞争市场从来都不存在，而且形形色色的垄断与权力一直在场，并参与定价。而分工演化则通过不断打破垄断为自己开辟通往完全竞争的道路。从这种意义上看，斯密悖论是一个假问题。斯密只提供了分工秩序的一个演化起点与演进逻辑，而竞争的公平、信息的完备、交易成本的降低，则是这一演化秩序的目标。陈平通过引入系统复杂性与稳定性消长关系的概念来克服斯密困境，并提出了广义斯密定理，即分工受市场规模、资源种类、环境涨落的限制。[13]陈平解释有着现代物理学的知识背景，具有一般方法论的意义，可以通过进化层级理论来消除斯密悖论（见第十章）。

奥尔森困境或集体行动的悖论，是指那些导致组织建构与集体行动达成的逻辑，恰恰又是组织解构与集体行动瓦解的逻辑。奥尔森困境的实质是“搭便车”与合成谬误的问题，与公地的悲剧一样，指的是个人的理性选择会导致非理性的悲剧。由于在监控成本与绩效之间存在两难，“搭便车”问题成为组织行为与集体行动的难题。在不考虑时间尺度的条件下，奥尔森困境指出了社会经济生活中存在的两种现象与两种经济学定律：在某些情况下，理性-经济人在市场中受一只“看不见的手”所左右，他们在追求自己利益的同时，社会利益会自动得以实现，资源会自发得到合理配置（经济学第一定律，即斯密市场定律）；而在另一些情况下，个体的理性选择倾向于做一个搭便车者，从而导致集体产品供给的不足，导致集体的非理性结局（经济学第二定律，即外部性与“搭便车”定律）。奥尔森问题把组织的建构问题与解构问题、重复性博弈与一次性博弈问题、契约决策与个人决策问题、选择性激励与“搭便车”问题，放在了同一个时点上，由于它们在逻辑上不能同时出现，且属于不同层次的问题，在这种意义上，奥尔森困境是一个假问题。崔之元从有限责任公司制度、中央银行制度、破产制度的软预算性质的角度，对斯密“看不见的手”的理论提出了质疑。[14]他承认外部性问题，但用外部性问题否定斯密“看不见的手”原理。实际上，从个人决策演化为企业契约，不在于消除了外部性问题，而恰恰以外部性问题为前提，以决策成本对外部成本的替代为前提。所谓有限责任公司制度、破产制度、中央银行制度的产生不仅刺激了投资，而且能够有效地控制外部性溢散的边界。此外，崔之元对于中央银行制度的描述，给出了一个关于银行制度从分工演进中出现的以克服外部性但并未杜绝外部性的很好的例证（见第十一章）。

诺斯悖论是诺斯提出并解答的一个命题：国家既是经济增长的关键，也是经济衰落的根源。诺斯在《经济史中的结构与变迁》一书中指出，分工带来的收益与分工成本的协调，是理解经济演进的关键，是评价经济制度与国家制度绩效的基础。由于国家界定产权，所以国家要对经济绩效负责。诺斯指出：决策权的平等分配构成契约制度，使社会成员的个人净收益接近社会净收益，决策目标为社会产出的最大化。但契约制度决策的目标与其说是使社会产出最大化，不如说是使外部成本最小化，因为不仅经济总量问题取决于多少资源卷入经济活动以及资源利用的周转速度，并不取决于个人净收益与社会净收益的接近程度，而且契约决策意味着明确签约人的权利与义务、授权的范围与侵权的责任，实质在于避免与降低外部成本；而决策权的不平等分配构成掠夺制度，决策目标为垄断与权力的租金的最大化，决策者追求收益最大，而把外部成本推给社会或他人承担。布坎南与塔洛克在《同意的计算》一书中建立了一个关于纯粹个人决策、契约安排、集体决策在不同层级中的成本分析框架，给出了一个在私有财产权与契约自由的前提下相互协调成本最小化的方法[15]。由于在外部成本与决策成本之间存在着消长关系，不同层级的决策对于外部成本与决策成本就有着关键性的影响，而且这种决策的层级越高，越是关乎公权力与公共资源的公共决策，对于它包含的所有下属层级中社会成员的外部影响就越大。因此，布坎南的公共选择分析工具也有助于说明下述情况：当决策参与程度较低时，将产生巨大的外部成本。明智的制度安排应该把最终决策权保留在社会成员个人的手中，并把这一原则当作优先的制度规则，由社会成员去选择达成交易的契约、组织的契约与集体行动的契约，决定公共事务的政策方向；而 21 世纪之初杨小凯与林毅夫之争也涉及诺斯悖论，它指向落后国家经济增长路径选择问题。杨小凯既关注分工问题，也关注制度问题，他指出，后发国家通过技术模仿而避开制度模仿的路径选择，可以在短时间内取得成效，但并不能持久，它会积累起一个既得利益阶层，形成制度改进的障碍，最终会陷入后发劣势的陷阱。因此，应该先难后易，不失时机地推进宪政制度层面的改革。林毅夫则认为，后发国家不必采用制度模仿，而凭借自然禀赋与技术模仿，先易后难，小步快跑，也可以获得持续的增长，并有可能超过先行的工业化国家，取得后发优势。① 这一讨论关系到后发国家走向现代文明的路径选择，关系到制度设计的相容性问题与外部性问题。后发国家在经济转型的过程中，权力与垄断在资源分配与资源定价方面有着较大影响，而对

① 参见杨小凯：《后发劣势》、《共和与自由》；杰弗里·萨克斯、胡永泰、杨小凯：《经济改革和宪政转轨》；林毅夫：《后发优势与后发劣势——与杨小凯教授商榷》。

于这种双重力量的市场介入所造成的效率损失与公平失衡，以及寻租与经济增长的关系及其共生等问题，经济学家们则缺乏深入的分析。经济转型国家是一种竞争与垄断、市场与权力共同发生作用、参与资源定价的混合体制。其中，既存在着垄断与权力的高定价寻租，它意味着较高的价格、较小的交易量、较低的效率，在较高的垄断价格与较低的市场价格之间构成寻租空间；同时也存在着垄断与权力的低定价寻租，它意味着较低的价格、较大的交易量、较快的增长，在较低的权力定价或垄断定价与较高的市场定价之间构成寻租空间，参与人通过设租与寻租行为获得交易机会，整个社会以一个较高的外部代价与福利损失换取经济增长。而这一点，恰恰构成经济转型国家的体制特征（见第十二章）。

参考文献

[1] 涂尔干. 社会分工论 [M]. 北京：生活·读书·新知三联书店，2005. p. 4

[2] [3] 拉兹洛. 进化——广义综合理论 [M]. 北京：中国社会科学出版社，1988. p. 57，p. 59

[4] [5] [6] 布坎南，塔洛克. 同意的计算 [M]. 北京：中国社会科学出版社，2000. p. 80，p. 52 ，pp. 53 -62

[7] 胡叔宝. 契约政府的契约性质 [M]. 北京：中国社会科学出版社，2004. pp. 280 -281

[8] 拉兹洛. 进化——广义综合理论 [M]. 北京：中国社会科学出版社，1988. p. 5

[9] 波普尔. 客观知识 [M]. 上海：上海译文出版社，1987. p. 187

[10] 斯密. 国富论（上）[M]. 西安：陕西人民出版社，2001. p. 9

[11] [12] 诺斯. 经济史中的结构与变迁 [M]. 上海：上海人民出版社，1995. p. 9，p. 68

[13] 陈平. 文明分岔、经济混沌和演化经济动力学 [M]. 北京：北京大学出版社，2004. pp. 222 -223，pp. 411 -412

[14] 崔之元. "看不见的手"范式的悖论 [M]. 北京：经济科学出版社，1999. p. 14

[15] 布坎南，塔洛克. 同意的计算 [M]. 北京：中国社会科学出版社，2000. p. 80，p. 52，pp. 52 -63

第一章 斯密问题：人类财富凭借什么增长

第一节　引　　言

西方近代史上最为重大的事件，当属英国工商业革命。而这一革命又与文艺复兴、宗教改革、科学革命、启蒙运动、英国光荣革命交织在一起，形成了一种不同以往的新秩序。其中，启蒙思想家从自然权利到社会契约的论证，揭示了这种新秩序的生成路径。而在人的自然权利与社会契约之间，留下了经济领域的空白地带，注定了要有人来填补。正是亚当·斯密，在这片空白地带上立起了古典经济学高高的标杆。

亚当·斯密（Adam Smith，1723—1790），1723 年出生在苏格兰东岸的一个普通人的家庭，自幼聪慧好学，14 岁时就进入格拉斯哥大学学习拉丁语、希腊语、数学和伦理学等课程；1740—1746 年，斯密又赴牛津大学求学。1750 年，27 岁的斯密回到格拉斯哥大学，教授逻辑学和道德哲学课程。1764 年，斯密辞去大学教授职务，做了巴克卢公爵的私人教师，并陪同公爵在欧洲旅游。新教改革后，世俗主义价值观在欧洲各国的传播，新的工商业投资活动的兴起，国际贸易往来的不断增长，给斯密留下了深刻的印象。1765 年，斯密在日内瓦拜见了法国启蒙运动思想家伏尔泰，1766 年又在巴黎结识了重农学派的重要人物魁奈，这两人对斯密后来的古典自由主义经济思想可能产生了重要影响。继斯密 1759 年出版的《道德情操论》一书获得了学术界的好评之后，1768 年，斯密开始着手写作《国民财富的性质和原因的研究》（以下简称《国富论》）一书，历时八年。《国富论》于 1776 年 3 月出版，随即在英国、欧洲大陆引起广泛的注意与高度的评价。这一年，恰好也是美国建国的头一年。

《国富论》的问世，是经济学理论史上里程碑式的事件，确立了关于国民财富的性质及其增长原因的研究这一经济学的主题。斯密关于社会分工是财富增长的根本原因的理论与市场通过自由竞争合理配置资源的理论，对经济学思想产生了深远的影响。熊彼特评论说：“《国富论》一发表，就取得了巨大的成功，大约从 1790 年起，斯密就成了导师，包括李嘉图在内的这些人中大部分人的思想，就源于斯密，而且他们大都从未超过斯密。”[1]斯密关于国民财富性质和增长原因的探求，一直是经济学最为基本的课题。斯密关于劳动创造价值的思想，揭示了国民财富的社会本质属性，直接影响了李嘉图、马克思和斯拉法的价值理论。斯密关于劳动分工是经济增长的原因的分析，是经济理论史上最为深刻的思想，这一点尽管长期被忽视，但从未被超越；他的绝对成本说，至今仍是国际贸易的基础理论之一。斯密“看不见的手”的理论，把市场作为协调分工与配置资源的决定性的方式，并成为瓦尔拉斯与马歇尔均衡理论的源泉。斯密关于分工演进的思想，影响了达尔文的自然选择与适应性进化理论的形成。[2]哈耶克自发扩展秩序的观念也是斯密理论的延伸。哈耶克在《致命的自负》中写道：“我们在休谟以及曼德维尔的著作里，可以看到自发秩序的形成和选择进化这一对概念的逐渐浮现，不过是亚当·斯密首先对这种观点做了系统的运用。斯密的工作标志着一种进化观的突破，它逐渐取代了静态的亚里士多德的观点。”“最近对达尔文笔记的研究显示，达尔文在关键的1838年读了亚当·斯密的书，使他做出了决定性的突破。”[3]当代制度学派交易费用的理论源头也来自斯密，杨小凯关于分工理论的研究，直接继承了斯密《国富论》的核心主题，并命名为“新兴古典”，意味着斯密古典分工理论的灵魂在现代经济学躯体中的复活。

亚当·斯密，被世人尊称为“现代经济学之父”和“自由企业的守护神”。据说当年亚当·斯密在英国出席社会政治聚会时，英国首相和全体贵宾起立，向他表示深深的敬意。斯密关于劳动分工是推动财富增长的根本原因的思想以及他的经济自由主义观念，是人类有史以来对于人类经济生活最为深刻的见解之一。如果说这个世界上只有一位经济学大师，无疑他就是亚当·斯密。

亚当·斯密，宛如他的名字，来自伊甸园，暗示着一种经济秩序的起源。

斯密于1790年1月17日去世，终身未娶。

第二节 问题的提出

一、斯密问题

1688年，英国确立了君主立宪政体，成为世界上最早实现宪政转型的国家。由于这场社会变革是社会各阶层广泛参与并达成相互妥协的结果，没有发生大规模社会冲突，英国人自豪地称之为“光荣革命”。在英国，自13世纪大宪章运动以来，庄园财产权得到保护，王权得到限制，一个以权利为基础的文明秩序得以萌生。随着领主庄园制度下的货币地租渐渐取代了劳役地租，庄园经济走向解体，私有财产权与契约权催生了新兴工商业阶层的成长，一个有效率的经济组织最终登上经济舞台，它形成了这样一种制度激励，使得私人净收益接近社会净收益的水平；到了18世纪中叶，以蒸汽机为标志的第一次工业革命又发源于英国，首先在纺织业采用机器生产的技术革新又蔓延到采煤、冶金、交通运输等行业。这样，为英国经济的崛起提供了制度条件与技术条件。到了1860年前后，占世界人口2%的英国，几乎占据了全世界工业品生产的半壁江山。

就在第一次工业革命刚刚出现在英国的时候，斯密就敏锐地注意到了行将到来的经济巨变。他在1776年的《国富论》一书中提出了这样的问题：国民财富的性质到底是什么？是什么原因导致一个国家在给定的资源数量的条件下获得财富的增长，或者说，是什么原因使得一个国家比另一个国家更为富裕？这是两个独立的问题，可以分别表述为：①国民财富的性质是什么，或者说，什么创造了财富与价值？②国民财富增长的原因是什么，或者说，是什么因素导致了财富的增长？在斯密看来，这两个问题是经济学最为基本的问题。

在斯密之前，重商主义与重农主义也提出过类似的问题。重商主义认为，一个国家真正的财富是贵金属，而获得财富的基本途径在于对外贸易。因此，重商主义的政策主张是鼓励出口，限制进口，通过贸易顺差，以保证贵金属的净流入；而重农主义认为，真正的财富是农产品，财富来源于农产品的生产与流通。重农主义把经济学研究的重点从流通贸易领域回到了生产领域，强调了劳动是财富的根本。在重农主义理论的基础上，斯密提出了一般劳动的概念，并通过系统的研究劳动分工和专业化经济，为上述问题寻找到了自己的答案。

关于国民财富的性质，斯密认为，国民财富在本质上是劳动，劳动创造了财富，商品中包含的劳动是衡量两种不同商品交换比例的内在价值尺度，即使是充当一般等价物的硬通货黄金或白银，其价值也是由生产这些贵金属的劳动决定的。关于财富增长的原因，斯密认为，劳动分工及其演进，是导致经济进步与财富增长的内在动力，技术的进步，机器的发明，交换的发展，货币的出现，甚至投资，都是由劳动分工引起的。而斯密的上述论述，是建立在私有产权制度与契约自由制度的社会条件之上的，并与新教的价值观、启蒙主义的自然权利说相吻合。斯密还指出，分工与专业化程度，是决定一个国家比另一个国家更为富裕的根本原因，国际间的分工与贸易能使得参与国各方的福利都得到改善。这样，通过劳动及其分工，斯密把国民财富的性质及其增长的原因这两个看似独立的问题联系了起来。

二、斯密问题1

在斯密1776年发表《国富论》的时候，达尔文的自然选择理论尚未问世，工商业革命也在萌芽之中，对海外贸易的热衷、对贵金属的迷恋，还是欧洲社会的时尚。而斯密则以劳动这一概念，深入到人类活动的核心，直指人类活动的本质与财富的本质。斯密认为，劳动及其交换，是人类的天性与自然权利，是人类自然适应与物竞天择的结果。在他看来，每个人都是理性的与利己的，他们在经济活动中只是关注着自己的利益，但最终在市场这只“看不见的手”的作用下，实现了整个社会资源的合理配置与社会利益的实现。斯密的这一思想给了达尔文极大的启发，达尔文意识到，斯密关于分工演进的理论与一个更为深远的生物演进的理论在逻辑上是一致的，使他在1859年《物种起源》一书中，在生物世界再现了斯密的思想。正是经由了斯密对于劳动分工在人类经济演进与财富增长方面根本作用的深刻说明，经由了达尔文、拉马克、海克尔这些19世纪英国、法国和德国的学者关于生物进化的伟大发现，经由了摩尔根关于古代社会演化的深入研究之后，人们才逐步认识到人类劳动活动在人类对自然的适应与社会进化的过程中的作用，认识到劳动分工对于人类社会经济进步的意义。

受到达尔文、海克尔、摩尔根、斯密等人的影响，恩格斯认为，在人类对自然漫长的适应性活动中，手和脚的功能分化，人学会了直立行走。恩格斯在《自然辩证法》一书中总结道："手的专门化意味着工具的出现，而工具意味着人所特有的活动，意味着人对自然界进行改造的反作用，意味着生产。"从而"完成了从猿转变到人的具有决定性意义的一步"。"政治经济学说：劳动是一切财富的源泉。其实劳动和自然界一起才是一切财富的源泉，自然界为劳动提供材料，劳动把材料变为财富。但劳动还远不止如此。它是整个人类生活的第一个基本条件，而且达到这样的程度，以致我们在某种意义上不得不说：劳动创造了人本身。"[4]

人类的劳动活动，是人类一切其他活动的基础，是人类与自然进行物质能量的变换从而保证人类的生存的基本方式。今天，人们已经清楚地知道，人类经济技术系统作为一个开放系统，通过劳动活动，实现了人与自然之间的热交换，通过从环境引进负熵流以克服系统内部熵增，保证系统的运行与进化。这样，不仅人类的经济活动的逻辑与一个较为深远的生物演进的逻辑相联系，也与一个更为深远的宇宙演进的逻辑相联系，使得物质世界（物质－能量系统）、生物世界（生物－化学系统）、人类世界（经济－文化系统）统一于系统进化的范式中，给出了一个先后一惯的演化路线。

早在《国富论》一书中斯密就深刻地认识到，人类劳动和自然界构成了财富的源泉，财富的本质是人类劳动。斯密指出，劳动是交换价值或价格的基础，是衡量商品价值内在的尺度，当两人间达成两种商品的交易，在根本上是由于包含在两个商品中的劳动的量大致相当。这一点对于当作一般等价物的贵金属也是适用的，当一盎司黄金交换一定量的商品表明，包含在该商品中的劳动的量与开采一盎司黄金的劳动的量大致相当。交换的制度基础在于财产权利的优先认定，它构成了斯密古典经济学价值理论的前提。斯密的价值理论被李嘉图所继承，并被马克思进一步解读为劳动两重性学说。而斯拉法则通过斯拉法体系，确立了相对价格的衡量标准，通过劳动的还原，为商品的最终价值找到了最后的依据。这

些都是对斯密问题1的回答。

三、斯密问题2

劳动分工，是指不同的人专业化地生产不同的产品，在这种专业化的生产方式中，每个人生产活动的范围趋于缩小，一个人只专注于一种或少数几种产品的生产。在这种专业化分工的活动中，人们的劳动熟练程度得以提高。劳动分工方式首先是人与自然之间物质与能量的交换，从而为人类这一物种的存在与繁衍提供了物质的基础，然后是通过市场的交换来实现分工带来的财富增长。而市场交换，又以社会成员相互之间的权利认同为前提，本质上是权利的交换。

尽管专业化生产与劳动分工在人类进化的历史上早已出现，但一个以私有产权制度与契约自由为基础，一个生产单位只专业化地生产一种产品，而在这一种产品的生产上又形成详细的分工，并通过市场交换来协调这种专业化生产和劳动分工的经济，则是斯密所处的那个时代才普遍发生的现象。这是一场悄然发生的工商业的革命，它与先前的文艺复兴、宗教革命、科学革命、启蒙运动、光荣革命一起，构成了斯密所处那个时代新出现的特征。当葡萄牙、西班牙、荷兰经历了短暂的辉煌之后，英国这一岛国，正成长为在工业生产方面全球最大的经济体。斯密注意到，英国财富增长的关键，是一种有效率的分工经济的兴起。

斯密在《国富论》开篇第一句话就这样写道："劳动生产力最大的改进，以及劳动在任何地方运作或应用中体现的技能、熟练程度和判断的大部分，似乎都是劳动分工的结果。"[5]在斯密那里，劳动分工是经济进步与财富增长的关键，社会劳动在分工路径上的不断展开是后来的各种经济现象得以生成的根本原因。

斯密所处的时代，尚处在工业革命的初期，瓦特蒸汽机与珍妮纺织机的出现，为从手工工场向大机器生产的转变提供了技术条件。但在斯密时期，工业革命还没有大规模地展开，手工作坊与手工工场依然是工业的基本生产形式。在手工工场中，劳动已经分成了不同的工序，分工已初现端倪。当多数人仍沉湎于国内贸易与国际贸易带来的繁荣这一表象，陶醉于重商主义关于通过对外贸易获取黄金、白银的图景时，只有少数人注意到了劳动分工对于经济增长的本质意义，而斯密无疑是当时最为睿智、最为深刻的思想者之一。

早在斯密之前，蒙德维尔、配第等人就论及分工对于财富增长的重要性。蒙德维尔早在1729年《蜜蜂的寓言》一书中就说明了一种自行组织并通过市场交换分配资源的分工经济，并对劳动分工的形式及其结果做了精辟的说明。他指出，劳动分工是提高经济效率最为基本的手段。正如他在书中所写的："如果一个人全身生产弓和箭，第二个人提供食物，第三个人建造房子，第四个人去做衣服，第五个人生产器具，那么各行各业在同样的年数里会比五个人杂乱地进行生产有较大的提高。”[6]斯密也敏锐地注意到正在形成的分工经济对于经济发展与财富增长的作用，并把它作为理解人类经济活动演进的核心。

斯密在《国富论》中提到了一个制针业采用分工方式的著名例子，佐证了他对斯密问题2的看法。斯密写道：

一个没有受过这种业务（劳动分工已经使它成为一个独立的行业）训练而又不熟悉它所使用的机器的工人，用他最大的努力，肯定不能制造20枚针来，甚至一天连一枚也造不出来。但是按照这种业务现在进行的方式，不仅整个工作是一个专业的行业，而且它分成的若干部门大部分也是专业的职业。一个人抽丝，另一个人拉直，第三个人切断，第四个人削尖，第五个人磨光顶端以便安装针头。做针头要求有两三道不同的操作；装针头也是一项专门的业务；把针刷白也是一项独立的业务，甚至把针装进纸盒也是一项专门的工作。这样，制针这一重要的业务就分成了大约18道不同的工序，在有些工厂，每一道工序都由专门的人手担任，在有些工厂，有时一人担当两三道工序。我见过这样一个小厂，那里只雇佣了10个工人，因此有些人担任两三道工序。这个厂很穷，必要的机器装备不足，在工人们努力工作时，却能每天制造出价值12英镑的针来。每英镑将近有中等大小的针4000枚。因此，10个人每天能制针48000枚。每个人每天平均生产出4800枚。但是，如果他们全都独自分别工作，没有一个人受过这种专门业务的训练，他们肯定不能每天制造20枚针来，或许连一枚也造不出来。这就是说，他们肯定不能完成现在由于适当分工中各种不同的操作的结合所能完成的工作量的1/240，或许甚至不能完成其1/4800。[7]

基于分工演进原理与制针作坊的分工例证，斯密进一步说明了分工在促进劳动生产力提高方面的三个作用：第一，由于专业分工，劳动者的技能与熟练程度得以提高；第二，由于劳动分工，节约了由一道工序转到另一道工序的时间；第三，由于劳动分工，使得许多简化与节约劳动的机器的发明与使用成为可能。[8]

斯密这一关于分工的经典例子表明：首先，财富的增长可以通过分工内生演化实现，它是通过自身先后纵向比较事后获得的，而无需通过外生横向比较实现，甚至无需经由交换来实现。其次，这种形态呈现出一个经济组织内部的分工特征，使得该经济组织能够从生产过程所有中间环节的专业化分工中获得净收益的增长。最后，这一生产组织的专业化又会是整个社会分工体系的一个环节，整个社会经济活动都可以按照专业化分工的原则来组织进行，在社会层面再现一个组织内部的分工形态。

问题在于，当我们说分工的内生演化是人们自发地选择专业化分工的结果时，这一分工演化的制度前提是什么，产生了怎样的制度激励？它的决策条件又是什么，从而降低了外部代价？而这些问题是分工演化理论的逻辑出发点。

我们从一个纯粹技术层面的资源安排优化开始，假设一个人处于封闭的状态，既没有与他人之间的社会分工，也没有交换，不存在外生比较优势。但是，只要存在着产品之间不同的要素替代率，那么，他将投入的要素从替代率低的产品重新分配到替代率高的产品，就能在产量不变的条件下节约要素投入，或者在投入不变的条件下生产出更多的产品。假如，生产活动所需两种可相互替代的要素 X 与 Y；生产两种产品 M 与 N；M 等产量线的要素替代率为 $4X$，$1Y$，N 等产量线的要素替代率为 $2X$，$1Y$。如图 1－1 所示：

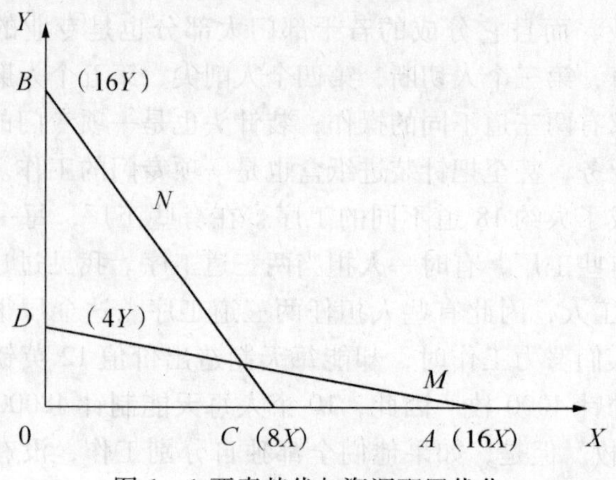

图 1－1 要素替代与资源配置优化

其中，OX 表示生产产品 M 或 N 所耗费的要素 X，OY 表示生产产品 M 或 N 所耗费的要素 Y，线 M 为产品 M 的等产量线，线 N 为产品 N 的等产量线。

假设该生产者初始的要素安排为：X 全部用于 M 的生产，Y 全部用于 N 的生产。我们得到的要素初始安排为 A 点与 B 点。此时生产 M 的要素投入组合为 A（$16X$，$0Y$），生产 N 的要素投入组合为 B（$0X$，$16Y$）。当用生产 N 的要素中的 $1Y$ 置换生产 M 的要素 $2X$，根据定义，M 与 N 的产量不变。由于 M 生产的要素替代率为 $4X$：$1Y$，生产 N 的要素替代率为 $2X$：$1Y$，生产 N 的要素 $1Y$ 将置换出生产 M 的要素 $4X$，而生产 N 减少 $1Y$ 只需要 $2X$ 就可以保持产量不变。于是，在 N 的每单位 Y 在置换 M 的 $4X$ 的过程中，会有两个单位 X 的节约，如果把这节约的 $2X$ 重新用于 M 或 N 的生产，相当于有一个净收益 R 的溢出。这样，要素之间的分配就会继续下去，直到我们得到要素最终的安排为 C 点与 D 点。此时生产 M 的要素投入组合为 D（$0X$，$4Y$），生产 N 的要素投入组合为 C（$8X$，$0Y$）。要素 X 用于 N 的生产，要素 Y 用于 M 的生产。根据等产量线定义，$C-D$ 与 $A-B$ 的差别只是要素组合不同，产量 M 与 N 不变。但是，在 $A-B$ 组合中，生产一定数量的 M 与 N 所需的要素为 $16X$ 与 $16Y$，而在 $C-D$ 组合中，生产同等数量的 M

与 N 所需要的要素为 $8X$ 与 $4Y$，与 $A-B$ 组合相比，保持同一产量而节约的要素投入为 $8X$ 与 $12Y$。如果节约出的要素 $8X$ 与 $12Y$ 继续按照上述方式投入 N 与 M 的生产，将会使原有的 N 的产量提高一倍，M 的产量提高四倍。或者说，当 $M-N$ 的生产从 $A-B$ 的要素组合到 $C-D$ 的要素组合的调整过程中，要素 X 节约了一倍，要素 Y 节约了四倍。通过要素的重新分配获得的好处显而易见。

从技术上来说，这一过程对于一个人的决策是适用的，对于两个或两个以上的人群、组织、社会也是适用的，它提高了资源利用的效率。所不同的只是，一个人在生产过程中采取的资源专业化生产安排，在社会层面表现为社会分工与市场安排。

但是，上述技术层面的决策优化，存在着制度约束条件：如果缺乏产权边界，资源优化安排的效果存在着外部性，对当事人来说就缺乏激励，而强制贯彻一种即使是优化的资源安排，还必须支付一个额外的监督成本，它将抵消一部分甚至全部由于决策优化带来的收益增量。这一情形会降低资源优化安排的概率。而在私有财产与契约制度条件下，权利边界清晰，资源优化的效果就不至于被外部化，当事人就有着资源优化安排的动力。这一点表明，分工的内生演化需要制度条件的支持。

在斯密之前，洛克就把产权界定为人的生命权、财产权、自由权，洛克称之为人的自然权利（卢梭称之为天赋人权），而这一权利的法律确认，构成分工演进与契约形成的基础。它意味着私有财产权不仅使得劳动分工的效果被外部化的可能性大大降低，而且一个自主的决策安排对外部成本的有效替代程度大大提高。而当分工演进发生的资源配置需要通过市场实现时，以契约方式来界定各方权利，保证各方利益，通过支付一个交易成本将避免过大的外部损失，就能够有效地协调分工。因此，劳动分工与交换的大规模展开，只有在私有财产制度与自由契约制度的基础上才有可能，否则，外部成本将抵消分工与贸易带来的好处。

在上述制度基础上，当使用要素配置的权利是可以交易的，而在不同的要素所有者之间也存在着要素利用效率的差别，要素的所有者就会通过要素的交易来实现要素的最优配置；而当整个社会都采用分工的形式组织生产，并通过交换来协调，就会产生生产的分工与交换的网络效应，使整个社会与自然进行物质能量变换的效率大幅提高。同理，当国际间存在着要素配置效率与要素价格的差异，采取国际分工与国际贸易的国家在财富总量与经济效率方面将超过缺乏劳动分工的自给自足自然经济的国家，从而在国际竞争中取得优势。相反，如果产权与契约权得不到保护，外部成本过大，或者存在贸易壁垒，交易成本过高，分工专业化的成果就大打折扣。此外，契约的公平程度还取决于契约双方的定价能力，包括资源的稀缺程度、信息的完备程度、谈判能力以及其他制度上的优劣条件。在存在优势策略的条件下，机会主义违约行为会把外部成本尽量施加到对方身上，而在双方定价能力不对等的条件下，如果弱势一方的诉求迟迟得不到满足，将提高他放弃契约手段转而寻求其他非契约的方式来解决外部性问题的概率，或者破坏契约规则，或者提出诉求重建权利秩序。而在斯密那个时代，个人权利的优先性在人类历史上第一次得到法律确认，立于个人权利其上的自由契约成为协调分工与市场交换的基本方式，为分工演进与决策改进提供了制度条件。

伴随着分工自发的成长，新的商业形式也跟随着发展起来。斯密首先注意到了市场作为社会分工的协调方式在资源配置方面的决定性作用，指出了分工经济对于市场的依赖以及市场规模受制于运输条件。他的这一看法不仅把商业、货币、信用看作分工演化的产物，而且包含着分工受制于市场交易费用的思想。斯密的这些思想，集中包含在斯密定理之中。

第三节　斯密定理

斯密定理表现为三个相关的陈述：①分工是经济增长的源泉；②分工依赖于市场的大小；③市场的大小取决于运输条件。[9][10]

一、分工是经济增长的源泉

劳动活动是人类与自然进行物质－能量变换的独有的适应性活动，是保证人类存在与延续的基本方式。劳动分工是人类与自然进行物质－能量变换过程中独有的变换方式，是人类在自然进化与社会演进过程中独特的适应形式。斯密一开始就抓住了问题的本质，把劳动当作获取财富与价值的源泉。

从现代物理学的层面上讲，整个宇宙的活动在本质上是个热交换的过程，而只有那些开放的系统，才能够从环境中引进更多的负熵流，克服内部的熵增，保证其远离热平衡态，并取得进化。人类社会经济系统是宇宙物质－能量系统演化过程中出现的生物－化学系统的一个次级系统，作为一个开放的进化系统，它通过人类的劳动活动的方式来与自然进行物质－能量的变换，并由此维持了人类的存在与延续。在长期的自然适应与经济适应的过程中，劳动活动采取了专业化分工的形式，通过更高的组织性，更加开放的人与自然、人与人的交换结构，提高了人类与自然之间物质－能量变换的效率，获取了更多的能量（物质财富），补充了人类活动的能量消耗（成本），保证人类社会经济系统远离平衡态，并成为秩序之源与进化之源①。

从生物学的层面上讲，高等动物不仅个体在自然适应过程中进化出具有不同功能的器官，而且群体在捕食活动中往往采用分工协作的方式，从而有效地从自然获得维系个体与族类的生存与繁衍所需的能量。人类作为生物进化史上最为智慧的生物，在长期的自然适应中学会自立行走、手脚分工与运用工具的能力，其劳动活动及其分工形式是它在适应自然的活动中与其他物种所不同的独特的适应形态与进化方式，它通过超越自身生物条件限制的工具系统的进化，使手和脑在工具方面得以有效延伸，扩大与提高了人类利用自然资源的广度与深度，使得人类这一在纯粹生物学意义上来讲并不强大的物种，在自然进化的路途中通过劳动分工及其协调机制，最终把其他物种抛在了身后。正如涂尔干指出的："劳动分工是物竞天择的结果"，"是进步的动力所在"。[11]

从经济学的层面上讲，一方面，人类首先通过专业化生产与劳动分工，提高了经济活动的效率；另一方面，人类通过组织之间的专业化分工与市场协调，提高了整个社会经济活动的效率。在相同或相近的自然禀赋条件下，采取社会分工与专业化生产的工业化地区或国家，摆脱了相对封闭的自给自足农业自然经济形态的束缚，通过分工－交换经济这一开放的形式与制度改进，使得劳动分工与专业化程度不断提高，源自分工的技术进步与协调分工的制度变迁随之发生，社会财富不断增长。在人类从狩猎、游牧、捕捞、农耕自给自足经济朝向工业化分工经济发展的过程中，人类同自然进行物质－能量转换的效率大幅得以提高。因此，社会劳动分工体系可以看作是人类系统与自然系统进行物质－能量变换的装置，财富的本质是劳动，技术的进步与制度的改进由劳动分工而发生。

数据显示，在从狩猎经济、农耕经济、工业化经济、后工业化经济的漫长发展过程中，人类同自然进行物质－能量变换的效率在工业革命后得到快速的提高。以人均日能耗（单位：10^6 卡路里）为例：人类最早的原始先民每日消耗的能源为 2 个单位，全部用于食物；狩猎部族的猎人日消耗为 4 ～ 5 个单位，分别用于食物和居住；原始初级的农业社会为 12 个单位，分别用于食物、居住与农业再生产；高级农业社会为 26 个单位；工业化社会则上升为 77 个单位；而后工业社会人均日消耗的能源则高达 230 个单位。② 上述数据表明，从能量转换的角度来说，建立在蒸汽机、电动机等专业化分工的技术基础之上的工业革命是人类历史上的里程碑，它提高了能源转换效率，降低了运输成本；而从制度上来说，私有产权制度与契约制度，有效推动并协调了分工，降低了交易成本与外部成

① 参见普里戈金：《从混沌到有序》；拉兹洛：《进化——广义综合理论》。

② 数据来源：E. Cook. The Flow of Energy in an Industrial Society.

本。而信息革命把社会分工、国内与国际市场有效结合在一起，促进了分工演进与技术传播，尤其是互联网技术的正外部效应大大降低了决策的信息成本、交易成本，有效替代了外部成本。今天，人类这一物种每年所占用、消耗的能量比地球上其他物种所占有、消耗的能量的总和还要多。这一切的变化，都来源于劳动分工所特有的推动技术创新与财富增长的机制，而这一机制正常而有效发挥作用，又要求财产权与契约权的制度保证，以及在公平而普遍参与的条件下决策成本对外部成本的替代。不然，较高的外部成本、社会问题、环境代价、代际损失，都将难以对付，并为人类带来灾难。

二、分工依赖于市场的大小

斯密表明，劳动分工是财富增长的关键，是经济分析的核心。斯密认为，交换能力引起劳动分工，而分工的范围必然总是受到交换能力的限制，换言之，即受到市场范围的限制[12]。在分工演化的过程中，一方面是生产链的不断延长，劳动分工的不断细化，专业化程度不断提高；另一方面是交换环节的不断增多，市场交易容量的不断扩大，交易成本与外部成本都会上升。而市场容量的大小、交易制度的优劣、外部成本的高低，又制约着分工的演进。如果市场容量、市场交易制度与社会分工程度不相匹配，将限制社会分工的进一步演化。因此，社会分工的程度取决于市场容量的大小与交易效率的高低，进而取决于制度规则的正外部效果为社会成员分享的程度。

现代经济学把需求与供给当作经济分析的前提。这一点遭到了杨小凯的批评。他指出，供给与需求是社会分工演化的两个方面，只有当我们从分工演进的框架中理解了从自给自足演化出局部分工再演化出完全分工的内在逻辑，才能理解供给与需求这两个方面。在自给自足的经济形态中，生产者也是需求者，在这种被杨小凯称为生产-消费者的自然经济形态中，既没有社会层面的分工，也没有交换，没有市场，外部成本也较低。但这种状态是人类经济生活的起点，是人类最早的经济形态，它内生的演化出更有效率的生产-交换结构。只是当局部分工从自给自足经济中自发演化出来、完全分工又从局部分工中演化出来的条件下，生产者才与需求者相分离，专业化生产才与市场交换相分离。因此，需求与供给不过是分工演化的两个方面，表现为分工经济在一个更高的交换经济形态实现的方式。交换是分工的结果，市场是协调分工的手段，分工经济的效率通过市场交换的方式才最终释放出来。假如市场容量比较小，或者交易成本比较高，分工就会被制约在一个较低的水平；反之，市场容量比较大，或者交易效率比较高，分工专业化经济就会伴随着交换的发展自发演化到更高的水平。

交换的基础是劳动分工。而市场作为交换的场所，以当事人相互承认对方的财产权利为基础，两个商品之间的交换，本质上是两种权利的交换、两种商品所有权的交易，并由契约制度加以实现。在市场竞争的条件下，价格信号一方面反映资源配置的状况，另一方面又引导着资源的流向，并且同一种资源的价格有着迅速走向一致的趋势；而在受到垄断组织、政府干预、权力介入的竞争受阻性市场，价格不仅会发生扭曲，还会致使同一种资源有不同的价格，由此造成的价差、息差、利差、汇差、费差将成为垄断寻租与权力寻租的制度条件，破坏市场的效率，带来外部成本上升。由于交换会发生交易成本与外部成本，而协调分工收益与分工成本，就成为决策调整与制度改进的核心。

三、市场的大小取决于运输条件

威廉·配第很早就意识到交通运输条件以及城市对市场交易状况的影响，他指出，城市可以通过减少交易成本促进分工[13]。这一点被斯密所重述，并被纳入他的分工理论之中，成为斯密定理的重要组成部分。在斯密看来，市场通过交换协调分工，市场容量的大小、运输条件的优劣、交易成本的高低，无疑成为交换状况的制约因素。

从技术层面来看，早期西方国家在工业革命的背景下，国内公路网、铁路网以及通讯网的形成，促进了国内分工与国内贸易，国际海上交通线的形成，又促进了国际分工与国际贸易，先后促成了葡萄牙、西班牙、荷兰、英国的崛起；美国作为当今世界上第一大经济体，具有世界上最长的公路网与铁路网、最大吞吐量的港口与航空港，贸易量居全球第一，在国际分工体系中居于最顶端的位置。而作为后起的工业化国家的中国，自 1978 年以来实行的市场经济转型，分工经济不断演进，打破了自然经济的束缚与计划经济的束缚，不仅国内贸易量不断提高，国际贸易额业不断提高，而且“中国制造”成为当代国际分工与国际贸易中独特的经济现象。在中国，最为引人瞩目的是全国高速公路网的形成、汽车工业的爆发、铁路与高铁的发展和物流业的兴起。最近几十年来运输条件的极大发展，尽管有着寻租的原因，但无疑为中国经济的发展提供了支持。上述所说表明，技术手段的改进可以降低交易成本，它是通过增加一个技术投入而减少了一部分交易成本来实现的。

从制度层面来看，私有产权制度、市场制度、企业制度、工业产权制度、信用制度、保险制度的发展与完善，有效地协调了社会分工，降低了交易成本，保障了分工效率的实现。恰如诺斯指出的，一个有效率的经济组织的出现，是西方经济兴起的关键所在[14]。杨小凯也指出，假如交易成本超过了分工经济，人们仍会选择自给自足；假如分工经济超过了交易成本，局部分工就会从自给自足经济中自发演化出来，完全分工也会从局部分工中自发演化出来[15]。因此，社会分工演进以及协调分工的产权制度与交易制度的演进，是经济增长的关键所在。当然，在斯密时代，制度作为协调分工的手段尚未被斯密深入地论及，对于交易费用的开创性研究，要归功于当代制度学派科斯的贡献。上述所说表明，制度的改进也可以降低交易费用，它是通过增加一个制度成本减少了一个更大的交易成本来实现的，或者更严格说，是通过增加了一个决策成本（包括交易成本）降低了原来的交易成本与外部成本来实现的。

第四节　绝对成本说

一、内生比较优势与外生比较优势

斯密关于专业化生产与劳动分工演化的描述，被后来的经济学称为内生演化或内生比较优势，以与外生比较优势相区别。所谓内生比较优势则是假定所有人事前都是相同的，不存在技术上和禀赋上的事前差别，由于人们自发选择不同的专业化模式和劳动分工，而产生了生产率上的差别与财富的增长；而外生比较优势是指基于人们事前生产条件的差别而产生的比较优势，包括外生技术上的比较优势与外生自然禀赋上的比较优势，人们通过专业化分工，生产具有各自比较优势的产品，而获得整个财富的增长[16]。内生比较优势与外生比较优势相比，是更为基本的思想，也是人类经济进步与财富增长的秘密所在。还有一种关于内生演化与外生演化的情形被人们所忽视：①即使在资源禀赋完全不同并且不可比较的条件下，各个经济组织会依据各自自然禀赋条件，相对专业化的生产一种或几种产品，并通过分工内生演进。②各个经济组织依据可比较的自然禀赋差异与技术差异，既可以通过技术模仿，构造较完备的分工体系，也可以通过分工与交换，按外生比较优势分工演进。

分工促进了一个国家经济总量的增加与国内贸易的发展，分工导致了一个国家比另外一个国家更为富裕。这一点已为斯密所证明。那么，在国与国之间有无必要进行国际分工与国际贸易，是不是这样也能像国内分工与国内贸易那样带来财富总量的增加呢？这是斯密考虑的另一个问题。斯密通过绝对成本说，给出了一个外生比较优势的说明。

二、绝对成本说：一个按外生比较优势进行国际分工的理论模型

斯密认为，国内贸易与国际贸易一样，其前提都是分工经济，其后果都能够为参与者带来福利的增长。为了说明这一点，斯密批评了重商主义的贸易保护理

论，提出了绝对成本说或绝对优势说，形成了最早的国际分工与自由贸易理论。

假设存在有两个国家，比如法国和英国，他们自给自足生产两种商品，比如葡萄酒和呢绒。法国在葡萄酒的生产上比英国具有绝对优势，而英国在呢绒的生产上比法国具有绝对优势，显然，两个国家按照各自的优势进行国际分工与国际贸易，对两个国家都有利。斯密写道："在生产某种商品上一国对另一国享有的自然优势有时是如此巨大，所以全世界都承认，向这种优势挑战是枉费力气的。在苏格兰也能生产非常好的葡萄，用它也能酿出非常好的葡萄酒，其费用约为能从外国购入的同等质量产品的30倍。禁止所有外国葡萄酒的输入，只是为了鼓励在苏格兰生产波尔多和勃艮第酒，那是合理的法律吗？如果说为了得到所需要的等量商品，而不去外国购买，而是用30倍资本和劳动来在本国制造是荒谬的，那么，用多出三十分之一甚至三百分之一的资本和劳动这样去做也同样是荒谬的，虽然荒谬的程度不是那么明显，荒谬的性质完全一样。究竟一国对另一国享有的优势是天然的还是后天取得的，在这方面是无关紧要的。只要一国享有这种优势，而另一国不享有这种优势，后者向前者购买而不是自己制造，总是更为有利。一个工匠对操另一行业的邻人具有后来取得的优势，但是他们都发现，互相购买对方的东西而不是自行制造则更为有利。"[17] 而外生演化的制度条件又以分工与交易双方彼此承认对方的财产权利为制度条件。

在斯密这里，建立在一定制度基础上的分工演化原理起着基本的作用，它是国内外贸易的基础。斯密已经十分清楚了这样一个核心原理：分工是经济发展与财富增长的源泉，交换互惠，贸易互利。因此，他反对任何形式以任何理由出现的反对自由贸易的政策，因为这种政策扼杀了分工互惠。

假设有两个国家甲和乙，生产两种商品A和B，两个国家均投入20单位的劳动L，它们在A和B上都用了10单位的劳动L。假如甲在A的生产上的效率是乙的两倍，甲10单位劳动的投入可以生产出10个A，乙10单位劳动的投入只能够生产出5个A；乙在B的生产上的效率是甲的两倍，乙10单位劳动的投入可以生产出10个B，而甲10单位劳动的投入只能够生产出5个B。一开始，甲和乙之间既不存在分工，也不存在交换，但存在着各自的绝对优势。此时，甲和乙都是自给自足的经济单位。

模式1 自给自足，同时存在绝对优势

甲	10L = 10A	10L = 5B	20L = 10A + 5B
乙	10L = 5	10L = 10B	20L = 5A + 10B

由于甲在A的生产上比乙具有绝对优势，而乙在B的生产上比甲具有绝对优势，斯密指出，在甲和乙之间按照它们各自的绝对优势进行分工与贸易，对双方均有好处。这样，在技术不变的条件下，甲20单位劳动可以生产出20个A，

乙20单位劳动可以生产出20个B。由此，两国的财富总量的增加值为5A+5B。如果甲以7.5个A换取乙7.5个B，对于甲来说，2A才值1B，对于乙来说，2B才值1A，双方都能够通过交换实现净收益的增加。

模式2　绝对优势条件下的分工与贸易

甲	20L=20A
乙	20L=20B
甲与乙	甲7.5A=乙7.5B
甲	20L=12.5A+7.5B
乙	20L=7.5A+12.5B

只要两个国家之间存在着外生比较优势，它们可以通过国际分工与国际贸易，使社会财富的总量和双方的净福利均得以增长（见表1-1）。

表1-1　绝对优势条件下分工与贸易带来的福利增长

	甲	乙	总福利
分工前	20L=10A+5B	20L=5A+10B	40L=15A+15B
分工后	20L=20A	20L=20B	40L=20A+20B
交换	7.5A	7.5B	
交换后	20L=12.5A+7.5B	20L=7.5A+12.5B	
净福利	2.5A+2.5B	2.5A+2.5B	5A+5B（增加值）

也就是说，通过国际分工与国际贸易，甲和乙双方的福利状况均得到改善，甲在同乙的分工与贸易中的净收益为2.5A+2.5B，乙在同甲的分工与贸易中的净收益也为2.5A+2.5B，这是一个双赢的格局。各自的生产效率并没有改变，劳动要素的投入也没有改变，只是通过分工与交换，为交易双方都带来一个净收益的增长，即R=2.5A+2.5B。这种通过分工合作达成的互惠均衡，不是零和游戏，而是正和游戏，是分工与交换的奥秘所在。

以上的分析和结论对于一个国家内部的两个地区、两个村落、两个工厂或作坊甚至两个家庭都是适用的。斯密的分工理论与绝对成本说，在抽象掉其他资源投入、技术变量以及交易成本的条件下说明问题，至今仍是国际贸易的重要基础理论之一。沿着这一线索，李嘉图进一步证明了，即使一个国家在所有产品的生产上比另一个国家都具有优势，两个国家按照比较优势进行国际分工与国际贸易，双方的福利状况均可以得到改善（李嘉图比较优势说）。斯密的绝对成本说与李嘉图的比较优势说都是关于国际分工与外生演化的经典说明。尽管在这一点上理论界上有不同看法，有人认为李嘉图的比较优势说是纯粹的外生比较优势，而斯密的绝对优势说可能是内生的，暗含着事前相同的可能性。但这种看法只会引起理解上的混乱。斯密分工定理是内生的，而绝对优势说是事前就可以判定的，所以是外生的。

三、斯密假定

对于斯密的分工与市场理论，后来的经济学家们给出了一个完全市场竞争的假定，作为分工演进的理想条件，包括以下方面：人是理性的、自利的；财产权是私有的、排他的；契约自由；不存在垄断与政府干预；市场信息是完备的，当事人可以通过市场来有效地协调分工并配置资源；只考虑劳动要素的投入；交易成本为零；不存在自然禀赋差异；不存在外部性问题；帕累托最优；等等。

这样的假定尽管对于建构一个理想化的演绎理论来说或许是重要的，它可以不考虑其他特殊的情况与反例，而从正面建构起一个一般性的纲领，并使其原理纯净而完备。但是，这种演绎逻辑与斯密分工演进逻辑是完全不同的。从分工的历史演进来看，完全竞争、完全信息、不存在外部成本与交易成本的市场，并不是斯密体系中分工演化的市场条件，而是斯密分工演化的理想社会目标。在斯密那里，只要给出财产权与契约权的条件就足以保证分工演化，而交易成本与外部成本的存在，恰恰是分工演进的必要条件。把理想化的演绎逻辑强加给斯密，不仅导致了演进逻辑向演绎逻辑转换的根本错位，也污染了分工演化理论的逻辑起点。实际上，只要回到洛克、霍布斯、卢梭、孟德斯鸠等启蒙思想家的基本思想，就不难理解斯密的古典自由主义是启蒙思想在经济学领域的回声，斯密与洛克、卢梭一样，关注的是这一新秩序的制度基础与演化逻辑的问题，他们都是从自然权利开始的。不过，启蒙思想家是政治学家，他们由自然权利走向民主政治与社会契约，而斯密是经济学家，他则由自然权利走向社会分工与市场契约。他们都刻画了一种历史的演进逻辑或自发扩展秩序，而不是理论的演绎逻辑。这一历史的演进逻辑，与英国近代哲学认识论上的经验主义与方法论上的归纳逻辑接近，而与大陆近代哲学认识论上的唯理主义与方法论上的演绎逻辑相异。因此，一方面，应该把斯密的分工演化原理与经济学教科书的假定加以区分，不然会陷入演化前提与演化目标之间、演化逻辑与演绎逻辑之间、历史与理论之间的任意转换，导致方法论上的混乱；另一方面，正因为在现实生活中存在着自然禀赋差异、交易成本、垄断、外部性问题，斯密定理并不完备，对某些后生的现象缺乏解释力，因此，可以构建更高层级的分工演化理论作为斯密分工理论的进步。这一点，杨小凯做出了巨大贡献。

关于存在着不同自然禀赋的国家，比如一个国家资本充裕，而另外一个国家劳动力充裕，且两国之间由于距离和其他障碍要素之间不能国际流动，在这种条件下该如何进行国际分工与合作？赫克歇尔和他的学生俄林考察了这一命题，其基本思想被称为H－O模型。H－O模型指出，各个国家之间依据其自然禀赋条件的差异进行国际分工是一种经济的分工方式：资本充裕的国家相对于资本匮乏的国家来说资本相对便宜，可以集中于资本密集性质的产品的生产；而劳动力充裕的国家相对于劳动力匮乏的国家来说劳动力相对便宜，可以集中于劳动密集型性质的产品的生产。H－O模型得出的结论是，按此原则进行国际分工与国际贸易，对双方均有好处。赫克歇尔－俄林的观点注意到了各个国家自然条件或自然禀赋的差异，并把这种差异看作国际分工的基础，通过外生技术比较优势与外生自然禀赋比较优势，完善了国际分工与国际贸易的外生比较优势理论。H－O模型与斯密的绝对优势说、李嘉图的比较优势说，并称为完全竞争假设条件下国际分工与国际贸易的理论基础。尽管理论界都把H－O模型看作外生比较优势理论的扩展，但H－O理论回到了资源背景本身，暗含着专业化经济比分工与交换更为原初、更为基本的深刻思想，是一种内生的分工与专业化模式。因此，与斯密绝对优势与李嘉图比较优势相比，H－O模型的基础条件更为一般。这一点，对于理解专业化、分工与交换的起源来说至关重要。对此，我们将在第二章专门加以讨论。

关于分工交换经济存在着交易成本，杨小凯给出了一个分工理论与交易费用理论相结合的解释，对斯密绝对优势说和李嘉图的比较优势说是一个补充，同时也是对国内贸易与国际贸易从分工中演化出来这一观点的一个说明。杨小凯的基本观点在于，当人们或一国选择专业化与分工经济，能够带来财富总量的增加，这一点已为斯密所证明。但与分工相伴生的交换或贸易，会带来交易费用，从而产生交易成本与分工经济带来的好处之间的两难冲突，这一点则不为古典经济学家所重视。杨小凯指出，假如一宗贸易的交易成本系数很大，贸易引起的交易成本超过贸易带来的生产力的改进，此时人们就会坚持选择自给自足的经济形态；假如交易成本系数很小，分工带来的生产力的提高超过分工引起的交易成本，人们就会选择分工经济与贸易形态。[18]因此，分工与贸易的发展程度，取决于分工经济与交易成本的比较，取决于贸易条件的改善与交易成本的降低。只有当分工带来的生产力的提高超过分工引起的交易成本时，经济形态才会从自给自足过渡到局部分工，过渡到完全分工，过渡到国内贸易，最终过渡到国际分工与国际贸易。在这一漫长的演进过程中，分工始终起着根本性的作用，是经济演化之源，是整个经济分析的核心。因此，斯密的分工理论，关心的是起点，是产权制度与契约制度构成的底线，是演化的逻辑，而不是终点，不是完全竞争市场的蓝图，不是演绎的逻辑。而杨小凯把古典分工理论与制度学派的交易成本理论结合起来，给出了一个经济演化前后一致的框架。唯一的遗憾是他对外部成本的忽略。布坎南、阿罗认为，当今经济学前沿最具活力与创造性的思想，就是杨小凯关于分工理论的研究。而杨小凯的新兴古典理论的基本精神（见图1-2），无疑来源于斯密。

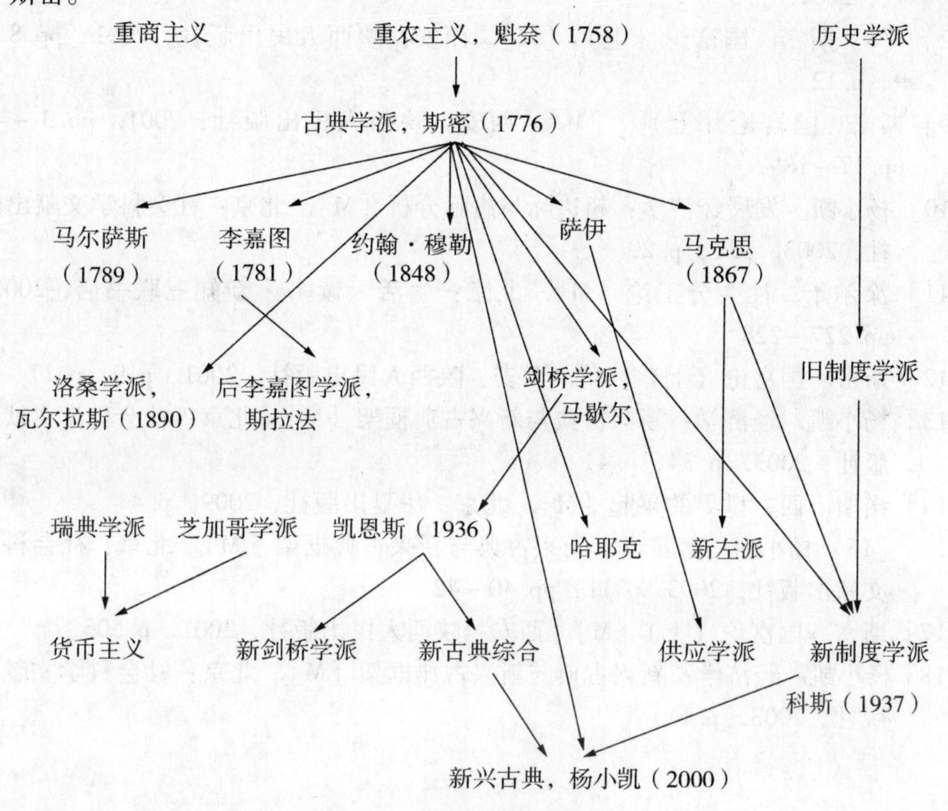

图1-2 斯密对经济学的影响

参考文献

[1] 熊彼特. 国富论导读［M］. 西安：陕西人民出版社，2001. pp. 5-6
[2] 斯蒂芬·杰·古尔德. 自达尔文以来［M］. 北京：生活·读书·新知三联书店，1997：p. 99
[3] 哈耶克. 致命的自负［M］. 北京：中国社会科学出版社，2000. p. 166，pp. 166-167
[4] 恩格斯. 自然辩证法//马克思恩格斯选集［M］，北京：人民出版社，1972.

pp. 456 – 457，pp. 508 – 509

[5] 斯密．国富论（上）[M]．西安：陕西人民出版社，2001．p. 9

[6] 蒙德维尔．蜜蜂的寓言//斯密．国富论（上）[M]．西安：陕西人民出版社，2001．p. 3

[7] [8] 斯密．国富论（上）[M]．西安：陕西人民出版社，2001，pp. 8 – 9，p. 12

[9] 斯密．国富论（上）[M]．西安：陕西人民出版社，2001．pp. 3 – 4，pp. 17 – 18

[10] 杨小凯．发展经济学：超边际与边际分析 [M]．北京：社会科学文献出版社，2003．p. 1，p. 29

[11] 涂尔干．社会分工论 [M]．北京：生活 · 读书 · 新知三联书店，2005．pp. 227 – 228

[12] 斯密．国富论（上）[M]．西安：陕西人民出版社，2001．p. 9，p. 17

[13] 杨小凯．经济学：新兴古典与新兴古典框架 [M]．北京：社会科学文献出版社，2003．p. 34，p. 41

[14] 诺斯．西方世界的兴起 [M]．北京：华夏出版社，2009．p. 4

[15] [16] 杨小凯．经济学：新兴古典与新兴古典框架 [M]．北京：社会科学文献出版社，2003．p. 11，pp. 40 – 42

[17] 斯密．国富论（上）[M]．西安：陕西人民出版社，2001．p. 505

[18] 杨小凯．经济学：新兴古典与新兴古典框架 [M]．北京：社会科学文献出版社，2003．p. 11

第二章 李嘉图问题：分工能否为落后一方带来好处

第一节 引　言

大卫·李嘉图（David Ricardo，1772—1823），1772 年出生在英国伦敦一个犹太移民家庭，14 岁时就随父亲从事证券交易活动，16 岁时在英国金融证券界崭露头角，21 岁时开始独立从事证券活动，25 岁时已拥有 200 多万英镑财产。1799 年在一次乡村度假期间，李嘉图偶然阅读了斯密的《国富论》，从此，对经济学发生了浓厚的兴趣并开始研究经济问题。

当时，由詹姆斯·穆勒任主编的《爱丁堡评论报》主张自由贸易，颇具影响力。李嘉图对穆勒深为敬佩，特别对穆勒受到的正规教育极为羡慕，后两人结识并成为至交。李嘉图与穆勒经常就当时的热点问题进行讨论，李嘉图的知识素养和研究能力也由此得到培养和提高。詹姆斯·穆勒是约翰·穆勒（又译密尔）的父亲，对小穆勒的要求极其严格，约翰·穆勒不负父亲期望，最终成为在逻辑学（《逻辑学体系》，1843）、经济学（《政治经济学原理》，1848）、政治学（《论自由》，1859）领域均有建树的著名学者。詹姆斯·穆勒在李嘉图写作《政治经济学及赋税原理》（以下简称《赋税原理》）期间，不仅对李嘉图的写作给予不断地督促和鼓励，还在写作方法、结构安排、论点阐述等具体环节给予指导。正是在詹姆斯·穆勒的帮助与推动下，李嘉图的《赋税原理》这一经济学历史上有重要意义的著作终于在 1817 年写作完成并出版。约翰·穆勒曾说过，如果不是他父亲的帮助与鼓励，李嘉图的《赋税原理》恐怕就永远不会出版，甚至就写不出来。

《赋税原理》（1817）是李嘉图的代表著作，他由此成为当时英国继斯密之后最著名的经济学家，并在 1819 年被选为英国下议院议员。在《赋税原理》中，李嘉图继承了斯密劳动创造价值的理论，并在价值决定和价值构成方面进行了细致的说明；李嘉图还延续了斯密绝对优势说的思路，并提出了外生比较优势说，完善了国际分工与国际贸易的基础理论；李嘉图与斯密一样，都强调自由贸易的重要性，反对贸易保护主义。今天，关于关税与贸易保护引起的寻租、垄断与社会净福利的损失问题，已为经济学家们进行了深入的论证。

在现实政策方面，李嘉图主张进行议会改革，还提出一系列经济主张，如反对贸易保护的谷物法案、宣传自由贸易、批评政府的财政政策和货币政策、建议进行币制改革等，并最早注意到院外活动、贸易保护立法与寻租的关系。由于理论与政策观点鲜明，李嘉图和当时维护《谷物法》的经济学家马尔萨斯的观点形成尖锐对立，在谷物贸易、价值理论、经济周期理论等方面展开了全面的辩论。直到在李嘉图逝世前的一年中，他们两人一直为一些重大的理论问题争论不休，写了许多长信相互辩驳。也正是经过了长期的通信与讨论，李嘉图和马尔萨斯既是尖锐的论敌，又成了真正的朋友。

1823 年李嘉图离开人世。马尔萨斯在李嘉图故去后，深情地说道："除了自己的家属外，我从来没有这样爱戴过像李嘉图这样的任何人。"

第二节　问题的提出

1815 年，英国议会通过了修订限制外国粮食进口的保护贸易法案——《谷物法》。《谷物法》一经出台，便引起了英国经济学界的激烈讨论，包括李嘉图和马尔萨斯都深深地卷入这一争论之中。马尔萨斯支持《谷物法》，主张对农产品实行贸易保护；而李嘉图反对《谷物法》，与斯密一样主张自由贸易。李嘉图认为，《谷物法》向农产品征收关税和对国内农产品的补贴，会使国内粮食价格和地租升高。这样一来，会给土地所有者带来利益，而远离工业资本，将限制国内经济与工业的增长。李嘉图时代的《谷物法》给出了一个关于贸易保护、垄断、寻租的历史例证。李嘉图是最早意识到贸易保护法案与寻租之间关系的经济学家，他指出，贸易保护将产生租金，这是一种非生产性质的垄断收益，破坏了分工与自由交换的效率原则。而寻租理论，直到 20 世纪中后期，才为塔洛克（1967）、安妮·克鲁格（1974）、巴格瓦蒂（1982）加以较为深入的说明。[1]

早在李嘉图之前，斯密就论证了分工与自由贸易对于财富增长的意义，提出了绝对优势说。斯密证明：假设两个国家甲和乙，在两种产品 A 和 B 的生产上互有优势，甲在 A 的生产上比乙具有绝对优势，而乙在 B 的生产上比甲具有绝对优势，那么，在甲和乙之间按照各自的优势进行国际分工与国际贸易，两国的福利均会得以增长。斯密的绝对优势说的道理是显而易见。但是，假如甲在 A 和 B 的生产上比乙均有优势，在两个国家之间还有没有必要进行国际分工与国际贸易？如果两国之间进行国际分工与国际贸易，还能不能带来总财富的增加，还能不能为两个国家都带来好处？这正是李嘉图提出并思考的问题。[2]

李嘉图问题的答案不是显而易见的。但这一问题不仅在当时具有现实意义，而且也有着更为深远的理论意义，能够使分工与贸易理论更具有适用性与解释力。李嘉图的结论是：即使一个国家在所有产品的生产中比另外一个国家都更加有效，或者说，另一个国家在所有产品的生产中比另外一个国家都存在劣势，它们之间也能够通过国际分工与国际贸易，为双方都带来利益。

正是在这种意义上，有些后来的经济学家认为，李嘉图的比较优势说比斯密的绝对优势说更为一般、更具有普遍意义。但霍撒克（霍撒克，1956）认为，由于李嘉图的比较优势是外生的，而斯密的绝对优势可能是内生的，因此，斯密的绝对优势理论更为原初和一般。[3] 从理论的假定前提与逻辑包含关系来看，李嘉图的比较优势比斯密的绝对优势说更为一般，李嘉图比较优势的结论成立，斯密绝对优势的结论就自然成立；但从事前就可以看到优势差异这一外生比较的层面来看，李嘉图比较优势是纯粹的外生比较优势，而斯密的分工演化原理则是内生的，即使事前两个经济组织或两个国家的生产效率相同，分工也可以自发演进出来并带来财富的增长。而斯密的绝对优势说既可以做事前存在差别进行分工的外生解释，也可以做事前相同自我演化的内生解释。后来的赫克歇尔－俄林的资源禀赋或自然禀赋理论（H－O 模型）则进一步发展了外生比较优势理论，从外生技术比较优势与外生禀赋比较优势的角度说明了国际分工与国际贸易，与斯密的绝对成本说、李嘉图的比较优势说一起，构成古典国际分工与国际贸易理论的基础。而这三种理论解释力的比较，我们将在第三章第四节专门加以讨论。

第三节　比较优势说

斯密的绝对优势说基于斯密分工原理，它不过是分工理论在国际贸易理论方面的再现。虽然斯密的绝对成本说属于外生比较优势，即两个国家在不同的商品生产上有着各自的优势，以此进行分工和贸易，两国的福利均会得以改善，但斯密的分工理论则属于内生演化的思想，即使当事人双方事前的生产效率相同，他们通过分工也可以获得劳动熟练程度的提高、技术的改进与财富的增长。因此，斯密的分工理论是基础性，本质上与国际贸易无干。而李嘉图的外生比较优势说，则是在国际分工与国际贸易的层面展开的，事前就可以看到两个国家的效率差别。李嘉图证明，即使一个国家在所有产品的生产上比其他国家都更加有效，它也能够通过专注于其最擅长领域，与其他国家进行国际分工与国际贸易，从而获取利益；同样，即使一个国家在所有产品的生产上比其他国家都差，它也能够通过专注于其劣势相对小的领域，与其他国家的进行国际分工与国际贸易，并获取利益。

李嘉图运用斯密关于劳动分工的理论来说明了两个国家间采取分工与贸易为双方带来的好处。假设有甲乙两个国家，[葡萄牙（甲国）和英国（乙国）]，它们都生产 A 和 B 两种物品（葡萄酒和毛呢），并且，在 A 和 B 的生产上，甲国均有优势，乙国均有劣势。李嘉图在《赋税原理》一书中论述道："英国的情形可能是生产毛呢需要100人一年的劳动；而要酿造葡萄酒则需要120人劳动同样的时间。因此，英国发现对自己有利的办法是输出毛呢以输入葡萄酒。”“葡萄牙生产葡萄酒可能只需要80人劳动一年，而生产毛呢却需要90人劳动一年。因此，对葡萄牙来说，输出葡萄酒以交换毛呢是有利的。即使葡萄牙进口的商品在该国制造虽然少于英国，这种交换仍然会发生。虽然葡萄牙能够以90人的劳动生产毛呢，但它宁可从一个需要100人的劳动生产毛呢的国家输入，因为就葡萄牙来说，与其挪用种植葡萄的一部分资本去制造毛呢，还不如用资本来生产葡萄酒，因为由此可以从英国换得更多的毛呢。”[4]

根据李嘉图的观点，即使葡萄牙在葡萄酒和毛呢的生产上比英国都有优势，但葡萄牙在酒的生产上与英国相比优势更大，而英国在毛呢的生产上尽管与葡萄牙相比存在绝对劣势，但与葡萄酒的生产相比，其劣势相对较小。在这种条件下，对优势国家而言，用其资源集中于优势更大的产品来生产，从他国换得优势相对小的产品，对其有利；而对劣势国家而言，用其资源集中于劣势较小的产品来生产，从他国换得劣势较大的产品，对其有利。依据上面的例子，“英国之所以输出毛呢以换取葡萄酒，是因为这样做时，它的工业生产率更大，它可以比它自己两样都制造时得到更多的毛呢和葡萄酒。葡萄牙之所以输入毛呢并输出葡萄酒，是因为葡萄牙的工业用于生产葡萄酒对两国都更为有利。”[5]

以下仍用甲表示葡萄牙，乙表示英国，A表示葡萄酒，B表示毛呢。按照李嘉图的例子，一开始就存在比较优势，但在没有国际分工与国际贸易的条件下，各国处于自给自足状态。这种存在比较优势，但在不存在国际分工与贸易的自给自足状态可以表示如下。

模式1　自给自足，同时存在比较优势

甲	80L = 1A	90L = 1B	170L = 1A + 1B
乙	120L = 1A	100L = 1B	220L = 1A + 1B

由于甲在A的生产上比在B的生产上与乙相比具有更大的比较优势，而乙在B的生产上比在A的生产上与甲相比劣势要小一些，李嘉图指出，在甲和乙之间按照它们各自的比较优势进行分工与贸易，对双方均有好处。在技术不变的条件下，甲170单位劳动可以生产出2.125个A，乙220单位劳动可以生产出2.2个B。甲以1.0625个A换取乙1.1个B，对于甲和对于乙来说，都是有利的。

模式2　比较优势条件下的分工与贸易

甲	170L = 2.125A
乙	220L = 2.2B
甲与乙	甲1.0625A = 乙1.1B

甲　　170L = 1.0625A + 1.1B

乙　　220L = 1.0625A + 1.1B

如表 2 - 1 所示，通过分工与贸易，在不考虑交易成本的条件下，通过国际分工与国际贸易，社会总财富和各国净福利均得以增长。

表 2 - 1　绝对优势条件下分工与贸易带来的福利增长

	甲	乙	总福利
分工前	80L = 1A　90L = 1B	120L = 1A　100L = 1B	390L = 2A + 2B
分工后	170L = 2.125A	20L = 2.2B	390L = 2.125A + 2.2B
交换	1.0625A	1.1B	
交换后	170L = 1.0625A + 1.1B	220L = 1.0625A + 1.1B	
净福利	0.0625A + 0.1B	0.0625A + 0.1B	0.125A + 0.2B （增加值）

也就是说，通过国际分工与国际贸易，甲和乙双方的福利状况均得到改善，甲在同乙的分工与贸易中的净收益为 0.0625A + 0.1B，乙在同甲的分工与贸易中的净收益也为 0.0625A + 0.1B。这是一个双赢的格局，双方通过分工与交换都获得一个净收益的增量 R，R = 0.062A + 0.1B。

李嘉图的比较优势说与斯密的绝对优势说一样，为自由贸易提供了理论基础，两者也表明，只要存在绝对优势或比较优势，当事人会达成分工与交换的合作决策，带来互惠的结果。而构成国际分工与国际贸易合作解的条件，仍然是排他性的产权结构与自由贸易，这些制度条件不仅避免了国际分工与国际贸易为参与各方带来的好处被外部化，也避免了依靠强制维持不平等贸易而发生的成本支出。但 19 世纪的贸易，伴随着殖民战争庞大的军费支出与高昂的外部成本，不仅使得由于国际分工与国际自由贸易带来的净收益增量大打折扣，而且使得被殖民一方陷入贫困与民族危机。还需要指出的是，与比较优势理论不同的是，构成 18—19 世纪国际贸易条件的首先是各个国家基于自然禀赋导致的生产结构的事前差异与产品的价格差异，而非依据比较优势进行的国际分工。恰恰是贸易本身强化了比较优势与分工，而不是比较优势与分工强化了贸易。

在李嘉图的比较优势说与斯密的绝对优势说中，除了暗含的制度条件与自由贸易条件外，还有一个共同点，即都只把劳动力作为唯一的生产要素，在这一假定基础上考察生产技术水平（生产效率）的差异使各国在不同的商品生产上具有的比较或绝对优势，而没有考虑当生产中投入劳动力和资本等多种生产要素时，国家间要素禀赋差异与技术差异将使各国在不同的商品生产上产生外生比较优势。这样的假定是重商主义与古典学派时期的共同特征。它说明的只是一种演化的基本原理，而不是一种应用技术。而当人们到了应用层面，想通过最为基本的原理来说明两个国家之间具体的分工与贸易时，绝对成本说与比较优势说由于不考虑除了劳动要素以外的其他要素及其价格，就显得过于简单。而在考虑到多种要素投入的情况下，国际贸易的原因就复杂得多。赫克歇尔－俄林模型（H－O 模型或 H－O 定理）弥补了斯密和李嘉图在这一问题上的不足。

H－O 定理表明，资本充裕的国家在资本密集型商品上具有相对优势，劳动力充裕的国家在劳动力密集型商品上具有相对优势，一个国家在进行国际贸易时应该出口密集使用其相对充裕和便宜的生产要素的商品，而进口密集使用其相对缺乏和昂贵的生产要素的商品。俄林还证明，两国之间产品的价格差异是国际贸易的必要条件①。

无论是李嘉图的比较优势说，还是赫克歇尔－俄林模型，都是沿着斯密《国富论》中关于国民财富的性质与增长原因这一主题，进一步讨论了分工与自由贸易论。诚如杨小凯所说：斯密“通过系统地研究专业化和分工对于经济增长和繁荣的含义，使专业化和分工成为人们在进行经济分析时的焦点。他猜想分工决定于市场的大小，而市场的大小由运输效率决定。他还提出了一个资本理论，将资本视为提高迂回生产活动中分工的工具。他还提出了现在称作内生比较优势的概念。它意味着，即使所有人都是事前相同的，专业化和分工经济也可能存在，而且不同专家之间生产力的差别与其说是分工的原因，不如说是分工的结果”。而“李嘉图则从另外一条线索展开了对专业化和分工的研究。他强调外生比较优势的重要性，以及被罗森称为一加一大于二的效果。它意味着人际间或社会生产的互补性会使分工与非专业化生产产生一个更高的生产力。赫克歇尔和他的学生俄林区分了外生技术比较优势和外生禀赋比较优势；并且证明，后者也能产生分工

---

① 赫克歇尔－俄林的资源禀赋理论被称为新古典贸易理论，其理论模型即 H－O 模型。H－O 模型又包括狭义的自然禀赋论与广义的自然禀赋论两种：狭义的生产要素禀赋论认为，现实生产中投入的生产要素不只是一种——劳动力，而是多种。而投入两种生产要素则是生产过程中的基本条件。根据生产要素禀赋理论，在各国生产同一种产品的技术水平相同的情况下，两国生产同一产品的价格差别来自于产品的成本差别，这种成本差别来自于生产过程中所使用的生产要素的价格差别，这种生产要素的价格差别则取决于各国各种生产要素的相对丰裕程度，即相对禀赋差异，由此产生的价格差异导致了国际分工与国际贸易；广义的生产要素禀赋理论认为，在国际贸易使参加贸易的国家在商品的市场价格、生产商品的生产要素的价格相等，并且生产要素在各部门转移时，增加生产的某种产品的机会成本保持不变，两国生产同一产品的技术水平相等（或生产同一产品的技术密集度相同）的前提下，国际贸易取决于各国生产要素的禀赋。在这种条件下，各国的生产结构表现为，每个国家专门生产密集使用本国具有相对禀赋优势的生产要素的商品。

经济”。[6] 正是由于李嘉图、赫克歇尔、俄林的贡献，斯密的分工内生演化原理在外生比较优势领域也得到了拓展，从而可以把国际贸易与国内贸易都看作分工演进的结果。

在斯密时代，国民财富的性质与原因一直是经济学的母题，尽管重商主义、重农主义、英国古典学派给出了不同的解释，但经济学始终围绕这一主题展开。斯密认为，劳动创造财富与价值，分工是经济增长的源泉。李嘉图继承了斯密的思想，并且在价值理论、国际分工与贸易理论方面都取得进展。但在斯密与李嘉图之后，经济学分析的重点在价值理论与分工理论这两个基本方面都发生了转向：随着奥地利学派“边际革命”的出现，客观的劳动价值为主观的效用价值论所取代；随着剑桥学派均衡价格论的勃兴，分工理论也为均衡价格理论所冲淡。而这两个方面的转型，构成了20世纪50年代以来西方经济学教科书的基础。杨小凯曾痛心疾首地指出：“自萨缪尔逊以来，关于人们选择其专业化水平和模式决策的分析，以及关于市场协调分工功能的分析，就已经在主流经济学中失去了其核心地位。”[7] 斯密的分工理论长期被搁置，几乎没有取得任何进展，直到世纪之交杨小凯新兴古典框架的提出，情况才得到根本性的转变；而劳动价值论则一再被边缘化，尽管斯拉法于20世纪60年代曾经做了有力地拯救，但至今仍被主流经济学悬置在外。

1960年，斯拉法出版了《用商品生产商品》一书，向主流学派以边际效用决定价格、以边际变量决定产量的局面发起挑战。他继承了斯密的劳动价值论与分工原理，也继承了李嘉图的劳动价值论与生产费用论，对相对价格的决定与价值的决定给出了一种新的解读。但斯拉法体系长期被看作一个生产体系决定相对价格的体系，有的经济学家把它看作马克思价值理论与生产价格理论难题的破解。实际上，斯拉法在研究方法上复兴了古典学派分工理论与价值理论的思想，他关注于国民财富的性质这一斯密问题，试图在一个分工交换体系中不仅确定相对价格，而且找到“不变的价值尺度”，通过各个生产部门在分工体系的相关关系，来说明商品的价格与价值。他的理论同20世纪以来西方正统的经济学理论相对立，被认为在资本理论、劳动价值理论、生产价格理论以及工资与利润理论上都有独到的见解，在西方经济学界产生了重要影响。正是斯拉法继承了斯密与李嘉图的思想，他被称为“后李嘉图学派”的代表人物。

第四节　斯拉法体系

斯拉法1898年出生于意大利都灵，25岁就开始了他的学术生涯，先是在佩鲁贾大学法学院任经济学教授，两年后又转到撒丁岛的卡利亚里大学任教授。1925年和1926年，斯拉法先后发表了《成本与产量之间的关系》和《竞争条件下的收益规律》两篇文章。由于意大利法西斯主义的日益强化，斯拉法于1927年夏移居英国，到剑桥大学任教。斯拉法从1928年秋起约有两年时间在剑桥大学讲授“价值理论史”和“德国意大利银行制度运行”。此后，他一直任剑桥大学三一学院的研究员。经过30多年的沉寂，1960年斯拉法出版了《用商品生产商品：经济理论批判绪论》一书。该书考察了在假定没有生产规模的变动或生产要素比例变动的条件下经济的特征，把分工体系中不同商品的生产看作同样的商品既表现为生产资料、又表现为最终产品的一种循环的过程。在这一生产体系中，并没有所谓的劳动边际定价，而价值与价格，都可以通过生产体系内生的决定。这种研究方法复兴了古典学派的思想，回到了魁奈、斯密和李嘉图，并对斯密问题1给出了一个更为深入的解答。

斯拉法很少出现在世界学术会议上，不轻易发表论著，但仅有的几部不长的论文与论著都有着极高的学术价值，引起理论界的高度评价。这一点，斯拉法与制度学派的代表人物科斯非常相似。

一、相对价格或交换价值的决定

斯拉法体系是一个典型的分工体系，其核心在于：物质生产要素的相对价格或交换价值是该体系的内生变量，由这一体系自身决定，与人们的效用无关；而劳动的价格或工资则是这一体系的外生变量，在这一体系之外先行决定，并参与了要素价格与利润的决定。而除去劳动之外的各种生产要素，都可以还原为一个劳动的量和一个可以小到忽略不计的要素的量，最终可以由不可再还原的劳动的量来表示。因此，生产的物质要素的相对价格或交换价格，就是分工体系再生产所需要的实物补偿过程中各个要素的交换比例，而衡量各个要素交换价格的基础并不是边际效用与边际成本，而是它们所包含的不可再还原的劳动量本身。

斯拉法体系的起点类似于魁奈的经济表简单再生产的模式，他一开始先抽掉了劳动要素，只从实物形态上考察社会总产品在简单再生产过程中的实物补偿问题，并以此为基础，进一步说明了社会总产品在简单再生产过程中的价值补偿问题。这样，要素与产品的相对价格或交换价值就通过生产与再生产自身加以确定。

斯拉法体系的最为简单的模式为：

280 夸脱小麦 + 12 吨铁 = 400 夸脱小麦

120 夸脱小麦 + 8 吨铁 = 20 吨铁

其中，投入的要素的量，刚好为产出的量：

280 夸脱小麦 +120 夸脱小麦 =400 夸脱小麦

12 吨铁 +8 吨铁 =20 吨铁

为使这种生产过程能够重复进行，所需的两种商品的交换比例为：

10 夸脱小麦 =1 吨铁

换句话说，在上述体系的更新中，1 吨铁的价格可以用 10 夸脱小麦来表示。[8]

这一模式的特点在于，在一个社会分工体系中，不仅任何一个生产部门只专业化地生产一种产品，并通过交换实现这种产品的再生产，而且保证各个部门生产循环的产品交换比例，也由这种分工体系所决定。这种相互依存的关系首先不是体现在消费品的消费上，产品被不同的消费者所消费，而是首先体现在分工过程之中的生产关系上，分工的每一个生产环节都把分工其他环节的最终产品作为要素被自身生产所消费。而分工每一个环节上由生产所消费的生产要素在该生产环节中所占的比例，决定了这些要素作为产品时与其他产品之间的交换价值或价格。

它的一般形式为：

$$A_a p_a + B_a p_b + \cdots + K_a p_k = A p_a$$

$$A_b p_b + B_b p_b + \cdots + K_b p_b = B p_b$$

$$A_k p_k + B_k p_b + \cdots + K_k p_k = K p_k$$

其中，$A_a + A_b + \cdots + A_k = A$；$B_a + B_b + \cdots + B_k = B$；$K_a + K_b + \cdots + K_k = K$。

以其中一种商品为价值标准，使它的价格等于一，就剩下 $K-1$ 个线性方程，这 $K-1$ 个线性方程就唯一地决定 $K-1$ 个价格[9]，它们只与分工体系中的生产关系与交换关系有关，既与消费者的边际效用无关，也与生产者的边际成本无关。

在存在工资与利润的情况下，上述体系转化为：

$$(A_a p_a + B_a p_b + \cdots + K_a p_k)(1+r) + L_a w = A p_a$$

$$(A_b p_b + B_b p_b + \cdots + K_b p_b)(1+r) + L_b w = B p_b$$

$$\cdots\cdots$$

$$(A_k p_k + B_k p_b + \cdots + K_k p_k)(1+r) + L_k w = K p_k$$

其中：L 表示劳动，w 表示工资，r 表示利润。

$A_a + A_b + \cdots + A_k \leqslant A$；$B_a + B_b + \cdots + B_k \leqslant B$；$K_a + K_b + \cdots + K_k \leqslant K$。

令国民收入 =1，有一个新的方程：

$$[A - (A_a + A_b + \cdots = A_k)]\ P_a + [B - (B_a + B_b + \cdots + B_k)]\ P_b + \cdots + [K - (K_a + K_b + \cdots + K_k)]\ P_k = 1$$

现在有 $K+2$ 个变量（K 个价格，工资 w，利润 r），有 $K+1$ 个方程，存在一个自由度，如果确定了一个变量，其他变量也就可以确定。[10]

在上述体系中，斯拉法只是假定了各个部门的利润率相同，便可确定各个要素与产品的相对价格，这一点，与马克思生产价格理论的假定相似。并且，在斯拉法体系中，工资与利润之间存在此消彼长的关系：假如国民收入全部用于支付工资，工资 $w=1$，利润 $r=0$；如果 $w<1$，利润 $r>0$。工资作为劳动的契约价格，由资本与劳动之间的契约先行规定，它的水平还受到生活资料价格、历史传统、地区与国家差异等因素的影响，但在根本上取决于关于资本与劳动各方权利的界定、企业制度、工会组织的成本、劳动与资本之间的谈判成本，以及各个要素的稀缺程度与跨区域的流动程度。斯拉法指出，虽然分配关系的状况只是影响到工资与利润的消长程度，只是改变了工资与利润在国民收入中的占比，但并未改变其他要素的相对价格。此外，斯拉法用了古典经济学中的剩余价值概念，表示产品的净收益扣除掉维持劳动者生存与收入的部分，实际上也就是利润的另一种表述。

二、基本产品

斯拉法指出，各个产品在生产体系中扮演的角色是不同的。有的作为生产要素参与了生产过程，有的只作为最终产品并未参与生产过程。斯拉法借此提出了基本产品与非基本产品的概念，其“标准在于一种商品是否参加所有商品的生产。那些参加所有商品生产的商品，我们称之为基本产品，那些不参加的商品，名之为非基本产品”。[11] 斯拉法认为：“非基本产品的价格，取决于它的生产资料的价格，但是这些生产资料的价格，并不取决于非基本产品的价格。而在基本产品的情形下，它的生产资料的价格取决于它自己的价格的程度，并不减少它自己的价格取决于它的生产资料的价格。”[12]

基于这种认识，斯拉法建立了一个他称之为“标准体系”的生产体系，其中，任何一种产品都作为生产资料参与其他产品的生产，而把非基本产品排除在外。他这样做的目的在于通过建立一个标准的生产体系，以说明相对价格可由该体系自身决定。在这一标准体系中，任何一种产品都是基本产品，即作为最终产品也作为生产要素，由分工体系确定的产品与生产资料的比例成为衡量产品相对价格的基础。

但问题并未到此结束，因为要素价格以及各个产品的价格，在这里都是相对价格或要素之间以及产品之间的交换比率，其价值相对的由另外一种要素或产品表示，并未涉及交换价值的最终基础。而在所有的要素投入中，只有劳动要素是最为基本的要素，它参与了所有产品的生产，不仅是把生产资料转化为产品的原因，而且它运用生产资料并把它转化为产品的过程，就是财富增加的过程，而其中的财富净增值，就是新创造的价值。斯拉法与斯密、李嘉图一样，认为包含在商品生产过程中的劳动，是衡量要素相对价格的绝对基础或“不变的价值尺度”。而任何其他的物质要素，无论是生产资料，还是产品，都可以通过还原，表现为一个有时期的劳动的量。而斯拉法体系中关于“劳动的还原”的论述，走出了相对价格的迷局，为价值理论向其客观基础的回归提供了一个标准。

三、劳动的还原与价值的决定

在所有基本产品或要素投入中，只有一个要素在任何生产部门都存在，那就是劳动活动本身，由它实现人与自然之间的能量交换。因此，劳动是全部基本产品的基础，整个生产过程可以看作一个不为零的劳动和至少一个不为零的生产资料或基本产品的组合与变换，生产出另一种基本产品。这些基本产品在生产体系中与各个生产要素的比例，构成基本产品的交换价值或价格的基础，而劳动又成为基本产品价格的基础，是要素之间、要素与产品之间、产品之间交换比例的最终依据。

作为社会分工体系的一环，A 的生产要运用劳动和至少一种社会分工其他环节的最终产品作为 A 生产的要素，比如 B；而作为社会生产体系的环节，B 的生产也需要劳动和至少一种社会分工其他环节的最终产品作为 B 生产的要素，比如 A 与 C，A 或者 C。但无论是 A 或者 B 或者 C，无论它们是作为投入要素还是作为产品，都可以由一种对应的劳动要素和其他生产要素来表示，而这一其他的生产要素或商品，又可以还原为一个有时期的劳动的量和要素商品的量，而这一要素商品的量又可以进一步还原。以此类推，任何一个基本商品的价值，甚至任何一个商品的价值，都可以表现为一个还原的有时期的劳动的量的系列和一个小到可以忽略不计的生产要素或生产资料。正如斯拉法指出的：“在劳动项目之外，总有一个商品余数，成为每种基本商品的微末部分；但是尽量把还原推远，总有可能在任何小于 R 的先定的利润率时，使余数小得对价格不起任何作用。”[13] 此时，商品的价值便呈现出来，纯粹地表现为劳动的量。

我们用 W 表示最终商品，以 L_i 表示劳动要素，以 S_i 表示要素商品。斯拉法的“劳动的还原”过程可以表示如下：

$$W = L_1 + S_1$$
$$S_1 = L_2 + S_2$$
$$S_2 = L_3 + S_3$$
$$\cdots\cdots$$
$$S_i = L_{i+1} + S_{i+1}$$

$$W = L_1 + L_2 + L_3 \cdots + L_{i+1} + L_n + S_n$$

最后，一个商品 W 可以还原为一系列劳动的量和一个小到可以忽略不计的要素的量来表示，即：

$$W = \sum_{i=1}^{n} L_i + S_n \qquad S_n \approx 0$$

斯拉法的劳动还原逻辑再现了斯密与李嘉图关于单一劳动要素投入的假定，它不仅表明劳动是财富的源泉，一切其他要素可以还原为劳动，而且表明对于分工体系来说，劳动要素是最为基本的要素，比一切基本产品来得更为基本。此外，在斯拉法体系中，不存在效用变动引起的价格变动，也不存在生产规模变动引起的边际变动，也就是说，不存在也不考虑边际效用、边际成本、边际收益问题，相对价格由一个分工体系自身决定，相对价格的比较基础或价值由产品还原为的劳动的量来决定。这样，斯拉法就把价格理论与价值理论结合起来，分工理论与交换理论结合起来，生产费用论与劳动价值论结合起来，并且把效用理论与边际生产力理论从价格与价值理论中清理了出去。假如不考虑效用与边际变动依然能够通过劳动分工体系说明相对价格与价格，那么，比起其他价格决定体系来说，斯拉法体系就更为一般，更具有解释力。尽管沿着效用的路线，经济学在价格、最大化、资源配置方面做了大量工作，并使之形式化，但效用理论与边际理论仍然与分工演化理论脱节，仍不是一个具有历史解释力的理论。

按照斯拉法体系，由于任何一种产品的价格都可以通过劳动还原由劳动表示，那么，生产价格的总量等于价值的总量，或者说：总价格 = 总价值；由于每个部门在其产品价格决定的情况下，利润是净产值与工资的差额，而整个国民收入中利润总额就是国民收入与劳动工资总额之差，剩余价值总额也是国民收入与劳动工资总额之差，因此，利润总额也就是剩余价值总额，或者说：总利润 = 总剩余价值。

斯拉法并不回避在国民收入既定情况下工资与利润之间的消长关系，这一量的关系由先行的契约加以规定。就人类来说，社会各阶层在国民收入中的平等分配比例在历史上从未存在过，而且在权力与等级占支配地位的社会中表现得尤为突出。进入工业化时代以来，随着私有财产权与契约自由制度的建立，分工体系使得要素价格及其报酬通过契约与市场交易加以确定，为分配制度的改进提供了基础，工资作为劳动报酬，利润作为资本风险报酬。而工资水平不仅受制于生产体系中内生要素的相对比例，也受制于生产体系之外的历史与制度因素，包括企业制度、契约制度、工会组织、税收制度、福利制度等。从历史来看，以权利为基础，通过契约进行制度改进，是人类近代史上走向分工演化自发扩展秩序的起点，它提供了以契约协商的方式实现决策优化与合作决策的可能；而以平等为旗帜，通过政策调整或者社会再分配变革，会赋予政府过大的权力，甚至破坏以权利为优先原则的制度规则，往往会事与愿违。这是关于效率与平等、自由权利与道德理想谁作为制度与政策出发点的两种不同的思路，也是哈耶克与凯恩斯之争、诺齐克与罗尔斯之争中所关注的问题。尽管斯拉法在《用商品生产商品》一书中并未直接讨论分配理论与公平正义问题，但斯拉法体系不仅是一个分工体系，而是既包含着私有财产权与契约权的制度条件，也包含着由生产体系与市场体系决定价格的市场条件。斯拉法模式提供一个基准，通过国民收入的增长前提下对于工资增长与利润增长的比较，可为契约理论、工资理论、工会理论、福利经济学、社会公平与正义理论留下接口。

20 世纪 60 年代以来，斯拉法《用商品生产商品》一书在西方经济学界产生了重要影响。斯拉法体系不仅直接继承了斯密与李嘉图的经济学思想与传统，而且间接地回答了马克思《资本论》中的一系列问题。[①] 对于马克思提出的商品价值转化为生产价格的图式，国内外的经济学界曾进行过争论，提出了由价值转化为生产价格的各种解释。罗宾逊认为，在诸多的解释中，要使马克思关于劳动价值和价格之间的两种联系——总价格等于总价值，总利润等于总剩余价值——都完整无缺，一般说来，问题是难以解决的，而只有斯拉法的《用商品生产商品》一书提出了关于生产价格决定的一个完整的、逻辑上严密的图式。尽管斯拉法没有明显地讨论生产价格和劳动价值之间的相互联系问题，可是他提出的答案却阐明这个转型问题在技术上可以得到解决。

从理论史的线索看，自所谓奥地利学派“边际革命”与剑桥学派“均衡价格”理论以来，经济学不仅从客观价值论转到主观价值论，而且从分工理论转到价格理论，与斯密的路线已经渐行渐远。劳动及其分工演进，是人类适应自然并与自然进行热交换的基本方式，并在这一过程中从自然中获得能量，维持了人类的存在与进化，它与一个更为广阔的宇宙演化逻辑相一致。离开了劳动活动，我们无法理解人类与自然之间的物质 - 能量变换方式；离开了劳动分工，我们难以解释财富的增长与人类的进化。经济学如果想要成为科学，必须首先清除经济学中的主观主义与心理因素的影响，按照物理学、生物学关于进化的原理，在社会经济活动层面再现宇宙生成、自然演进、生物进化的逻辑，回到斯密通过劳动及其分工回答关于“国民财富的性质与原因”这一问题的正确轨道上来。在这一

---

① 马克思《资本论》（1867）第一卷中关于劳动决定价值的思想直接来源于斯密和李嘉图，而斯拉法体系中的基本模型和“一种不变的价值尺度”的概念来源于李嘉图；斯拉法“劳动的还原”的思路无需借助边际效用工具，为价值理论向古典客观价值论的回归指明了技术路线；马克思《资本论》第二卷中的再生产图示直接来源于魁奈的经济表，而斯拉法体系与之可以衔接；马克思《资本论》第三卷中关于劳动价值转化为生产价格的难题，在斯拉法体系中得到了一种到目前为止最完备的解释。

方面，斯拉法沿着魁奈、斯密、李嘉图开辟的路径在交换价值与价值方面的决定方面作出了积极的贡献，并且与斯密的分工理论相关联，而与奥地利学派“边际革命”以来的走向完全不同。

参考文献

［1］戈登·塔洛克．特权和寻租经济学［M］．上海：上海人民出版社，2008．p.4，p.63．贺卫．寻租经济学［M］．北京：中国发展出版社，1999．pp.101－102

［2］李嘉图．政治经济学及赋税原理［M］．北京：商务印书馆，1972．p.114

［3］杨小凯．经济学：新兴古典与新兴古典框架［M］．北京：社会科学文献出版社，2003．p.41

［4］［5］李嘉图．政治经济学及赋税原理［M］．北京：商务印书馆，1972．pp.113－114，p.118

［6］［7］杨小凯．经济学：新兴古典与新兴古典框架［M］．北京：社会科学文献出版社，2003．pp.34－35，p.9

［8］［9］［10］［11］［12］［13］斯拉法．用商品生产商品［M］．北京：商务印书馆，1991．pp.9－10，pp.10－11，p.17，p.14，p.15，pp.40－41

第三章

赫克歇尔-俄林问题：在不同的自然禀赋条件下如何进行分工与贸易

第一节 引 言

伊·菲·赫克歇尔（1879—1959），1879年生于瑞典斯德哥尔摩的一个犹太人家庭。1897年，赫克歇尔进入乌普萨拉大学学习历史与经济学，并于1907年获得博士学位。毕业后，他就职于斯德哥尔摩大学商学院任临时讲师，1909—1929年任经济学和统计学教授。赫克歇尔在经济史方面是一流的学者，著有《大陆系统：一个经济学的解释》、《重商主义》、《古斯塔夫王朝以来的瑞典经济史》、《历史的唯物主义解释及其他解释》、《经济史研究》等著作。

1919年，赫克歇尔发表了《外贸对收入分配的影响》一文，该文被看作现代赫克歇尔－俄林要素禀赋国际贸易理论的起源。赫克歇尔在文中集中探讨了各国资源要素禀赋的构成与商品贸易模式之间的关系，并指出，不同国家之间资源要素禀赋与技术的差异，是国际分工与国际贸易的直接原因，而各个生产要素绝对价格的平均化，则是国际贸易的必然结果。他的这种不同于斯密与李嘉图的分工贸易理论，被称之为新古典贸易理论。这一理论由他的学生俄林进一步加以发展与完善，被理论界称为赫克歇尔－俄林理论（以下简称H－O模型或H－O定理）。

贝蒂·俄林（1899—1979），1899年出生于瑞典，先后就读于隆德大学、斯德哥尔摩商学院、剑桥大学、哈佛大学。1925年，26岁的俄林就被聘任为哥本哈根大学经济学教授，1930年，应聘到斯德哥尔摩商学院任经济学教授，1938年，当选为议员。俄林不仅是经济学家，而且是瑞典著名的政治活动家。1944年，俄林任瑞典主要反对党自由党的主席，并连任达23年之久。1977年，俄林因对国际贸易理论和国际资本运动理论做出了开拓性的研究，与英国剑桥大学的詹姆斯·爱德华·米德一同获得了当年的诺贝尔经济学奖。

1979年8月，俄林于书桌前逝世。

第二节 问题的提出

斯密的绝对优势说与李嘉图的比较优势说有一个共同点，就是抽象掉其他生产要素，只把劳动要素作为唯一的生产要素。在斯密与李嘉图看来，劳动是财富与价值的源泉，其他要素都可以看作固化的劳动，用斯拉法的话说，都可以“还原”为活劳动[1]。在这一假定下，斯密与李嘉图考察了生产技术水平的差异使各国在不同的商品生产上产生了绝对优势（斯密）或比较优势（李嘉图）。斯密与李嘉图证明了在这种条件下，通过分工与贸易，能使参与各方的财富状况均得到改善。

斯密的绝对优势说证明：假设甲国在某种商品A的生产上比乙国具有绝对的优势，而乙国则在另一种商品B的生产上比甲国具有绝对的优势，那么，在甲和乙之间按照各自的优势进行国际分工，甲国专业化地生产A，乙国专业化地生产B，通过国际贸易，甲乙两国的福利均会得到改善；李嘉图的比较优势说证明：即使甲国在所有的产品，比如A与B的生产中比乙国都更加有效，乙国在所有产品的生产中比甲国都存在劣势，如果乙国与甲国相比较，在B的生产上的劣势比A的生产上的劣势要小，那么，甲国专业化地生产A，乙国专业化地生产B，通过国际贸易，甲乙两国的福利也均会得到改善。

斯密与李嘉图并未说明下述情形：在生产中投入劳动力和资本等多种生产要素的情况下，两个国家间要素禀赋差异将使各国在不同的商品生产上产生优势。在这种情形下，又如何进行国际分工与国际贸易？这正是瑞典经济学家赫克歇尔和他的学生俄林考察的命题。

李嘉图所指的比较优势的存在，是由于两个国家技术的不同而产生的结果，被称为外生技术比较优势。20世纪初，赫克歇尔和俄林则从自然禀赋差异所导致的生产要素比例的差别的角度，提供了一种不同于外生技术比较优势的类型，即外生自然禀赋比较优势。赫克歇尔-俄林模型指出：

（1）在劳动分工过程中，不仅仅是劳动力要素发生作用，而且资本、土地以及其他生产要素也起着重要作用，并影响到劳动生产率和生产成本的高低。

（2）国际贸易的基础是生产要素配置的差别与要素禀赋上的差别。要素配置的差别取决于各个国家要素储备的不同比例，而要素储备的不同比例取决于要素禀赋上的差别。

（3）国际贸易的直接原因是产品价格的国际差别。产品的相对成本不仅可以由劳动生产率决定，也可以由要素比例和要素的稀缺程度的不同而决定。

（4）一般来说，劳动力相对充裕的国家，劳动力价格会较低。因此，劳动密集型产品的生产成本会相对低一些。而资本相对充足的国家，资本的价格会较低，生产资本密集型产品则相对成本较低。

（5）每个国家在国际分工和国际贸易体系中应该生产和输出要素禀赋丰裕的产品，输入要素禀赋稀缺的产品。[2]

假定只有两种商品A，B，且A商品是劳动密集型商品，B商品是资本密集型商品。要素密集是通过对两种商品生产中投入的资本-劳动比率进行比较而确定的，资本－劳动比率（K/L）高的为资本密集型商品，资本－劳动比率低的为劳动密集型商品。还假定只有两个国家甲、乙，且甲国劳动力充裕，乙国资本充裕。要素充裕是通过对两国生产要素相对价格或生产要素总量相对比例进行比较而确定的，乙国的资本价格与劳动力价格之比小于甲国，则乙国资本充裕，甲国劳动力充裕；或者乙国的资本总量与劳动力总量之比大于甲国，则乙国资本充裕，甲国劳动力充裕。

H－O 定理表明，资本充裕的国家在资本密集型商品上具有相对优势，劳动力充裕的国家在劳动力密集型商品上具有相对优势，一个国家在进行国际贸易时出口密集使用其相对充裕和便宜的生产要素的商品，而进口密集使用其相对缺乏和昂贵的生产要素的商品。俄林还证明，两国之间产品的价格差异是国际贸易的必要条件。

其实，即使两国之间产品的价格不存在差异，所需要素投入也相同，但只要要素价格不同，也能推导出国际分工与贸易的必要性。比如，甲、乙两国生产产品 M 所需投入的要素为 X 与 Y，两国的劳动生产率一样，X 与 Y 按 1 比 1 投入，但甲国的要素价格比为 1 元比 2 元，乙国的要素价格比为 2 元比 4 元。甲、乙国获得同等产量的投入分别为 3 元与 6 元。那么，将要素从甲国分配给乙国，甲国的要素所有者的收入将提高，直到两国的要素价格相等为止；或者说，乙国用同等的投资在甲国生产，产量将提高，直到两国生产同一产量的投资相等为止。因此，两国间的劳动力的自由转移与投资的自由转移，将为要素价格比较低的国家带来要素收入增长与投资增长，为要素价格比较高的国家带来投资收益的增长。这一点，对于同一个国家不同地区也是适用的。发展中国家在市场化改革过程中劳动力向发达地区的转移，以及投资从发达地区向相对不发达的地区的转移，说明了这一点。

H－O 理论对李嘉图比较优势说进行了补充与完善，主要表现在对李嘉图比较优势说的三个假定上：李嘉图比较优势说假定劳动是唯一生产要素，俄林则认为，参与商品生产的要素除了劳动之外，还有土地和资本；李嘉图假定两个国家的生产函数不同，俄林则假定两个国家生产函数相同，但价格不同；李嘉图假定要素可以在两个国家自由流动，俄林假定要素在国别之间的流动受到限制。由于 H－O 定理的假定比李嘉图假定更为宽泛，建立在这一假定基础上的贸易理论就更具一般性。比如，考虑到多种要素投入条件下国际分工与国际贸易成立，一种要素投入条件下国际分工与国际贸易也就成立；即使两个国家生产函数相同，国际分工与国际贸易依然成立，两个国家生产函数不同，国际分工与国际贸易也就成立；要素即使不能自由流动条件下，国际分工与国际贸易依然成立，要素能够自由流动条件下，国际分工与国际贸易也就成立。

对于H－O理论的研究，更多的是从实证的角度验证它的经验证据，情况要复杂得多，其中有经验数据的支持，也有反例，比较著名的是所谓"里昂惕夫之谜"。按照H－O理论，在国家之间相对商品价格差异和比较优势中，各国的相对要素丰裕度即要素禀赋是国际贸易中各国具有比较优势的基本原因和决定因素，即各国在国际贸易中趋向于出口该国相对丰裕和便宜的要素密集型的商品，进口该国相对稀缺和昂贵的要素密集型商品。1951年，美国著名经济学家里昂惕夫利用美国1947年的数据对H－O定理进行经验检验。由于美国是世界上资本最丰裕的国家，里昂惕夫期望能得出美国出口资本密集型商品、进口劳动密集型商品的结论。为了进行这一检验，里昂惕夫利用了美国经济的投入产出表来计算美国在1947年每100万美元进口替代品和出口产品中的劳动和资本的数量。里昂惕夫的检验结果得出了如下结论：美国进口替代品的资本密集程度比美国出口商品资本密集程度约高出30%，这意味着美国进口的是资本密集型商品，出口的反而是劳动密集型商品。里昂惕夫的检验结果与H－O定理的预测完全相反。这就是著名的"里昂惕夫之谜"或"里昂惕夫悖论"。里昂惕夫之谜导致人们深入探求一种能解释这一结果的理论，产生了一系列关于里昂惕夫之谜的有价值的研究，这里不再赘述。但里昂惕夫通过进一步的研究得出以下结论：尽管美国进口替代品比美国实际进口品更加资本密集（因为美国的资本比其他国家相对便宜），但其密集程度仍低于美国的出口商品。它意味着H－O定理成立。

由于H－O定理涉及分工的自然背景或要素禀赋问题，只是把H－O定理当作外生比较优势理论，便低估了或者说没有挖掘它的基础理论容量。因为它的意义首先不在国际分工与贸易理论方面，不在外生技术比较优势与外生自然禀赋比较优势方面，而在分工基础理论方面，尤其是在分工的起源这一基本问题的理论解释方面。H－O模型在基础理论方面具有意义的关键，不在于它讲各个国家出口各自具有技术优势或自然禀赋优势的产品，不在于其外生比较优势的意义，而在于它说明了各个经济单位首先只能选择生产自己具有自然禀赋的产品，说明了内生演化的源头。因为赫克歇尔与俄林的观点暗含着这样的假定：人们首先按照自然约束与自然禀赋从事经济活动，利用相对容易获得的或相对便宜的资源进行生产，并内生演化出专业化分工经济，再形成所谓外生技术比较优势与自然禀赋比较优势，而后者又成为国际分工与国际贸易的基础。这样的假定，回到了分工的起源问题，它不仅表明自然禀赋及其权利是分工内生演化的源头，而且表明多样化或差异化是分工外生演化的条件。

为避免歧义性，有必要对H－O模型进行细分：以H－O－1表示依照自然禀赋的内生演化或内生比较优势，以H－O－2表示外生演化或外生比较优势。而将赫克歇尔－俄林的外生自然禀赋比较优势与外生技术比较优势分别以H－

O-2-1与H-O-2-2表示。斯密的绝对优势与李嘉图的比较优势当作纯粹的外生技术比较优势理解时，与H-O-2是等价的。而赫克歇尔-俄林的内生自然禀赋优势（H-O-1）与传统意义上的内生比较优势不同，传统意义上的内生比较优势只是指经济活动的当事人在事前都是相同的，不存在技术上和禀赋上的事前差别，但由于人们自发选择不同的专业化分工模式，导致了财富的增长；而H-O-1所指的内生演化为：经济活动当事人的自然禀赋条件在事前是不同的，他们选择的生产方式又是不可比较的，在这样的前提下，人们不仅能够在原有的路径上内生演化出专业化分工经济，并能够通过互通有无的交换反过来演化出外生比较优势。这一点对于解释分工与交换的起源尤为重要。

第三节　分工的起源

国内贸易与国际贸易的共同基础是社会分工。要理解国际贸易，必须首先理解国内贸易，要理解国内贸易，又必须理解分工理论，而要理解分工演进，又必须对分工的起源问题进行梳理。

关于分工与交换的起源的讨论至今没有定论，无论是斯密的交换源于人的天性的观点，还是一些经济学家认为的交换源于分工的观点，或是杨小凯分工内生与交换相伴的观点，都尚未回到问题的源头。而H-O模型的基本思想从自然禀赋出发，回到了资源背景本身，假定事前有着相同的生产效率，只是由于人们选择了不同的专业化模式才产生生产效率的差别，这种内生优势的获得暗含着分工与交换来源于专业化经济，专业化经济来源于自然禀赋差异的含义，比现有的解释更为原初、更为基本。并且，假如自然禀赋完全不同，依据各自完全不同的自然禀赋条件选择的经济方式也是完全不同的，并且它们之间是不可比较的（如旱地耕作与水域捕捞），它们也能内生演化出分工经济。因此，与斯密绝对优势和李嘉图比较优势相比，H-O模型有着更为一般的意义。

社会分工是人类自然演进的产物，人们通过自发选择专业化与分工经济，即使在没有绝对优势与比较优势的条件下依然可以使自身的福利得以增长。这一点与特定的人群所处的资源背景、自然禀赋条件有关；而交换则基于分工经济，并且在事前就能看出分工与专业化经济带来的比较利益只有通过交换才能实现。

处于人类发源阶段的各个氏族部落，一开始，在各个部落内部是自给自足的，但从各个部族比较来看，它们可能是非专业化的自给自足经济，也可能是相对专业化的自给自足经济，这一点完全基于部族的资源背景或自然禀赋、可能的技术手段、选择的组织与制度规则而定。对于分工与交换起源于非专业化的自给自足经济的观点，经济学界似乎已形成模型或图式，但普遍忽略了后一种可能，即分工与交换起源于专业化的自给自足经济，这恰恰构成了理解交换起源的障碍。因为按照前一种理解，分工与交换前的经济单位之间具有极大的同质性，基于绝对优势或比较优势产生分工，进而产生交换。这种观点实际上是对于分工演化的外生解释与事后解释；而按照后一种观点，基于不同的禀赋差异内生演化出分工与专业化趋势，而这种基于不同自然禀赋的专业化选择，在各个经济单位之间又是事前不可比较的，就如捕捞与采集难以比较一样。而经济单位之间的交换，恰恰是这种自然禀赋差异与相对专业化生产选择的结果。

如果部族之间的交换一开始表现为互通有无，会增加生产的多样性，同时，交换反过来又推动了各个经济体内部与相互之间的分工。自然禀赋是一种自然权利，它先于交换与契约，无需他人认定不仅可以内生演化出分工经济，而且这一权利是分工外生演化的制度条件。各个自然权利主体相互承认彼此的权利，那么，相互间的分工、相互间的交换、相互间的契约就会自发出现。因为，如果各个权利主体的经济活动存在着自然禀赋与技术上的差别，他们会通过分工决策生产各自具有绝对优势或比较优势的产品，并通过交换实现分工带来的好处。这等于说各个部族通过支付一个相互承认并相互交换彼此权利的决策成本，降低了参与人彼此不承认导致的相互冲突引起的外部成本，并为各方带来了分工与交换带来的好处。因此，决策成本与外部成本的存在及其替代关系，是分工外生演化的充分必要条件。下面，我们重点讨论这种依不同的自然禀赋导致分工内生与外生演化的类型。

各个部族之间依据其特定的生存环境，形成特定的自然禀赋，而依据这种自然禀赋的经济可能是相对专业化的自给自足经济，存在着集体生产与部族内部的分工，但却不是部族之间的分工与交换经济的性质。作为一种内生的模式，它比部族之间的分工与交换经济更为原初，更为基本。也就是说，自然禀赋与专业化经济比分工交换经济更为一般，是分工与交换的源头。这一点不过表明，自然禀赋条件不仅决定了最初的经济形态，也决定分工演化的方向，它们都与经济体之间的比较无关，甚至它们由于自然禀赋的差异，所选择的生产形式是完全不同的，一开始也是不可比较的。

列维·斯特劳斯曾就各个原始部族按照各自的人－地关系与自然禀赋的不同，给出了一个不可比较的专业化经济类型，借以说明族外婚的发生与交换互惠模式。这一模式不同于摩尔根的优生说、罗伯特·洛维的本能选择说、杜克海姆的回避说、韦斯特马克的厌恶说、弗洛伊德的俄狄浦斯情结杀父说、马林诺夫斯基的功能说、爱德华·泰勒的生存压力说[3]，为合作互惠的发生给出了一种解说。按照列维·斯特劳斯的看法，互惠性构成了人类社会的基础，是缓和社会对抗性引起的矛盾的主要途径。[4]而这种互惠性，首先是通过部族内部与部族之间的交换实现的。这一点对于理解原始条件下部族之间分工与交换的出现具有方法论的意义。把列维·斯特劳斯模型与H－O模型结合起来，有助于说明分工与交换的起源。

我们回到人类初年。假设在一个生存区域内有着四种地貌，高山、平原、河流和森林，相应地生活着四个以血缘为纽带的原始部族：高山族、农夫族、渔夫族、采集族。基于自然禀赋条件，高山族以狩猎为主要生存手段，农夫族以耕作为主要生存手段，渔夫族以捕捞为主要生存手段，森林族以采集为主要生存手段。这是一种依照人－地关系和自然禀赋形成的专业化经济形态，尽管此时尚不存在社会分工与市场交换，但它却是社会分工与交换得以发生的前提。

我们以A、B、C、D分别表示高山族、农夫族、渔夫族、采集族，1与2分别表示高山族生存与繁衍所需的基本资源，如狩猎活动获取的两种猎物；3与4分别表示表示农夫族生存与繁衍所需的基本资源，如农耕活动获取的两种粮食作物；为方便起见，渔夫族与采集族的相应资源也以12、34表示。这些部族从各自作为一个独立单位来看，是高度自给自足的，包括自身生产食物以及所需工具，甚至婚姻制度也是族内婚姻，而从它们作为一个整体来看，却是专业化的，是按照各自的自然禀赋进行专业化经济活动。这种专业化形态是原生态的，虽然是赫克歇尔－俄林自然禀赋意义上的，但比H－O模型的外生自然禀赋比较优势与外生技术比较优势更为基本，并且不可比较。各个部族依其选择的专业化生产模式不是基于外生比较优势，而是基于自然禀赋，它是内生的、专业化的，却又是自给自足的。

模式1　按照自然禀赋的专业化－自给自足经济（H－O－1）。

A	B	C	D
12	34	12	34
12	34	12	34

模式1刻画了一种原始部族按照自然禀赋选择的专业化－自给自足经济。其中，各个部族依照其自然禀赋，自给自足地提供部族生存与繁衍所需的食物与工具，甚至婚配方式。重复出现的12、34，表明各部族的专业化经济特征以及自给自足的特征。而这一点，完全由各个部族赖以生存的自然资源条件或自然禀赋所决定。

在各部族依据各自的自然禀赋，内生地选择相对专业化的经济形态的过程中，部族的领地范围会扩大，并与别的部族相遇。无论是部族之间为争夺资源的战争，还是按照其专业化特色的交换，都会改变原有的单一的自给自足模式，在生产方式与婚配方式上都会发生多样性改变。不过，与彼此承认权利，采用分工与交换合作方式相比，战争或抢劫活动并不是转移支付的零和博弈，它不仅会带来彼此成本的攀升与社会福利损失，而且还需把一个较高的外部成本施加到对手身上。部族之间的战争、抢劫就是如此。而在承认彼此权利的基础上的合作决策，为分工与交换提供了条件，并降低了外部成本。以前，高山族只知道狩猎，农夫族只知道耕作，当高山族与农夫族相遇，通过分工与交换，他们的生产方式发生了变化：高山族获得了粮食，并学会了农耕，农夫族获得了猎物，并学会了狩猎。在渔夫族与采集族之间也是如此。于是，分工与交换使得原有依照自然禀赋选择专业化经济的模式开始表现出多样性增加与专业化程度下降的特征。族外婚姻形式也得以发生。[5]

需要指出的是，最早的分工发生于部族内部，依据自然禀赋进行专业化生产发生的分工，与部族之间的交换无关，沿着内生演化的路径前行（模式1）。而“这种由于人们选择不同专业化模式而产生的生产率差别，就代表了内生比较优势”。[6]它首先依据自然禀赋，在部族内部内生演化（H－O－1）。而最早的交换发生于部族之间，依据互通有无的原则进行，并能够促进生产的多样化与部族内部的分工演化（模式2）。最后的分工与交换发生于部族之间，或者弱化了原有的专业化生产结构，按多样化进化，内部分工进一步增长，而部族之间的分工尚未形成（模式3）。或者依据按照外生自然禀赋比较优势与外生技术比较优势的原则，部族之间的分工与交换演化出来，原有的多样化重又为具有比较优势的专业化生产所取代（模式4）。

模式2　交换与生产多样化从专业化－自给自足经济中演化出来。

A	B	C	D
12	34	12	34
1234	1234	1234	1234

模式2刻画了原始部族按照自然禀赋选择的专业化－自给自足经济向交换的过渡的情形，交换与生产的多样化从专业化－自给自足经济中演化出来。从12到1234，表明各部族从较窄的自给自足经济通过交换向生产多样化的演进。

本来，无论一个部族专业化程度或高或低，如果不发生部族之间的交换与分工，其演进过程是自发渐进的，而在部族相遇并发生交换的条件下，缓慢的渐进过程会被分工与交换经济所打破。一方面，按照原有的自然禀赋形成的相对专业化特征会显示出部族之间的绝对优势或比较优势，而这一优势通过分工与交换得到进一步强化；另一方面，部族财产对外的排他性特征随着部族之间分工与交换方式的形成会突显出来，而这些财产制度与交易制度方面新的制度规则，反过来又会保证和促进分工与交换的发展。假如设立这些保证分工与交换的制度规则带来的收益超过界定产权的成本与进行交易的成本，一种有利于分工与交换的经济就会从自给自足经济中演化出来。

随着交换的发展，各部族生存与繁衍可供选择的范围不断扩大，出现了两种相反的趋势：第一种趋势是弱化了原有的自然禀赋优势，由于各部族在与其他部族的交往中形成更大的部族，学会了利用新的资源进行生产，扩大了生产的种类，作为一个整体，其专业化程度降低，但每一种类产品生产的生产力水平则随着分工水平的提高而提高。比如，游牧部族定居下来，除了狩猎以外，还学会了农耕部族的耕作，或采集部族也学会了捕捞，等等。随着生产多样性的增加与学习机制的正外部效果作用，部族之间经济结构的同构性增强，外生比较优势得以显现（模式3）；第二种趋势是强化了原有的自然禀赋，由于各部族在交换中突显了专业化经济与分工的优势，在外生绝对优势与比较优势的作用下，降低了各自的自给自足程度，生产力随着专业化程度的提高而提高。比如与模式3－1相比的一个相逆的过程，一个原来既耕作又捕猎的部族在绝对优势或比较优势的作用下把更多的资源用于耕作，而另一个部族则用于狩猎，在外生自然禀赋比较优势与外生技术比较优势的作用下，部族之间的分工与交换使得各部族的专业化程度在分工演进中得到强化（模式4）。但无论是上述那一种方式，参与交换与分工协调的部族变得更为强大，甚至结合成更大的经济体；而那些固守原有自给自足模式的部族，则被驱赶到更为贫瘠的地区，甚至被淘汰。

模式3　交换弱化了原有自然禀赋能力，专业化程度降低。

A	B	C	D
12	34	12	34
1234	1234	1234	1234

模式4　交换强化了外生比较优势，专业化程度提高（H－O－2）。

A	B	C	D
12	34	12	34
1234	1234	1234	1234
1	2	3	4

模式3刻画了在部族联盟与族内分工中，原有自然禀赋能力弱化、专业化程度降低的情况。由于各部族在与其他部族的交往中形成更大的部族，原有的成员学会了利用新的资源进行生产，扩大了生产的种类。新的更大的部族作为一个整体，其专业化程度降低，但在部族内部，生产力随着分工水平的提高而提高。

模式4刻画了在部族交换与分工中，自然禀赋能力与技术优势得到强化，专业化程度得到提高的情形。比如部族融合，高山族的自然禀赋能力得以进一步显现，甚至狩猎工具现在也由部族成员专门提供；或者，森林退化，河流干涸，自然资源条件变化使得采集族与渔夫族原有的生产方式变得不能适应部族的生存需要，农夫族与高山族的自然禀赋能力得以进一步显现，狩猎与采集的部族也只能学习农夫族与高山族的生产方式，学会开垦农耕，学会狩猎，并且专门工具的分工情形也会从部族经济中出现。各部族在交换中突显了专业化经济与原始分工的优势，在外生绝对优势与比较优势的作用下，其自给自足程度降低，生产力随着专业化与分工程度的提高而提高。在漫长的分工演化过程中，局部分工会从自给自足经济中产生，而完全分工也会从局部分工中出现，交往中的各个部族会根据自己的资源环境及其变化，根据赫克歇尔-俄林意义上的自然禀赋优势，或根据斯密意义上的绝对优势、李嘉图意义上的比较优势，形成分工专业化经济，如模式4所指的那样。

杨小凯多次指出，假如交易成本（交易成本可以看作利用市场机制的代价）过高，交易效率（交易效率可以看作交易成本的倒数）低下到分工带来的好处不足以弥补分工引起的交易成本的增加，那么，自给自足就是一般均衡；如果局部分工带来的好处可以弥补分工带来的交易费用的增加，局部分工就会从自给自足经济中出现；随着交易效率与分工效率的进一步提高，完全分工就会从局部分工中出现。把杨小凯的这一观点与列维·斯特劳斯的自然禀赋约束的观点综合起来，我们可以得出如下结论：分工与交换可以从非专业化的自给自足经济中发生，如普遍认识的那样，这是一种内生的演化模式，假定事前各个经济单位或经济体效率相同；但分工也可以从相对专业化的自给自足经济中发生，如以上说明的那样，各个经济单位或经济体按其自然禀赋演化出自身的经济模式，它们之间甚至是不可比的。依照自然禀赋条件从事经济活动，本身就是进化适应的结果，按照这一禀赋的选择越是专业化，就越能适应特定的环境。后一种解释更符合人类的实际情况，也能够更好地说明分工与交换的起源。

第四节 理论比较

H-O模型与斯密的绝对优势说、李嘉图的比较优势说，并称为完全竞争假设条件下国际分工与国际贸易的理论基础。H-O-1模型回到了资源背景本身，暗含着专业化经济比分工与交换更为原初、更为基本的思想，与斯密绝对优势与李嘉图比较优势相比，H-O-1模型更为一般，在理论层级上与斯密定理相当。这一点，对于理解专业化、分工与交换的起源来说至关重要。

关于李嘉图比较优势理论与斯密的绝对优势理论哪个更具有解释力，理论界还没有定论，但从理论的假定前提与逻辑包含关系来看，李嘉图的比较优势比斯密的绝对优势说更为一般，李嘉图比较优势的结论成立，斯密的绝对优势的结论就自然成立；而从事前就可以看到优势差异这一外生比较的层面来看，李嘉图的比较优势与斯密的绝对优势是等价的，而后来的赫克歇尔－俄林的内生资源禀赋或自然禀赋理论（H－O－1）更具一般性。

在以往经济学家的眼中，所谓内生优势是指，在事前人们的生产效率相同的条件下，由于选择不同专业化模式而事后产生的生产率的差别；所谓外生优势是指，基于事前人们生产条件的不同（包括自然禀赋与技术条件的不同）就可以观察到的生产效率的差别。从分工演化的起源来看，不同部族、不同地区、不同国家的人们基于自然禀赋的选择是内生的，事前不同且不可比较的。比如居住在水域的人们选择捕捞和居住在森林里的人们选择狩猎或采集。但他们只要具有自然禀赋的权利，都可以分工内生演进（这是分工演进的充分条件），并且，通过相互承认彼此的权利的决策，可以在相互之间形成交换与分工，降低外部成本（这是分工演进的必要条件）。与依照自然禀赋进行的选择相比较，斯密的绝对优势与李嘉图的比较优势不仅是外生的，而且是后生的。因此我们说，赫克歇尔－俄林的内生自然禀赋模型（H－O－1）比斯密的绝对优势模型和李嘉图的比较优势模型更为一般。

从基础理论层面来说，绝对优势说、比较优势说、自然禀赋说（H－0－2）的理论前提都是斯密的分工理论。无论是斯密的绝对优势，还是李嘉图的比较优势，还是赫克歇尔－俄林外生自然禀赋优势（H－O－2－1）与外生技术比较优势（H－O－2－2），都是一种基于分工的比较优势，在国际分工与国际贸易条件下，三者均是外生比较优势的，在基础理论层级上，三者都属于国际贸易的基础理论，是等价的。斯密分工理论则属于具有一般性的分工与贸易理论，在演化过程中不仅适用于国内分工与国内贸易，也适用于国际分工与国际贸易，因此，斯密的分工原理比三者更为一般。

从国际贸易的基础理论的假定条件上看，赫克歇尔－俄林自然禀赋说假定前提包括：有多种生产要素投入，两个国家生产函数相同，资源自由流动存在障碍；而斯密的绝对优势说与李嘉图比较成本说的假定前提包括：只有一种生产要素投入，两个国家生产函数不同，资源自由流动。相比较而言，斯密绝对优势说与李嘉图比较成本说的假定，有更严格的附加条件，而过多的假定使其理论只适用于更狭窄的范围，同时导致理论的普遍适用性下降；而赫克歇尔－俄林自然禀赋说的假定更为宽泛，从而使得赫克歇尔－俄林自然禀赋说更具一般性。就斯密绝对优势与李嘉图比较优势而言，绝对优势假定不同国家在不同商品的生产上具有绝对的优势，按绝对优势分工能为双方都带来好处；而李嘉图比较优势假定，一个国家在所有商品生产上比另一个国家都有优势或劣势，只要存在着优势或劣势的差别，优势一方依据相对大的优势或劣势一方依据相对小的劣势来分工，依然可以为双方带来好处。李嘉图假定涵盖了斯密假定，比较优势结论成立，绝对优势的结论自然成立。因此，从假定前提来看，李嘉图比较成本说比斯密绝对成本说更为一般。

从优势的外生与内生性质的角度，无论是斯密的绝对优势，还是李嘉图的比较优势，还是赫克歇尔－俄林外生自然禀赋优势（H－O－2－1）与外生技术比较优势（H－O－2－2），都是一种比较优势。杨小凯曾指出：H－O模型显示，在没有李嘉图比较优势的情况下，分工经济可能会因两个国家之间外生的禀赋差别而出现。[7]俄林强调指出，这就是国际贸易的原因。基于这样的原因，每一个国家在密集地使用该国丰裕而价格低廉的要素的那些商品的生产上具有比较优势。作为外生比较优势，三者是等价的；但李嘉图优势是纯粹外生的，斯密的绝对优势回归到斯密原理，可以是内生发生的，而赫克歇尔－俄林自然禀赋优势回归到自然禀赋本身，也直接就是内生的。尤其是H－O－1理论对于事前相同生产率的假定，使其扫清了通往内生优势之路，使得财富增长与经济进步成为人们自发选择分工经济与自然禀赋优势的演化结果。从这种意义上，斯密绝对优势与赫克歇尔－俄林自然禀赋优势比李嘉图比较优势更一般，而赫克歇尔－俄林内生自然禀赋优势（H－O－1）比斯密绝对优势更一般。

现在分析斯密分工理论与赫克歇尔－俄林内生自然禀赋论（H－O－1）的一般性问题。自然禀赋理论将不同地区在自然禀赋方面的相对差异作为理论研究的出发点，如果先去掉国际分工与国际贸易的假定，并且不考虑资源流动的成本，基于自然禀赋的选择与分工一样，是自发内生的。一开始它可能基于一种非专业化的自给自足经济或者相对专业化的自给自足经济，这一点完全基于原有的自然禀赋、技术背景与组织制度规则；分工与交换由此发生。在这一点上，俄林与斯密一样，将人与人之间的劳动分工归结为人们在个人能力上天生的差异，并把国际分工与贸易看作国内分工与贸易的演化结果。俄林强调指出，这就是国际贸易的原因。基于这样的原因，每一个国家在密集地使用该国丰裕而价格低廉的要素的那些商品的生产上具有比较优势。如果最初的状态是非专业化的自给自足形态，分工由此演化，赫克歇尔－俄林内生自然禀赋理论（H－O－1）与斯密内生分工演化理论是等价的；如果原初的状态是相对专业化的自给自足形态，本身就是自然禀赋选择机制的结果，在这种条件下，赫克歇尔－俄林内生自然禀赋理论（H－O－1）在解释分工与交换的起源问题上比斯密分工理论更符合实际，也更具解释力，也更一般。

在自然禀赋选择基础上，它可能演化两个国家之间的绝对优势，也可能产生比较优势。并且，与自然禀赋选择相比较，绝对优势与比较优势不仅是外生的，而且是后生的。因此，赫克歇尔－俄林的内生自然禀赋模型（H－O－1）比斯密绝对优势模型和李嘉图比较优势模型更为一般。按照赫克歇尔和俄林的分析论述，各国生产要素自然禀赋的相对差异决定了不同生产要素的使用方法和价格，因而也就决定了各国在不同商品生产上的成本差异与价格差异，决定了各国的比较优势和贸易利益，成为了国际贸易的原因。因此，各国生产要素自然禀赋的相对差异构成了比较优势和国际贸易的现实基础。

从发生学逻辑来说，上述理论之间的关系可以简要描述为：可资利用的资源背景形成自然禀赋差异、技术差异以及组织与制度规则的差异，这是前提与分工演化的必要条件。非专业化的自给自足经济（斯密－杨小凯解释）或相对专业化的自给自足形态（赫克歇尔－俄林－斯特劳斯解释）从自然禀赋中演化出来；分工与交换经济随后出现，而外生演化则以彼此承认对方的权力，并按照绝对优势（斯密解释）与比较优势（李嘉图解释）进行分工；局部分工从自给自足中出现，又演化成完全分工（杨小凯解释）；国际分工与国际贸易又按照各国自然禀赋从国内分工与国内贸易中演化出来（赫克歇尔－俄林模型）；而各个国家之间的绝对优势（斯密）与比较优势（李嘉图）还构成了国际分工与国际贸易的基础。

在描述经济现象生成的过程中，必须首先回归到以下三个基本要素：①资源背景与自然禀赋条件，它是人类与自然进行交换的前提，并确定了生产活动的大致范围与基本方式；②分工程度与技术条件，它是人类与自然之间进行交换的能量转换器，反映了这种转换的组织方式与技术效率；③组织与制度规则，它是特定的人群为适应特定的环境制定的一系列的产权规则、决策规则、监督规则、激励规则，这些规则不仅决定了经济活动的社会组织方式，也决定了经济活动的成本与绩效。随着环境与自然禀赋条件的变化，技术方式随之会发生变换，同时适应新的环境与技术变化的组织与制度规则也要随之发生调整。反过来，一种能够提供激励的组织与制度规则有利于技术创新与进步，也会改变原有的资源背景与自然禀赋条件，使得人们与自然、与其他经济体更为有效的交换成为可能。

分工演化与分工理论比较见下表。

<table>
<tr><td colspan="2">资源背景与自然禀赋　技术条件　组织与制度规则
（分工先决条件或充分条件）</td></tr>
<tr><td>非专业化的自给自足形态
（斯密－杨小凯解释）</td><td>相对专业化的自给自足形态
（赫克歇尔－俄林－斯特劳斯解释）</td></tr>
<tr><td>斯密定理与内生分工演进
（斯密定理与杨小凯模型）</td><td>内生自然禀赋理论
（H－O－1）</td></tr>
<tr><td colspan="2">承认彼此自然禀赋权利并按差别进行分工的外生比较优势
（赫克歇尔－俄林模型）</td></tr>
<tr><td>外生自然禀赋比较优势
（H－O－2－1）</td><td>外生技术比较优势
（H－O－2－2）</td></tr>
<tr><td>绝对优势说（斯密）</td><td>比较优势说（李嘉图）</td></tr>
</table>

参考文献

[1] 斯拉法. 用商品生产商品 [M]. 北京：商务印书馆，1991. pp. 40－41

[2] 李做东. 国际贸易理论、政策与实务 [M]. 北京：高等教育出版社，2006. p. 40

[3] 列维·斯特劳斯. 野性的思维. 北京：商务印书馆，1987. pp. 150－151

[4] 罗伯特·墨菲. 文化与社会人类学引论 [M]. 北京：商务印书馆，1991. p. 87

[5] 李露亮. 整合与超越 [M]. 北京：经济日报出版社，1996. pp. 194－197

[6] 杨小凯. 经济学：新兴古典与新兴古典框架 [M]. 北京：社会科学文献出版社，2003. p. 42

[7] 杨小凯. 发展经济学：超边际与边际分析 [M]. 北京：社会科学文献出版社，2003. p. 49

[illegible]

参考文献

[1] [illegible][M]. 北京：商务印书馆，1994，pp. 40-41.

[2] [illegible][M]. 北京：[illegible]，2006，p. 40.

[3] [illegible]. 北京：商务印书馆，1987，pp. 150-151.

[4] [illegible][M]. 北京：商务印书馆，1991，p. 3.

[5] [illegible][M]. 北京：[illegible]出版社，1996，pp. 104-107.

[6] [illegible][M]. 北京：社会科学文献出版社，2013，p. 42.

[7] [illegible][M]. 北京：社会科学文献出版社，2002，p. 49.

第四章 杨小凯问题：能否建立起经济学首尾一致的逻辑体系

第一节　引　　言

杨小凯（1948—2004），澳大利亚籍华人经济学家，原籍中国吉林省，少时在湖南长大。1980 年，杨小凯考入中国社会科学院研究生院，1982 年获计量经济学的硕士学位。1982 年，杨小凯受聘于武汉大学执教。1983 年，杨小凯受到经济学家邹至庄的赏识与推荐，赴美国普林斯顿大学学习，1988 年被授予博士学位。1990 年，杨小凯受聘于澳大利亚莫纳什大学；1993 年杨小凯当选澳大利亚社会科学院院士；1998 年杨小凯任哈佛大学客座教授；2000 年 1 月，杨小凯成为莫纳什大学经济学系的首席教授。

杨小凯最为突出的贡献在于对分工理论的研究。他提出的新兴古典经济学理论框架与超边际分析方法，形成了一个以分工演化理论为核心的经济学体系，对古典理论、新古典理论、制度理论进行了富有成效的综合。杨小凯已出版的重要的中、英文专著包括：《分工和经济组织：一个新兴古典微观经济学分析框架》(1994)、《经济学：新兴古典与新古典框架》(2000)、《发展经济学：超边际分析与边际分析》(2000)。诺贝尔奖得主布坎南认为，现今全世界最重要的经济研究就在莫纳什大学，就是以杨小凯为主的对分工的分析。另一位诺贝尔奖得主阿罗称赞杨小凯的研究，说他使亚当·斯密的劳动分工理论与科斯的交易费用理论浑为一体。

杨小凯是经济学大体系的构造者，这一点在当代已不多见。杨小凯曾于2002年和2003 年两次获诺贝尔经济学奖提名，被称为最有成就也离诺贝尔奖最近的华裔经济学家。

2004 年 7 月 7 日早上 7 时 49 分，杨小凯因患肺癌在澳大利亚墨尔本的家中去世，享年 56 岁。

第二节　问题的提出

自从《国富论》问世以后，斯密的分工理论虽然引起了人们的高度评价，但就分工理论本身来讲，并没有取得像样的进展。在这一领域，斯密其后的经济学家几乎无人能达到斯密的高度。在马歇尔均衡价格论之后，尤其是在新古典综合以来，斯密关于分工演化以及市场协调分工的思想已失去了在经济学中的核心地位，并为价格理论所取代。施穆勒指出："亚当·斯密的后继者很少有精辟的见解，……期间，曾经有一些经济学家对此进行了技术上的考虑，进行了真正但很粗略的观察，然而，这对分工思想的发展还是于事无补。"[1] 杨格、斯蒂格勒、杨小凯均对这一局面表示不满。斯蒂格勒抱怨道："无论是过去还是现在，几乎没有人运用分工理论……没有一个标准的、可操作的分工理论，来描述斯密关于经济进步之源泉的思想。"[2] 在李嘉图之后的近200年间，经济学首先经历了所谓"边际革命"，效用价值论的提出，背离了斯密关于劳动分工与劳动价值的思想；而瓦尔拉斯的一般均衡论与马歇尔局部均衡论的盛行，则把经济学研究的重点转向了市场配置资源的问题，背离了斯密关于市场协调专业化分工的原意；尤其是"凯恩斯革命"之后的新古典综合，形成了微观分析以均衡价格为核心、宏观经济以国民收入为核心的一个新的框架，再也找不到斯密关于分工演进的影子。长期以来，经济学既缺乏统一的方法论工具，也缺少统一的首尾一致的框架，其中最为突出的问题在于对斯密分工演化原理这一真知灼见的搁置。这一不幸的局面直到杨小凯关于分工理论研究的突破才告终结。

杨小凯研究的问题是：经济学是否存在着最为基本、最为核心的原理，以此为基础，可以建立起经济学前后一致的分析框架？是否存在着一种逻辑，不仅可以直指财富增长与经济进步的核心，而且由此内核可以自发生长出交换、市场、货币、信用、保险、企业组织、经济周期循环、国际贸易等一系列微观经济现象、制度现象与宏观经济现象？

杨小凯的研究表明：斯密提出的专业化与分工原理可以担当起这一角色。

所谓专业化经济，是指每个人生产活动范围的缩小，人们只专注于生产一种产品或少数几种产品；而分工则是指不同的人专业化地生产不同的东西。因此，分工程度依赖于专业化水平，专业化水平越高，社会分工程度就越高。在经济理论史上，斯密首先注意到并系统研究了专业化与分工对于经济增长和繁荣的意义，使专业化与分工成为经济分析的焦点。杨小凯继承了斯密的思想，并形成了目前经济学中逻辑最为完备的体系。他指出："通过恢复专业化和分工问题在主流经济学核心中的应有位置，我们就可以在一个统一的框架内解释和预见诸如企业的出现、景气周期、失业、货币、城市和经济增长等有趣的现象，""可以证明，很多宏观经济现（比如失业、景气循环以及货币从分工中出现）、制度现象（比如企业制度或交易层级结构从分工中出现），以及发展和增长现象，都不过是分工演进的不同侧面，或者说是分工网络的不同特征。"[3]

杨小凯先生是一个谦虚的学者，但他认为他在经济学基础理论方面关于分工理论的研究工作，就如同当年哥白尼—伽利略—牛顿在天文学与物理学所做的工作一样，是一个根本性的革命。这不禁让人想到了德国哲学家康德，他也曾说过，他在认识论领域引发了“哥白尼式的革命”。

杨小凯的《经济学：新兴古典与新古典框架》与《发展经济学：超边际与边际分析》是斯密《国富论》之后最好的经济学著作，不仅使经济学分析回到了正确的逻辑原点，也从逻辑上打通了经济学中几乎所有的关节。在杨小凯看来，经济学是处理经济事务中两难选择的学科，这种两难发端于分工经济与交易成本，整个经济演化围绕这一逻辑展开。在他的新兴古典框架中，自给自足经济为其历史－逻辑起点，人们通过自发选择专业化与分工经济，在分工经济带来的交易成本与分工收益的两难选择中，演化出局部分工、完全分工，进而演化出市场、货币、企业、景气循环、国际分工与贸易，构成经济演进的基本逻辑线索；而斯密的分工定理、分工内生演化的思想、绝对优势学说以及杨格的分工定理，则是杨小凯新兴古典依据的基础理论①；边际分析与超边际分析，是这一理论的重要分析工具；而把斯密、李嘉图为代表的古典经济学理论与新古典综合理论以及制度学派的交易费用理论纳入一个有机的整体框架之中，是杨小凯新兴古典的宏大构思。

第三节　分工演化的基本框架

一、从自给自足到局部分工再到完全分工

分工演化的起点是自给自足经济，在这里，生产者也是消费者，供给与需要尚未分离。这一演化逻辑基于自然资源背景、原初的技术条件以及初始的组织与制度规则。局部分工与交换的出现，完全分工与交易网络的扩大，是人们选择专业化经济与分工的结果。分工演进是一个基本模式，好比遗传密码，包含着分工演进的所有的遗传信息。对此，杨小凯给出了一个简洁的图示说明（见图4－1）。

图4－1表示局部分工与完全分工从自给自足经济中自发演化出来。其中：A，B，C，D表示各个独立的经济单位，1、2、3、4表示产品，封闭的箭头表示自给自足。

假如交易成本（交易成本可以看作利用市场机制的代价）过高，交易效率（交易效率可以看作交易成本的倒数）低下到分工带来的好处不足以弥补分工引

① 杨格定理由以下三个陈述构成：不仅分工取决于市场的大小，市场的大小也取决于分工；需求和供给是分工的两个侧面；递增报酬的实现取决于分工的进展。

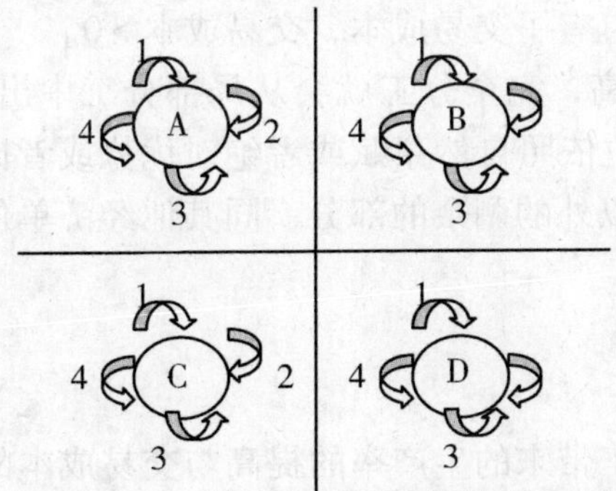

（a）自给自足

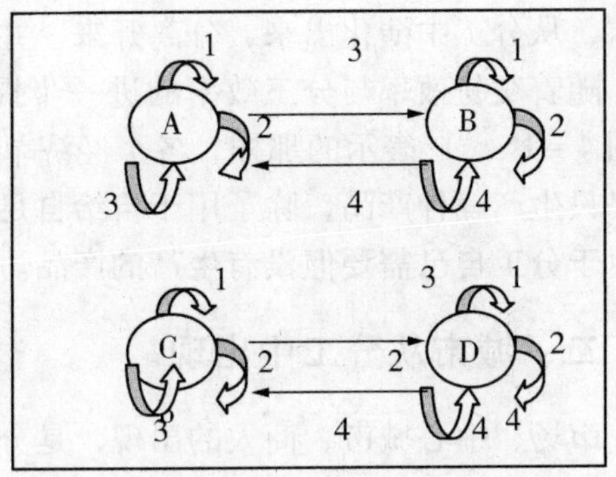

（b）局部分工

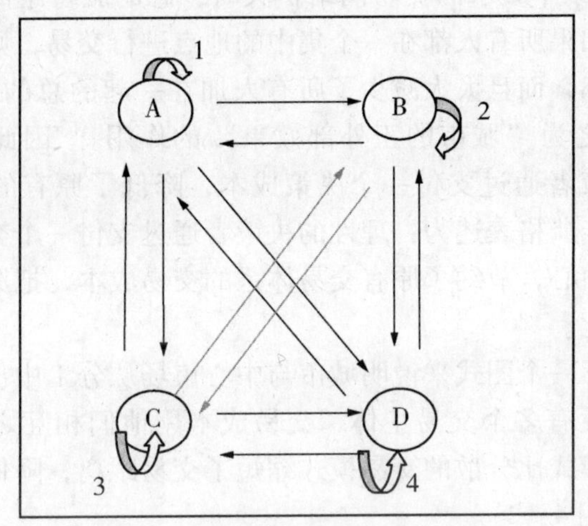

（c）完全分工

图 4 - 1　从自给自足到局部分工再到完全分工示意

起的交易成本的增加，那么，自给自足就是一般均衡。如图 4 - 1（a）表示的那样，各个经济单位自给自足生产产品 1、2、3、4。在这种状态中，生产者和消费者还没有分离，经济活动的主体为生产 - 消费者，供给与需求也没有分离。在这里，既不存在分工，也不存在交换，也就没有交易费用，或者说交易成本 =0。

如果局部分工带来的好处可以弥补分工带来的交易费用的增加，局部分工就会从自给自足经济中出现。如图 4 - 1（b）表示的那样，各个经济单位生产产品 1、2、3、4 的一种或几种，除了用于自给自足以外的剩余的部分，同其他经济单位交换由于分工自己需要但没有生产的产品。在这种状态中，存在着不同经济单位之间的分工与交换，于是，生产者与消费者、供给方与需求方，或者供给与需求，从分工中演化出来，分离开来，并且有了交易成本，交易成本 >0。

随着交易效率与分工效率的进一步提高，完全分工就会从局部分工中出现。如图 4－1（c）表示的那样，各个经济单位依照自然禀赋或者绝对优势或者比较优势只生产一种产品，除了用于自给自足以外的剩余的部分，同其他经济单位交换由于分工自己需要但没有生产的产品。[4]

二、城市从分工中出现

市场、中心城市、商人的出现，是分工带来的生产率的提高与交易成本的增加两者之间权衡的结果。如果中心市场与中心城市形成交易的地理集中，能够提高交易效率，节约交易成本，它们就会在分工演化过程中发生。显而易见的是，"当一个特定分工水平要求的交易网络扩大时，总的旅行距离及相关的费用都会超比例地增加。如果所有人都在一个集中的地点进行交易，则一个大的交易网络在地理上能够缩小，而且大大减少了所有人加在一起的总的旅行距离。"从而起到被经济学家称之为"城市的正外部效果"的作用。[5]因此，市场与城市的出现，是理性的决策者通过支付一个决策成本，降低了原有的交易成本与外部成本。它也可进一步严格表述为：理性的决策者通过支付一个交易成本，建立城市或市场这一交易中心，节约了原有交易体系的交易成本，把原有交易体系中溢散的外部收益内部化。

杨小凯给出了一个图式来说明城市与中心市场从分工中出现，该图式可进一步简化表示：假设有多个交易主体，交易成本用他们相互之间的交易距离来表示，集中地交易模式比分散的交易模式缩短了交易距离，降低了交易成本或提高了交易效率（见图 4－2）。

子图 4－2（a）表示分散的交易模式，子图 4－2（b）表示集中的交易模式。在存在三个交易主体的情况下，分散的交易模式条件下的总交易成本为三角形三个边长之和；集中的交易模式条件下的总交易成本为三角形三个顶点到三角形中心点的距离之和。在存在六个交易主体的情况下，分散的交易模式条件下的总交易成本为六边形顶点之间各个连线的总和；而集中交易模式的总交易成本为六边形的顶点到六边形中心的连线距离之和。子图 4－2（b）集中交易模式的交易成本要小于子图 4－2（a）分散交易模式的交易成本，或者子图 4－2（b）集中交易模式的交易效率要高于子图 4－2（a）分散交易模式的交易效率。

上述模式也可以说明商人、商业从分工中演化出来的逻辑：当理性的决策者通过支付一个交易成本（也可以看作让渡一部分潜在收益）给商人或商业，同时可以更有效地降低由于缺乏独立商业带来的交易损失或外部损失，那么，商业就会从分工中演化出来，成为协调分工成本与分工收益的重要形式。此外，网上

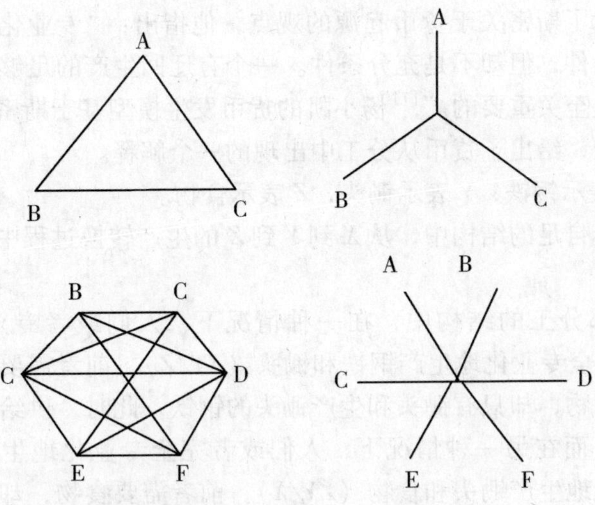

（a）分散的交易模式　　（b）集中地交易模式

图4-2　城市从分工中出现示意

交易与第三方物流的出现，也可以看作分工演化、降低信息成本与其他交易成本，从而有效地协调社会分工的结果。

三、货币从分工中出现

斯密在《国富论》中曾深入讨论了货币的起源问题，正确指出了货币起源于分工与交换。由于分工与交换会引起交易困难，而降低交易费用与提高分工效率，成为货币出现的基本原因。斯密写道："当劳动分工完全确立之后，一个人的劳动产品就只能满足他的需要的很小一部分，他把自己的劳动产品的超过自己消费的剩余部分，用来交换自己需要的他人劳动产品的剩余部分。""但当劳动分工最初发生时，这种交换能力的运作常常遇到种种妨碍与困难。"（比如在物物交换中，一方手里没有另一方所需要的产品，交易就无法达成。）"为了避免这种困难的局面，在社会每一个时期中劳动分工确立之后，每一个明智的人自然而然地必然要设法这样去处理他的事务，除了他自己劳动的特殊商品以外，随时随地带有一定数量的某种商品，他设想用这种商品来交换他人的劳动产品时是没有人会拒绝接受的。"[6]这种充当交换媒介与一般等价物的特殊商品就是货币，它从分工与交换中演化出来。斯密关于货币起源的描述，揭示了建立在分工与专业化经济基础之上的市场经济存在着交易障碍或后来被科斯称作的交易成本，而正的交易成本的存在恰恰成为货币起源的动因。斯密关于交易成本的见解不仅有助于说明货币的起源，而且成为科斯解释"企业为什么存在"的关键。

杨小凯继承了斯密关于货币起源的观点，他指出：“专业化和分工对于货币的出现是必要条件，但却不是充分条件。一个有迂回生产的足够高的分工水平对于货币的出现是至关重要的。”[7] 杨小凯的货币发生模型基于斯密的分工演化思想与交易成本理论，给出了货币从分工中出现的一个解释。

我们以 X 表示钢铁，Y 表示锄头，Z 表示食物。

在一个自给自足的结构中，从 X 到 Y 到 Z 的生产转换过程中，没有交换，也没有货币。

在一个局部分工的结构中，在一种情况下，人们或者专业化地生产食物（Z/Y），或者完全专业化地生产钢铁和锄头（XY/Z），前者需要锄头，但只有食物，后者需要食物，却只有锄头和生产锄头的钢铁，此时，供给与需求之间恰好是双向吻向的；而在另一种情况下，人们或者完全专业化地生产钢铁（X/Z），或者完全专业化地生产锄头和食物（ZY/X），前者需要食物，却只有钢铁，而后者却需要钢铁，并可以用食物来交换，供给与需求之间也是双向吻向的。在上述局部分工的条件下，供给与需求之间双向吻向的实物交易就可以协调分工，尚不需要货币。

在一个完全分工结构中，每个人完全专业化地生产一种商品，在 X、Y、Z 商品之间首先形成单向的生产链，生产钢铁 X 的人需要卖给生产锄头 Y 的人，他需要生产食物 Z 的食物，但生产食物的人却不需要钢铁，这样便形成了交易障碍。“如果不存在一个交割中心将所有的贸易品都同时交货，则在没有货币的情况下，有三个链接的迂回生产的完全分工就不能被实现。”“假定生产每一种商品中有专业化经济且存在交易成本，则随着交易效率的提高，一般均衡就会从自给自足向局部分工演进，然后到完全分工。为了协调有三个链接的迂回生产中的完全分工，一种商品货币，或者一种货币代用品，或者一种信用制度将被用来作媒介。”[8] 而信用制度的本质在于避免外部损失，这一点未得到经济学家们的足够重视。

在商品 Y 作为商品货币的交易结构中，一个生产 X 的人向一个生产 Y 的人交换 Y，然后用 Y 向生产 Z 的人交换 Z。这样，商品 Y 既不被生产 X 的人用作消费，也不用于生产，他只是把 Y 当作一种交易媒介，只是为了方便其进一步的交换。这样，Y 就成了一般等价物，成了交易媒介与流通手段，货币从分工中演化出来。

对一个国家来说，流通中充当一般等价物的货币的数量，取决于商品价格总额与货币流通速度。对此，李嘉图在 1810 年的《硬币报告》中写道：“国家的有效通货不仅取决于通货的数量，而且还取决于流通速度和一定时间内完成的交换额……在公共信用极好时所需的通货量要少得多，比在恐慌时个人收回贷款，窖藏金银以防万一的时候所需的通货要少得多，在商业有保证，个人彼此信赖的时期所需要的通货量，比互不信任阻碍订立远期财务合同的时候所需要的通货量也要少得多。”[9] 李嘉图的这一见解，包含着制度约束与数量约束两个方面的思想：前者表明，公共信用的好坏与流通中的货币数量成反比，一个具有社会决策约束的国家会更慎重的对待货币流通数量，以避免过高的外部性；而一个缺乏社会约束的国家，更容易滥发通货，以造成更大的外部成本由全社会承担。英格兰银行在成立之初，为了筹集军费便滥发通货就是历史上的实例，而当今世界上通货膨胀率较高的国家，也是缺乏权力制衡与制度约束的国家。李嘉图关于货币数量受制于货币流通速度与总交易额的见解，在20世纪初被美国经济学家、耶鲁大学教授欧文·费雪在其1911年的《货币的购买力》一书中表述为一个交易方程式，即：$MV = PT$

或：$P = MV/T$

其中：M 表示一定时期流通中货币的平均数量；V 表示一定时期单位货币的平均周转次数即货币流通速度；P 表示商品和劳务价格的加权平均数；T 表示商品和劳务的交易数量。

斯密与杨小凯的分工演化理论，除了说明货币从完全分工中产生以外，也可以说明金融制度从分工中演化出来的逻辑。在一个自给自足的经济中，不需要交换，也就不需要货币。随着分工的内生演化，“一般均衡就从自给自足演进到局部分工，但此时不需要货币。随着交易效率的进一步提高，局部分工就演进到完全分工，此时货币就成为完全分工的关键。如果社会和制度条件保证纸币、一种信用制度或其他货币代用品的交易系数足够小，则货币代用品就会用做交换媒介以协调完全分工。但是，如果纸币的供给突然显著地增加，比如，由于货币代用品易于伪造，以致纸币的价值迅速下降；或者，一场战争阻碍了信用制度的执行，则交易成本系数最低的商品货币就会用做交换媒介，以便于完全分工。”[10] 当贵金属代用品的交易效率高于贵金属本身的交易效率时，票据与纸币这样的货币符号就会替代贵金属的流通，贵金属更多地担当货币储藏功能，而纸币则担当流通手段；当专门从事货币存贷的业务更能够提高商品与货币的交易效率，银行就会在分工演化中出现；当部分准备制度的交易效率高于百分之百准备制度的交易效率，现代银行企业就会在分工演化中产生；当需要一个“最后贷款人”以克服挤兑风险，保证金融信用，中央银行及其准备制度也就随之建立起来；当国际分工与国际贸易发展到一定程度，国际货币与国际性金融机构就会出现以协调国际分工、国际贸易与国际结算。

与上述逻辑一样，杨小凯还说明了工商企业从分工演化中出现这一组织与制度现象，说明了失业、景气循环等宏观现象也可由分工演化来解释。杨小凯在生命的最后阶段也告诫世人，落后国家只有首先完成制度改革，才能建立起与分工演化、市场契约制度相适应的制度框架。从外部成本的角度看，制度规则既因外部成本而起，又是引起外部成本的原因。缺乏普遍参与机制与相互制约机制的非契约规则，则把极高的外部成本施加到社会之上，而有着普遍参与、相互制约的契约制度，则可能通过协商与交易，降低相互间的外部成本。对于外部成本问题，杨小凯先生谈得较少，这是一个极大的遗憾。此外，杨小凯关于企业从分工中出现的问题，我们将在“科斯问题”中专门讨论（见第五章）；关于失业、景气循环、国际贸易等宏观现象也可由分工演化来说明的内容，可参见杨小凯《经济学：新兴古典与新古典框架》、《发展经济学：超边际与边际分析》两书中的有关章节，他讲得清晰而完备，这里不再赘述；杨小凯与林毅夫关于后发劣势与后发优势、制度模仿与技术模仿之争，我们在本书最后一章“诺斯悖论”中加以讨论。

第四节　分工演化逻辑的方法论意义

一个经济分析框架合乎逻辑的建立，应该能够回答如下问题：①以什么作为经济学分析的恰当的逻辑起点，从这一思维的规定性达到逻辑的和历史的统一？这一点对于建立整个经济学体系有着至关重要的意义；②以什么作为经济发展与财富增长的基本动因，从这一原始的动因逐步达到后来的繁荣？这一点对于理解重大经济历史事件与现代经济生活有着至关重要的意义；③以什么作为经济进化过程中重复出现的秩序，使得最初的进化规律在后来的进化过程中一再出现？这一点对于合乎逻辑地解释后生的各种复杂的经济现象有着至关重要的意义。

以上三个方面，集中表现为一个经济学分析框架必须找出其逻辑起点与逻辑秩序，必须满足整个体系的方法论要求。而作为分工演进经济理论的方法，与其说是经济学意义的思维方法，不如说是哲学的或科学哲学意义的思维方法，它反映了一种客观世界自发演进或自发扩展的秩序。因此，有必要对哲学方法论进行基本的梳理。而人们关于方法论的讨论，是在17世纪唯理论与经验论的争论的基础上展开的，并取得重要进展，形成了唯理论的演绎法、经验论的归纳法以及莱布尼茨的假说-演绎法三种方法。

唯理论的方法论依据是演绎推理。所谓演绎推理，是指从一个普遍性命题或全称陈述到特殊性命题或单称陈述的推理过程。就单纯从逻辑上讲，演绎推理是一个确定性的推理，在其前提与结论之间有着逻辑上的必然联系。演绎逻辑可以简化地表示为：

大前提（公理，全称陈述）→小前提→小前提推论（单称陈述）

演绎推理虽然可以保证命题及其推理的普遍性，但不能保证其客观性或正确性，因为演绎推理借以成立的出发点的普遍性命题本身就是独断的、缺乏证明的。同时，演绎推理作为分析命题，其前提就包含着结论，其主词就蕴含着谓词，并没有增加新的知识[11]。因此，用演绎逻辑来构造分工演化经济学体系是不可取的，它尽管可以在推论中保证命题的无矛盾性与普遍性，但既不能保证命题的客观性，也不能增加新知识。

与唯理论不同，经验论的方法论依据是归纳推理。所谓归纳推理，是指从一个由观察或实验分析某些事物所具有的某种性质的特殊命题或单称陈述出发，逐步上升到普遍性命题或全称陈述的推理过程。归纳逻辑可以简化地表示为：

经验事实与单称陈述→经验积累与归纳→普遍性命题或全称陈述

就单纯从逻辑上讲，归纳推理是一个通过观察或经验，应用判明因果关系的基本方法，使人们对于所研究的对象先得出一个确定性的知识，并依此为根据，渐次过渡到较普遍或普遍的认识。作为综合判断，归纳推理还为人们带来了新的知识。但是，归纳推理虽然可以保证命题及其推理的客观性，却不能保证其普遍性，因为归纳推理借以成立的出发点的经验观察本身就是有限的，无论有多少个单称的客观陈述，也无法跳跃到一个一般性的全称的陈述或普遍原理[12]。乍看起来，一个历史演化的理论是建立在历史经验基础之上，并遵循归纳逻辑递进的。但是，用归纳逻辑来构造分工演化理论的逻辑体系是不可取的，尽管归纳逻辑可以在推论中保证命题的客观性，甚至能够带来新知识，但归纳逻辑一开始就陷入具体的经验事实层面，受其限制，难以梳理出一个走向普遍性的演化规则。并且，归纳逻辑既不能演绎地证明其普遍的有效性，也不能归纳地证明其普遍的有效性，这一点，早在休谟与康德时代就为哲学家所指出。

与演绎逻辑与归纳逻辑不同，莱布尼茨提出了假说－演绎法。这一方法以一种普遍性的假说为出发点，通过演绎与经验观察交替进行的步骤，来检验这一假说，在经验观察中证实或证伪这一假说。假说－演绎法推理见图4－3所示：

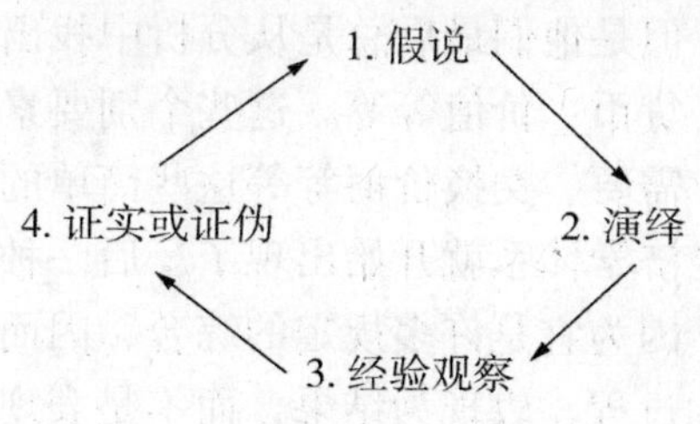

图4－3　假说－演绎法推理示意

假说－演绎法在其形式上看是演绎的，但从其检验程序上看，是通过归纳上升的。假说－演绎法首先提出某种作为理论基本前提的猜测性假说，然后从它们逻辑地演绎出一组具体结论，交付观察或实践去检验。若这些结论被证实，则该假说得到一定程度的支持；若被证伪，则说明该假说至少存在某些问题，需要修改甚至抛弃。通过这样的不断循环递进，我们将会达到可靠性与普遍性越来越高的假说[13]。因此，用假说－演绎逻辑来构造分工演进的经济学体系是可取的，这一规则一开始就是一个包含一定程度普遍性的假说，以保证其核心原理所具有的历史解释力，而这种解释力又通过对经验证据的不断运用，不仅保证其客观性，而且保证其普遍程度归纳地上升，并带来新的知识。

波普尔曾写道，理论向越来越高的普遍性水平前进的知识增长过程，呈现出一种准归纳趋势："对这种准归纳过程可以这样看：提出具有一定普遍性水平的理论，用演绎法加以检验；然后提出普遍性水平更高的理论，回过来再用以前那种普遍性水平的理论加以检验，如此等等。这种检验的方法总是基于从高到低的演绎推理，而普遍性水平则随着时间进程而不断从低向高地上升。"[14]波普尔关于理论向普遍性方向提高的路径，与莱布尼兹的假说－演绎逻辑是一致的。

马克思在《政治经济学批判》导言中曾专门讨论了经济学的方法。他指出，乍看起来，经济学分析应该从人口、国家、资本等现象入手，从现实的、具体的表象分析入手，但这种从具体现象的分析路径是错误的。例如，对于资本，如果我们不知道雇佣劳动、货币、商品，资本就无法理解。要理解资本，就要首先理解雇佣劳动与货币这些更为一般的概念；要理解货币，又必须首先理解商品与交换；而要理解商品与交换，又必须首先理解劳动分工。"经过更贴近的规定之后，我们就会在分析中达到越来越简单的概念；从表象的具体达到越来越稀薄的抽象，直到我们达到一些最简单的规定。于是行程又得从那里回过头来，直到我们最后又回到人口，但是这回人口已不是一个混沌的关于整体的表象，而是一个具有许多规定和关系的丰富的总体了。第一条道路是经济学在它产生的时期在历史上走过的道路。例如，17 世纪的经济学家总是从生动的整体，从人口、民族、国家、若干国家等开始；但是他们最后总是从分析中找出一些有决定意义的抽象的一般的关系，如分工、货币、价值等等。这些个别要素一旦多少确定下来和抽象出来，从劳动、分工、需要、交换价值等等这些简单的东西上升到国家，国际交换和世界市场的各种经济学体系就开始出现了。后一种显然是科学上正确的方法。具体之所以为具体，因为它是许多规定的综合，因而是多样性的统一。因此它在思维上表现为综合的过程，表现为结果，而不是表现为起点。虽然它是现实中的起点，因而也是直观和表象的起点。在第一条道路上，完整的表象蒸发为抽象的规定；在第二条道路上，抽象的规定在思维行程中导致具体的再现。……从抽象上升到具体的方法，只是思维用来掌握具体并把它当做一个精神上具体再现出来的方式。”[15]

马克思《资本论》的宏大叙事是从分析商品开始的，进而上升到货币、资本、剩余价值。但是，商品的存在以劳动分工为前提，如果对分工缺乏说明，就难以清晰地说明商品及其交换，因此，分工是商品经济得以出现的条件，也是理解产权制度的基础。马克思也曾指出：“分工发展的各个不同的阶段，同时也是所有制的各个不同的形式”[16]；西方主流经济学以供给、需求、价格为起点，但斯密、杨格、杨小凯的分析表明，供给与需求是分工的两个方面，市场价格则是协调专业化和分工的形式。从这种意义上看，分工与专业化的思想更为基本，其制度条件在于财产权与契约权的确立。从这种意义上讲，斯密的分工理论与洛克的自然权利理论是一致的，也与启蒙主义的契约理论是契合的，它表明了近代人类对传统等级制度的终结，第一次把个人权利当作经济秩序与整个社会秩序的基础，由此，分工得以演化，契约得以形成，财富得以增长，外部成本得以抑制，自由与公正得以成为可能。

因此，以劳动分工为逻辑起点，满足经济学一般方法论的要求：①劳动分工作为一个抽象的简单的规定性，不仅是人类经济活动的历史起点，而且在私有财产权与契约自由的助推下，成为近代工商业文明的发动机，由此可以按逻辑上升到更为具体、更为复杂的现实规定性，达到逻辑和历史的统一。②劳动分工不仅是经济发展与财富增长的基本动因，而且是劳动熟练程度的提高、学习与技术创新的原始动因，不仅有助于理解人类最初的进化，也有助于理解现代的繁荣。它是关于人类经济活动与财富增长本质的核心原理。③在劳动分工演化中，有一种不变的秩序，有一种重复出现的规律性：局部分工与交换由此逻辑在历史上出现，完全分工与交换由此逻辑在历史的某个阶段发生，市场与城市也由此跟随而来，货币从分工中出现，企业组织形式也从分工中产生，国际分工与国际贸易根据的也是同一个逻辑，失业、景气循环也可以从这一逻辑中得以理解。这样，人类经济生活的进化历史，不再是一堆杂乱无章的经济现象的堆积，而是在分工演化的体系中得到合乎逻辑的编队。

劳动分工作为一个逻辑起点，首先表现出的是局部分工从自给自足经济内生演化出来这一简单的规定性。作为一个历史上和逻辑上的简单范畴，它首先“是这样一些关系的表现，在这些关系中，不发展的具体状况已经实现（比如从自给自足到局部分工），而那些通过比较具体的范畴在精神上表现出来的较多方面的联系和关系还没有产生（比如城市与货币还没有出现，交易网络和高额的交易费用尚未发生）；而比较发展的具体则把这个范畴当做一种从属关系保存下来。在资本存在之前，银行存在之前，雇佣劳动存在之前，货币能够存在，而且在历史上也存在过。因此，从这一方面看来，可以说，比较简单的范畴（比如局部分工与交换）可以表现为一个比较不发展的整体（比如原始文明或部族经济末期）的处于支配地位的关系，或者可以表现为一个比较发展的整体（比如国际分工与国际贸易）的从属的关系，后面这些关系，在整体向着一个比较具体的范畴表现出来的方面发展之前，在历史上已经存在。在这个限度内，从简单上升到复杂这个抽象思维的进程符合现实的历史进程”。[18]（注：括号内的文字为笔者所加）这一从简单到复杂的分工演进过程，呈现出一种层级递进的特征，初始的自给自足形态与初级分工层级演化出较复杂的分工形态，它是后生的形态发生学的根据，并规定了后者大致的演化方向与功能；后生的分工形态包含着先行的自给自足或局部分工的结构，协调着原有的分工结构，降低原有结构的交易费用，并进一步促进分工；分工的进一步发展又会产生更为复杂的交易结构与决策结构，分工与交换会上升到更高的层级中。

因此，在一个经济分析的框架中，把分工演化作为逻辑起点是恰当的。这是一个基本的模式或核心原理，在斯密与杨小凯体系中居于最为基本的地位。从历史演化层面来看，分工演化表达了一种重复出现的秩序，一种不断进化的逻辑，一个层级不断递进的过程，所有后生的现象都按这种秩序、这种逻辑依次生成，并以此为根据。从经济理论层面来讲，分工演化理论把古典经济学的分工理论、主流经济学的均衡理论、制度分析的交易成本理论，纳入一个分析框架之中，并使它们有了恰当的位置，并得到更为合理的解释。从这种意义上讲，杨小凯关于分工理论的贡献是经济学自斯密以来最为突出的成就。

从根本上讲，这是一种演化的逻辑，而非演绎的逻辑，是宇宙演化、自然生成、社会进化的规则在经济生活中的再现，它是经济增长之源，它使得人类从自给自足的状态中内生地走出，并发展到分工与交换的形态，发展出货币经济，发展出中心市场与中心城市的商业模式，发展出企业形态，以及发展出国际分工与国际贸易。而在这一演化过程中，无论纯粹的个人决策行为，还是交易制度与企业制度的出现，或是更为复杂的集体决策规则的产生与制度变迁，都是人们决策选择或决策安排的结果。所有经济决策都面对分工带来的好处与分工带来的成本之间的两难困境，它通过支付一个决策费用带来交易成本与外部成本的变动，保证有一个净收益的产出，并被内部化。

参考文献

[1] Schmoller. 从历史角度考察劳动分工//政治经济学评论［M］. 1889，p. 567

[2] Stigler，1976//杨小凯．经济学：新兴古典与新兴古典框架［M］．北京：社会科学文献出版社，2003．p. 9

[3] 杨小凯．经济学：新兴古典与新兴古典框架［M］．北京：社会科学文献出版社，2003．p. 10

[4]［5］杨小凯．经济学：新兴古典与新兴古典框架［M］．北京：社会科学文献出版社，2003．p. 11，p. 290

[6] 斯密．国富论（上）［M］．西安：陕西人民出版社，2001．pp. 28－29

[7]［8］杨小凯．经济学：新兴古典与新兴古典框架［M］．北京：社会科学文献出版社，2003．p. 520，pp. 512－513

[9] 李嘉图．硬币报告//马歇尔．货币、信用与商业［M］．北京：商务印书馆，1997．p. 45

[10] 杨小凯．经济学：新兴古典与新兴古典框架［M］．北京：社会科学文献出版社，2003．p. 520

[11]［12］［13］李露亮．科学哲学基本问题与经典文本解读［M］．广州：中山大学出版社，2009．pp. 23－24，pp. 24－25，pp. 25－26

[14] 波普尔．科学发现的逻辑［M］．北京：生活·读书·新知三联书店，1987．p. 41

[15] 马克思．政治经济学批判［M］．北京：人民出版社，1976．p. 210

[16] 马克思．德意志意识形态//马克思恩格斯选集（第一卷）［M］．北京：人民出版社，1972．p. 26

[17] 马克思．政治经济学批判［M］．北京：人民出版社，1976．pp. 211－212

第五章 科斯问题：企业为什么存在

第一节　引　　言

罗纳德·科斯（Ronald Coase，1910—2013），美国经济学家，新制度学派代表人物，交易成本概念的提出者。科斯 1910 年出生在英国威尔斯登，早年就读于英国伦敦经济学院，曾在英国敦迪经济学校、利物浦大学、伦敦经济学院任教，后移居美国，先后任教于布法罗大学、弗吉尼亚大学和芝加哥大学。

科斯一生并没有多少鸿篇巨著，但却以 1937 年的《企业的性质》和 1960 年的《社会成本问题》两篇文章蜚声经济学界。在《企业的性质》一文中，科斯提出了“交易成本”这一重要概念，用来说明企业存在的原因及其规模的界限等问题。其思想被人概括为“科斯定理”。在交易成本为零和大于零的不同条件下，科斯定理有着不同的含义，分别以科斯定理 1 与科斯定理 2 表示。

科斯定理 1：是指在交易成本为零的情况下，不管初始的权利如何配置，当事人之间的谈判都会导致财富的最大化安排；

科斯定理 2：是指在交易成本不为零的情况下，不同的权利界定会带来不同的资源配置。

根据科斯定理 2 可以得出如下结论：如果存在正的交易成本，权利界定和分配或者说制度安排，会对资源配置的效率发生至关重要的影响，是资源配置效率问题的基础。

正是由于科斯揭示了交易成本和产权在经济组织和资源配置方面的重要性，瑞典皇家学院授予他 1991 年诺贝尔经济学奖。那年，科斯已 81 岁高龄。

科斯于 2013 年 9 月 2 日去世，享年 103 岁。

第二节　问题的提出

在以斯密为代表的古典经济学那里，经济增长问题一直是经济学讨论的基本问题，而人们通过自发选择专业化和劳动分工，促进了经济增长，并且导致了交换、市场、货币、企业组织以及更为复杂的制度规则的出现。在古典经济学家看来，经济组织形式与产权规则是人们寻求有效率的分工与专业化经济的产物，而市场与价格不过是协调专业化和分工经济的手段。因此，专业化与分工的概念在古典经济学中居于核心的位置，是经济学第一原理，是打开经济现象迷宫的钥匙。

自从马歇尔之后，经济学出现了两条分叉：一条是专业化与分工经济，一条是市场价格机制配置资源。如果说在马歇尔那里，这两个方面尚能保持一种平衡的话，马歇尔之后，尤其是新古典综合建立以来，经济学与古典分工演化的思想渐行渐远，而均衡价格和国民收入分别登上了微观经济学与宏观经济学的殿堂。在那里，供给与需求是出发点，相应地，企业的存在是当然的前提，在供求之间，价格机制居中进行协调，实现资源配置，分工及其演化却不见了踪影。

1937 年，科斯发表了《企业的性质》（*The Natuer of Firm*）一文，面对市场与均衡价格，科斯问道："假如生产是由价格机制调节的，生产就能在根本不存在任何组织的情况下进行，面对这一事实，我们要问：组织为什么存在？""企业在一个专业化交换经济中出现的根本原因"到底是什么？[1]

在科斯之前，经济学家很少专门论述企业的性质，企业被大多数主流经济学当作不言自明的前提，最多只是零星的提及。但在科斯这里，它成为一个问题，并且在经济理论史上被第一次明确提出并加以深入的分析。

以往的经济学家主要根据边际成本与边际收益的关系来确定厂商均衡与企业规模，很少有人思考企业为什么会出现这样的问题。希克斯在《价值与资本》一书中对这种状况表示不满，他注意到了以往的企业理论似乎还缺少点什么。在该书的第六章的"企业的均衡"中，希克斯专门讨论了企业的性质与企业的均衡。

关于企业的性质，希克斯认为，企业行为与私人行为存在着某种相似之处，可以将企业的市场行为定律和纯粹个人的市场行为定律纳入到相同的形式之中。希克斯指出，在纯粹个人决策的领域，人们只能通过市场交换来获得其他商品。"我们现在必须考虑，他们有时能通过其他途径，即通过技术的改变，或通过生产而获得新商品。除非这种方法比简单的交换更为有利，他们显然不会采取这一方法；此即意指通过生产把一组可以交换的货物转变为另外一组货物，只有所取得的一组比之放弃的一组具有更高的市场价值时，方属有利。"[2] 他在附录里写道："除在市场上获得要素外，一个企业也可能利用企业主自供的要素。假设这些要素是能够出售（假设不把它们用在本企业中的时候）的那种要素，则必须把它们的市场价格贷记于企业的成本之内。不过，假使它们除了用于本企业的生产以外不能用于他途，则它们不产生成本问题，无须计算在企业账户的贷方。"[3] 希克斯关于企业性质的见解表现出以下三层含义：①个人决策与企业决策遵循着统一的市场逻辑。②只有当企业组织生产与交换的方式比个人组织生产与交换的方式能够带来更高的市场价值，企业就会在分工演化中出现，企业决策就是均衡态；反之，当个人组织生产与交换的方式比企业组织生产与交换的方式能够带来更高的市场价值，个人就会选市场交易，纯粹的个人交易决策就是均衡态。③由企业来组织生产，可以减少要素交易的环节，从而节约交易成本。

关于企业均衡与稳定，希克斯给出了均衡的三个条件与稳定的两个条件。企业均衡的三个条件为：①即任何两种产品之间的价格比率必定等于这两种产品的边际替代率；②任何两种生产要素之间的价格比率必定等于它们的边际替代率；③任何生产要素与任何产品之间的价格比率必定等于生产要素与产品之间的边际转换率。而稳定条件为两个：一是要素转变为产品的边际替代率递减；二是产品之间的边际替代率递增，或边际机会成本递增[4]。希克斯关于企业均衡的见解表示：在产品的边际收益递减与机会成本递增的条件下，企业的规模取决于两种商品、两种要素或一种要素与一种商品的价格比率等于它们的边际替代率。此时是个稳定态，如果扩大规模，增加的收益不抵增加的成本；如果减小规模，放弃的收益大于节约的成本。这种看法也可以变通为：通过市场上用一种产品替代另一种产品、一种要素替代另一种要素、一种要素替代一种产品的价格比率，应该等于通过企业组织它们的边际技术替代率。

这或许是科斯之前对于企业性质最好的描述。

第三节　企业的性质

一、科斯－钱德勒解释

科斯在《企业的性质》（1937）、《社会成本问题》（1960）中讨论了企业何以存在以及企业的规模边界问题。科斯讨论的问题是“企业在一个专业化交换经济中出现的根本原因”到底是什么？科斯把这一问题依然放在分工与专业化经济的背景之中加以考虑。

相对于自给自足经济而言，分工经济意味着生产者是在为他人生产产品，一旦商品卖不出去或卖价很低（或买不到以及买价很高），将承担来自市场巨大的外部风险。而个人之间交易契约的达成，意味着交易双方通过增加交易成本来降低甚至完全化解外部风险。

分工导致专业化经济与市场交换，市场交易需要支付成本，交易成本的存在会抵消分工与专业化经济的效率。基于此，科斯对于企业的性质与企业的规模边界给出了一个新的解释。

（一）关于企业的起源与性质

科斯指出，如果通过管理协调，其增加的成本小于节约的交易成本，企业就会在分工中出现。他在《企业的性质》与《社会成本问题》两文中先后指出："市场的运行是有成本的，通过形成一个组织，并允许某个权威（比如一个'企业家'）来支配资源，就能节约某些市场运行成本。"因此，"企业的显著特征就是作为价格机制的替代物。"[5] 这种情形表明，由个人之间中间产品的交换来组织分工，存在着较高的交易成本，存在着交易机会、交易信息、交易价格等一系列的不确定性，如果通过设立一个企业组织，增加一个管理协调费用，节约了纯粹个人交易行为的成本，而把上述所有的外部不确定性内部化了，企业就有存在的理由；

（二）关于企业的规模或企业的规模边界，也可从交易成本与管理成本的比较中加以确定

科斯说："企业将倾向于扩张直到在企业内部组织一笔额外交易的成本，等于通过公开市场上完成同一笔交易的成本或在另一个企业中组织同样交易的成本为止。"[6] 换句话说，只有当一个企业内部组织一笔额外交易的成本小于在公开市场上完成同一笔交易的成本，同时小于该组织在另一个企业中组织同样交易的成本，企业规模才会进一步扩大；反之，原有企业的决策者宁肯通过市场组织一笔交易，也不愿进一步扩大企业规模。

科斯回忆说，他对于企业的性质的兴趣始于 20 世纪 30 年代初对美国企业纵向一体化与横向一体化过程的思考。作为企业史专家的钱德勒，完全同意科斯关于企业的起源在于用管理协调替代市场协调的观点，他通过对美国 1840 年以来现代工商一体化企业的兴起的考察，支持了科斯的见解。1977 年，钱德勒把他的研究成果集中于《看得见的手——美国企业的管理革命》一书中，从《看得见的手——美国企业的管理革命》这一鲜明的题目，就可以看出这一管理的协调对斯密"看不见的手"的替代关系。

钱德勒说，《看得见的手——美国企业的管理革命》一书的主题就是："现代工商企业在协调经济活动和分配资源方面已取代了亚当·斯密的所谓市场力量的无形的手。"[7] 他在书中提出了 8 个论点，前三个说明现代企业的起源，后五个说明现代企业的成长。关于现代企业起源的三个论点是：①当管理上的协调比市场机制的协调能带来更大的生产力、较低的成本和较高的利润时，现代工商企业就会取代传统的小公司；②在一个企业内把许多营业单位活动内部化所带来的利益，要等到建立起管理层级制以后才能实现；③现代工商企业是当经济活动量达到这样一个水平，即管理上的协调比市场的协调更有效率和更有利可图时，才首次在历史上出现。[8]

按照科斯与钱德勒的观点，在分工基础上产生专业化与市场交换，而市场交

换要支付交易成本，而交易成本会使资源配置的效率降低。如果通过管理协调可以替代市场协调从而节约交易成本，纵向一体化企业就会从分工与专业化经济中出现。这样，市场协调与管理协调就成为建立在劳动分工与专业化基础之上的两种不同的、可以相互替代的配置资源的方式。

科斯的关于企业为什么存在的解释，不仅影响到新制度经济学关于企业起源的观念，而且影响到组织理论与组织经济学。塞特·斯杜马和海因·斯莱德在他们的《组织经济学》第三版中把科斯、钱德勒的上述思想表达为两种协调类型，一种是市场协调，一种是组织协调，两者可以相互替代。他们写道："与理想市场标准假设相反，科斯认为在通常情况下使用价格体系是存在成本的。首先，寻找价格信息需要成本。其次，对于重要的交易，通常需要起草一份合同来成为交易的基础……而起草这些合同的成本是很高的。最后，这里可能存在一个情况，在这些情况下，通过市场交换来实现协调一致是不可能的（或者是成本非常高）。在这种情况下，组织是解决问题的另外一种可供选择的办法。"[9]

笔者把他们对科斯的理解以及对组织的看法给出了一个明晰的图示，见图5-1。

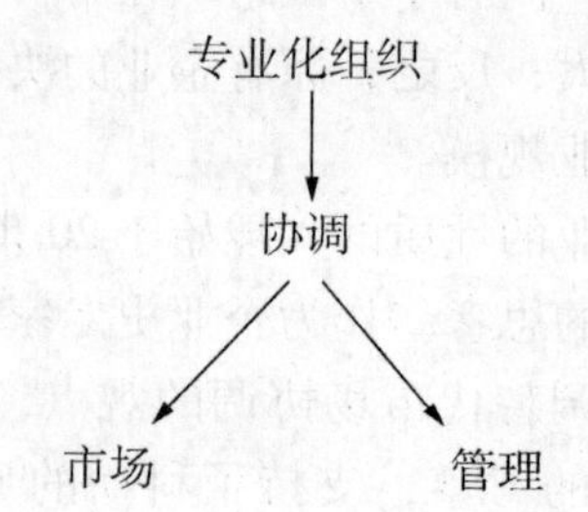

图5-1 市场协调与管理协调

二、张五常-杨小凯解释

科斯与钱德勒解释设定了协调专业化生产的两个可以相互替代的规则，一个是市场协调，一个是组织协调，并且，当组织协调比市场协调更有效率时，企业就会从分工演化中出现。对此，张五常对科斯的观点提出了批评。张五常指出："说一个企业取代市场是不太正确的，不如说一种契约形式取代另一种契约形式。"[10] 在张五常看来，企业并非用非市场规则替代市场规则，而是通过劳动的交换替代中间产品的交换。

在《企业的契约性质》（1983）一文中，张五常首先对科斯的企业理论做了正确的解读，他写道："科斯的中心命题是，制度运行成本（交易成本）的差别致使企业的出现取代了市场。一方面，市场交易涉及产品或商品；另一方面，企业交易涉及生产要素，企业的成长则被视为产品市场被要素市场代替，导致交易成本的节约。”[11]科斯的文章既包含着组织协调替代市场协调的观点，也包含着要素市场替代产品市场的含义，显然，钱德勒同意前一种解释，而张五常同意并发挥了后一种解释。在张五常看来，不是组织协调替代市场协调降低了交易成本，而是作为要素的劳动契约替代了中间产品交换的契约降低了交易成本。张五常还在文中纠正了对分工和专业化以及市场安排的曲解，他指出，强调交易成本不是要否认从分工的专业化或从生产的有效协作中获得的潜在收益，恰恰相反，企业的存在在于把分工与专业化经济的效率真正发挥出来。

张五常回顾了斯密制针业分工的经典例子，他指出，假定不存在企业，购买一枚针的顾客还要分别支付针生产的众多贡献者的每一位，这样的状态下交易成本将极其昂贵；受比较利益的引导，每个人专业化于自己的技能，并且雇用一个协调者看来有好处的话，买针的顾客简单支付附加费用给这个人就可以了。在这种情况下，数量众多的产品价格指挥着单一别针的生产。[12]张五常的这段经典的表述说明：假定不存在企业，不仅制针专业化生产的每一道工序相互之间的中间产品要经过市场交易，而且购买最终产品的顾客要分担专业化生产每一个交易环节的交易成本，这样的状态交易成本将极其昂贵；假如存在企业，不仅专业化生产中分工的每一道工序相互之间中间产品的市场交易被内部化，而且最终产品的买主可以通过额外支付企业管理附加费用就可以实现购买行为。

张五常指出，企业存在的关键与要素市场和产品市场的契约有关。私有产权是契约的前提条件，交易成本是企业存在的必要条件，但都不是充分条件。他设问道，像经济学公理断言的那样，在私有产权下，当一个要素的所有者加入企业的契约形式，让另一个人来做管理决策，就一定会有生产效率吗？答案是否定的。一般而言，管理决策不可能优于通过价格机制实现的消费者决策，价格信息指导的每一项活动的错误会较小；那么，由许多要素的投入者聚集在一起而达成专业化、协作和规模经济，以致每个人都选择加入到企业中来，就能够对所有人产生更高的收入吗？答案也是否定的。因为产生于专业化和协作的收益，在没有要素市场的情况下也能实现。[13]那么，在什么条件下需要企业这一组织生产的形态呢？

张五常认为，在既存在要素市场也存在产品市场的条件下，如果劳动交换的效率大于中间产品交换的效率，就可以极大节约定价费用和整个交易成本，并且使得专业化、分工、协作的好处表现出来，企业的存在就有理由。他写道：“也许，为什么在没有企业的情况下发现价格的费用较高的最明显的理由，是要进行更多的大量交易，每个交易都要分别定价。如果顾客对商品的每一贡献或每一零部件付费，而不是对单一完成的产品付费，成本经常会高得无法交易。作为一种替代选择，所有合作的投入所有者可能与另一个人订立契约，每个人都同意为他的服务支付价格，然后所有这些价格可以叠加为最终产品的价格。作为这些契约的代替，一个中心代理人可与每一个投入所有者签约，对他让渡的使用权支付报酬，并以另一个价格出售最终产品。"[14]

在解释企业的性质与起源问题上，张五常 1983 年的解释为科斯和杨小凯所接受。杨小凯说："企业制度是一种特殊的组织分工交易的形式，它的出现不过是个人选择其专业化水平和组织交易决策的一种后果。如果劳动的交易成本系数小于产品的交易成本系数，则企业制度将被用来组织分工，此时产品的交易和定价被相应的劳动交易和定价所取代。"[15]杨小凯的上述论述显然是依据张五常的解释，"正如张五常（Cheung，1983）指出的，企业是劳动市场对中间产品市场的一种替代。"[16]杨小凯解释把企业的出现纳入分工演化一般框架之中，使分工理论与制度分析结合了起来。他指出，如果劳动的交易效率低于中间产品的交易效率，人们就不会选择企业形态，而会通过市场来直接组织专业化生产与劳动分工，而当劳动的交易效率高于中间产品的交易效率时，企业组织形式才会在分工演进中出现。

依照杨小凯的观点，企业制度是基于分工的一种交易结构，它满足如下三个条件：①同企业有关的贸易伙伴有两类：雇主和雇员，在他们之间，存在着剩余控制权或权威的不对称分布。雇主拥有使用雇员劳动的剩余控制权；②合约从来不设定雇主应该得多少，它只设定雇员能拿多少。雇主有剩余收益索取权，即企业所得减去工资和其他开支后的净余额；③企业的所有者将其雇员的劳动转换成能在市场上出售的东西。在这个过程中，雇员生产出来的东西由雇主拥有，并获取剩余收益。[17]而谁是雇主谁是雇员，则完全取决于要素的交易效率。

杨小凯给出了一个企业从分工中演化出来的例子：假设人们从事衣服的生产，最终产品为衣服，生产衣服需要投入一种中间产品，即生产衣服的管理知识。在专业化经济和交易成本之间存在着两难冲突。如果交易效率高，则均衡是分工；否则，均衡是自给自足。

在分工与交换的条件下，组织交易的剩余权结构有三种。第一种类型为生产衣服的专家在市场上用衣服同管理专家交换管理知识。对于这种市场结构，剩余索取权和剩余控制权在双方是对称分布的，此时没有企业或劳动市场存在。第二种类型由衣服市场和生产管理知识的劳动市场组成：如果生产衣服的劳动的交易效率低于管理知识的交易效率，生产衣服的专家就会雇佣管理专家，生产衣服的专家是企业的所有者，而生产管理知识的专家则是雇员。第三种类型也由衣服市场和生产管理知识的劳动市场组成：如果生产衣服的劳动的交易效率高于管理知识的交易效率，管理专家就会雇佣生产衣服的专家，管理专家是企业的所有者，而生产衣服的专家则是雇员。[18]在后两种类型中，企业从分工中出现。

杨小凯把他对企业从分工中出现的观点概括为一个命题：如果交易效率很低，则自给自足是一般均衡。如果交易效率很高，则分工是一般均衡。如果劳动交易效率高于中间商品的交易效率，则分工会通过企业制度和劳动市场来协调；否则，分工就通过中间产品和最终产品市场来组织。当企业从分工演进中出现时，如果生产中间产品的劳动的交易效率高于生产最终商品的劳动的交易效率，则生产最终商品的专家是企业的所有者；否则，生产中间产品的专家是企业的所有者。企业制度能将交易效率最低的活动卷入分工，同时又避免了对该活动投入和产出的直接定价和交易。[19]

上述思想也可以解释金融企业的出现以及现代银行体系的产生。杨小凯指出，"随着交易效率的提高，一般均衡就会从自给自足演进到完全分工，此时货币就成为完全分工的关键。如果社会和制度条件保证纸币、一种信用制度或其他货币代用品的交易成本系数足够小，则货币代用品就会被用做交换媒介以协调完全分工。"[20]当贵金属代用品的交易效率高于贵金属本身的交易效率时，劣币就会驱逐良币，贵金属更多地承担储藏手段的功能，其代用品就会成为流通手段，原来的代理商、放贷人、金匠们就会以票据与纸币这样的货币符号取代贵金属的流通；当社会分工发展到一定程度，交换需要发达的货币信用体系来支撑，专门经营货币存贷的银行与信用制度就会在分工演化中出现；当部分准备制度比百分之百准备制度更能够刺激投资，提高交易效率，现代银行企业及其金融放大工具就会在分工演化中产生；当需要一个"最后贷款人"以克服挤兑风险，中央银行及其准备制度也就随之建立起来。[21]当国际分工与国际贸易发展到一定程度，国际货币与国际性金融机构就会协调国际分工、国际贸易与国际结算，像美元、世界银行、世界货币基金组织就会在分工演化中出现。

张五常解释的优势在于，他只设立了一个市场交易准则，劳动要素的交易契约与中间产品市场的交易，然后比较各种市场的交易成本，只有当劳动要素的交易效率高于中间产品的交易效率，或者说，只有当要素市场的交易成本较低，中间产品的交易成本较高，劳动要素的交易替代中间产品的交易就能够节约交易成本，企业便出现了。而科斯解释在市场协调原则之外又加了一项原则——管理协调。这样，张五常解释就更具有一般性与解释力。张五常的解释表明，不仅劳动的交易效率低于中间产品的交易效率，人们就不会选择企业形态，而且管理协调与规模经济也不是企业存在的充分必要条件。一般来说，市场协调更有效率。他认为，劳动的交易效率高于中间产品的交易效率是企业存在的充分必要条件。实际上，更为完整的表述应该为：①新增的劳动契约成本小于中间产品的交易成本，并且把中间产品的交易内部化；②新增的监督成本与激励成本小于克服的机会主义成本，并且把潜在的外部收益溢散内部化；③有一个比起纯粹个人行为与决策来说的收益增量，并且按照劳动契约为当事人分享。否则，企业不会在分工演进中出现。

决策成本对外部成本的替代关系见图5-2。

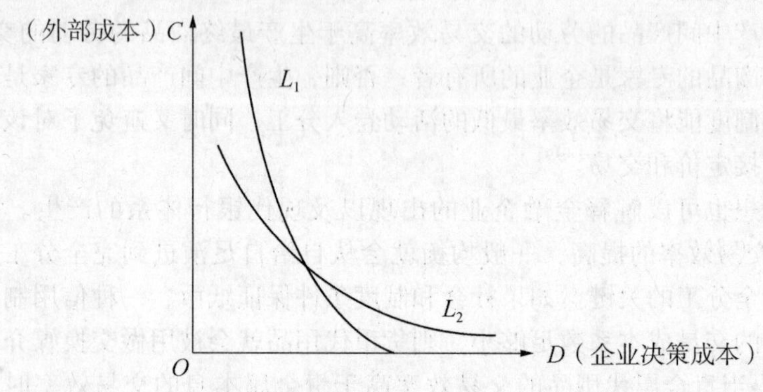

图5-2　决策成本对外部成本的替代关系

其中，*OD* 表示企业决策成本，包括以劳动的交换替代中间产品交换的交易成本，企业监督成本与选择性激励成本，达成企业契约的谈判成本；*OC* 表示外部成本，包括中间产品交换过程中的外部损失与组织内的机会主义成本。L_1 与 L_2 都表示决策成本对外部成本的替代线。

契约层面的决策逻辑在于：当通过纯粹个人协调外部成本-决策成本与通过企业契约协调外部成本-决策成本相比，后者能够在降低外部成本时付出更低的决策成本，或者在增加一个决策成本（以劳动的交换替代中间产品交换的交易成本，企业监督成本与选择性激励成本，达成企业行为的谈判成本）时能够更为有效地降低外部成本，把溢散的外部收益内部化，并按照企业契约为当事人分享，个人就会选择加入企业，或者说企业就会在分工演化中出现，纯粹个人决策就为企业决策所替代。反之，如果企业契约决策比起纯粹个人行为决策来说，个人将付出更大的成本或得到更小的收益，个人就不会组成企业，企业也无法从分工演化中出现。在图5-2中，假如替代线比较陡峭，如 L_1 表示的那样，增加一个组成企业的决策成本将大幅降低外部成本，意味着决策成本对外部成本的有效替代，企业将会在分工演化中出现；假如替代线比较平缓，如 L_2 表示的那样，增加一个组成企业的决策成本不能有效地降低外部成本，意味着决策成本对外部成本的无效替代，企业不会在分工演化中出现。

企业理论常常被简化为：劳动的交换对中间产品的交换的有效替代，即增加的劳动交换的交易成本与降低的中间产品的交易成本相比要小。但这不足以囊括企业在防止内部机会主义行为的监督成本以及该成本付出对溢散的外部收益内部化的功能，还没有说明企业的选择性激励成本以及该成本的付出对集体净收益的贡献。奥尔森证明：如果没有监督与选择性激励，企业成员将倾向于做一个“搭便车”者，从而导致集体收益供给的不足。因此，监督成本与选择性激励，应该是企业制度成本或决策成本的组成部分。

分工演化的发展要求一种制度化的契约制度与之适应，否则，纯粹个体主义的行动在中间产品的交换过程中带来的显著的外部效应、道德风险与交易成本就会抵消分工收益。如果企业契约安排可以有效降低外部成本、道德风险与交易成本，保证分工收益，并使契约双方的净收益与非契约条件下相比都得到增长，企业制度就会从分工中演化出来。当然，在分工演化与层级转换中，并没有消除交易成本与外部成本，甚至会带来新的交易成本、外部成本、决策成本、协调费用，但只要决策转换过程中通过支付一个更高的决策成本来降低外部成本，保证能有净收益的增长，保证加入企业的个人获得比纯粹个体主义行为及其决策更高的净收益的预期，那么，就存在着一种激励，使得个人决策安排演进到企业契约安排。

而企业命题或企业决策的性质可以表述为：只有当个人之间的决策达成劳动交换的契约替代了中间产品交换的契约，或者说，通过新增劳动契约成本来降低中间产品的交易成本，并把中间产品的交易内部化；通过增加监督成本与激励成本来降低了组织内的机会主义成本；保证了一个净收益可为当事人按劳动契约分享。满足上述条件，企业制度才会作为中间产品交换契约的替代物而在分工演化中出现，企业决策协调才会替代纯粹的个人行为决策。这样，不仅把劳动要素市场对中间产品市场的替代以及由此节约的交易成本包含在企业理论当中，也把决策监督成本对机会主义成本的替代以及由此导致的收益增量包含到企业理论当中。

三、马克思、恩格斯解释

在关于企业的起源与性质的论述上，科斯与钱德勒认为，企业的出现在于管理协调对市场协调的替代，从而节约了交易成本。张五常与杨小凯认为，企业的出现在于劳动的交换替代了中间产品的交换，从而提高了交易效率。杨小凯指出，是从自给自足到分工，还是从分工到自给自足，是生产中间产品的专家雇佣生产最终产品的专家，还是生产最终产品的专家雇佣生产中间产品的专家，完全取决于交易成本与交易效率，双向之间是可逆的。

在市场经济条件下，中间产品市场、劳动要素市场、资本要素市场在分工演进过程中不断发展起来，每一个市场内部以及它们相互之间，存在着不同的交易效率。只有当产品市场、要素市场、资本市场发展到这样一种程度，在劳动要素的所有者与资本要素的所有者之间达成企业契约，不仅可以减少中间产品的交易环节，有利于降低交易成本、外部成本与组织内部的机会主义成本，而且可以保证劳动者按照契约价格获取报酬，保证资本对剩余具有索取权从而培育起企业家精神，资本与自由劳动之间的契约才成为组织分工的形式。

与科斯、张五常不同，马克思在《雇佣劳动和资本》（1849）、《资本论》（1867）及恩格斯在《家庭、私有制和国家的起源》（1884）等著作中，探讨了分工与私有制的关系以及资本主义条件下企业的性质。

马克思与恩格斯首先讨论了社会分工对于经济增长的意义：在原始的氏族公社阶段，自给自足是氏族经济的基本特征，没有交换，没有私有制；随着两次社会大分工的先后出现——第一次是农业从畜牧业的分离，第二次是手工业从农业中的分离，社会发展已经“走到了文明时代的门槛了。它是由分工方面的一个新的进步开始的。在野蛮时代低级阶段，人们只是直接为了自身的消费而生产，间或发生的交换行为也是个别的，只限于偶然留下的剩余物。在野蛮时代中级阶段，我们看到游牧民族已有牲畜作为财产，这种财产，到了相当数量的畜群的时候，就可以经常提供超出自己消费的若干剩余；同时，我们也看到游牧民族和没有畜群的落后部族之间的分工，从而看到了两个并列的不同的生产阶段，也就看到了经常的交换的条件。在野蛮的高级阶段，农业和手工业之间发生了进一步的分工，从而发生了直接为了交换的、日益增加的一部分劳动产品的生产，这就使单个生产者之间的交换变成了社会的迫切需要。文明时代巩固并加强了所有这些它以前发生的各次分工，特别是通过加剧城市和乡村的对立而使之巩固和加强，此外它又加上了一个第三次的、它所特有的、有决定意义的重要分工：它创造了一个不从事生产而只从事交换的阶级——商人”。[22]恩格斯的这段描述，与后来杨小凯的描述是一致的：局部分工和局部交换从自给自足经济中演化出来，城市和商人从分工交换中出现，货币从分工中产生，等等。

在马克思、恩格斯看来，社会分工这一社会生产力层面的变化，带来了社会制度这一社会生产关系层面的变化，交换促进了私有制的产生与国家的出现。到了近代工商业革命之后，一种新的资本雇佣劳动的方式成为占支配地位的关系，它的出现依然是社会分工演化的结果。“分工必然引起进一步的分工；机器的采用必然要引起机器的更广泛的采用；大规模的生产必然要引起更大规模的生产。”[23]而与机器大生产相伴随的组织生产的方式就是资本雇佣劳动的企业形式。这一形式的前提在于一方面是资本的积累（包括原始积累与一般积累），一方面是失去生产资料的劳动力的积累，这样就为资本雇佣劳动创造了历史条件。在马克思看来，资本主义生产方式作为对封建主义生产方式的替代，是社会生产力发展的必然阶段。在资本主义条件下，资本雇佣劳动的契约规定，劳动在资本的监督下进行，劳动者按照契约获得工资，资本获得劳动产品的所有权与剩余支配权。马克思认为，资本支付的工资是劳动力的价格，即必要劳动部分的报酬，而工人剩余劳动的部分则为资本据为己有。

关于企业的性质，科斯、钱德勒解释的核心在于交易成本，在于管理协调对市场协调的替代，张五常、杨小凯解释的核心在于劳动的交易效率高于中间产品的交易效率，马克思、恩格斯解释的核心在于资本与劳动之间的雇佣关系。在科斯、张五常、杨小凯那里，企业契约是市场自由契约的一种形式，达成契约的双方具有平等的地位，无论是劳动还是资本，都是生产要素，企业契约只是要素所有者之间达成的契约，其中，工人优先取得劳动报酬，而企业主对于剩余具有索取权；但在马克思、恩格斯那里，包含着企业契约双方的不对等关系，资本具有主导性，雇佣劳动具有从属性，劳动在资本统治与监督下进行，尽管契约双方关于商品交换的每一个步骤都遵循等价交换原则，但剩余价值规律使得商品所有权最终转化为资本占有权。

第四节　非制度分析与制度分析

在研究经济增长与资源配置的问题上，存在着主流经济学的非制度分析和制度学派的制度分析两条路径，前者以价格机制为核心，后者以组织与制度为核心，由此形成了鲜明的对比：主流经济学把制度当作不言自明的前提，在它看来，制度不是问题，而在制度基础之上价格机制如何配置资源才是问题所在。按照这一思路，我们无需回过头来审视专业化与分工生成制度的问题。这样，一些最为根本的问题未经审视就被遮蔽起来；而在古典经济学和制度学派看来，价格机制作为建立在制度基础上的交换方式，无论是否存在交易成本，理性的经济主体之间的选择总是趋于资源的优化配置，它本身是澄明的，不是问题。而人们选择一定的专业化和分工经济以及选择一定的制度规则，从根本上决定了资源配置的效率与经济增长的路径，它才是问题之所在。

因此，制度成为一道分水岭。制度是分工演进的前提还是分工演进的后果，成为一个问题。新古典综合派把制度当作讨论的前提，在制度的基础上向后审视，在它看来，制度已经澄明，而在制度基础之上的价格配置资源的问题深不可测，晦暗不清，需要分析、论证和说明；而在古典经济学和制度学派看来，为主流经济学当作前提或敞亮的制度却是问题本身，晦暗不清，需要分析、论证和说明。当分工从自给自足经济演化出来，就需要有新的交易规则来协调分工；当商品交换出现较高的交易成本时，中心市场、城市、商业就会从分工中出现；当劳动的交易效率有高于中间产品的交易效率时，企业就会从分工中出现，成为协调专业化生产与分工的新的形式。科斯说过，在存在交易成本的情况下，不同的制度安排会导致不同的资源配置效率。产权结构、企业组织、制度规则或大或小的变化，是由专业化生产和分工经济一步步推动的，都是协调分工的方式。在非制度学派看来，制度不是问题，价格与边际变动才是问题所在；而在古典经济学和制度学派看来，制度何以在特定的自然资源或自然禀赋基础上，人们通过选择专业化生产和分工而生成的问题尚未询问，它是如何协调分工与专业化经济的问题依然深不可测，是问题所在及关键所在。这是非制度分析与制度分析在方法论上的根本区别。

我们之所以说制度分析提供了一种方法论上的根本性转向，就在于它不是沿着新古典综合提供的传统的思路，从制度导向资源配置，而是沿着一条新的思路，从背景资源通过分工演化导向制度生成。它思考的不是在制度基础之上如何配置资源的问题，而是制度本身这一基础的问题。在它看来，从背景资源通过分工演进生成制度的问题，就是制度协调专业化经济与分工的问题，这是一个根本性的资源制度安排问题，是资源配置的核心问题。[24] 如诺斯在《西方世界的兴起》和《经济史中的结构与变迁》两书中分别指出的，一个“有效率的经济组织是经济崛起的关键”[25]，现代企业的出现是专业化分工的产物，作为协调分工的方式，它有效地降低了外部成本，使个人净收益接近社会净收益的水平。离开了劳动分工这一《国富论》的核心问题，离开了分工收益与分工成本相协调的这一制度工具，离开了决策成本对外部成本的替代这一基本手段，我们就难以理解商业与市场的出现、货币的出现、企业的出现，甚至国家的出现。而决策权分配的公平与否、决策层级的高低以及决策成本的大小，对于分工演进过程有着至关重要的影响，决定了一个社会经济与政治运行的制度基础。

这样，经济分析的核心问题就一步步显现出来：新古典综合的核心是均衡价格配置资源与国民收入分配，而分工、专业化经济、制度规则已经先行存在，可作为常量被悬置起来存而不论，价格机制与国民收入分配成为经济分析的核心，成为资源分配的最基本的方式；而从古典学派到制度学派，分工、专业化、制度是问题的核心，是经济增长的根源，是资源配置的最为基本也最为重要的方式，因此也是经济分析的核心。

在非制度分析经济学那里，制度是一个常量，价格是一个变量，在制度基础上的根据价格信号的生产规模调整是一个变量。这种统一制度安排下的产量变动，改变着边际成本与边际收益的关系、总成本与总收益的关系。因此，它不关注制度变量，不关注决策层级的变动，只关注同一层级水平上的边际变动，只讨论同一层级的价格决策对成本收益的影响；而在制度分析经济学那里，价格是一个常量，制度是一个变量，人们根据成本与收益的比较来确定决策的方式。而决策权分配的公平状况，决策安排导致的决策成本对外部成本的替代程度，私人净收益与社会净收益的差别大小，导致这些情况出现的原因以及决策改进的途径，成为制度理论与公共选择理论关注的焦点。因此，它的重点不在于边际变动与规模变化，而在于决策变动与制度变动对资源配置的影响，只讨论不同决策方式、不同层级的决策安排对分工收益与交易成本的影响，对资源配置效率的影响，甚至对社会公平与正义准则的影响。前者是边际分析，后者是制度分析。

由斯密、马克思、科斯、诺斯、杨小凯开辟的分工理论与制度分析相结合经济分析路线，始终把分工演化作为前提，把制度变量作为分工演化的结果，作为经济效率的关键，作为资源配置最为重要的方式。它决定了经济增长的绩效，不仅在微观层面说明了个人决策与资源配置的方式，也在演化层面解释了市场制度、货币金融制度、企业制度的出现，并在公共选择的层面解释了集体行动的达成与政治市场的交易本质。通过这样一个首尾一致的逻辑，我们能够把制度、决策、分工联系在一起，并给出关于外部性、交易成本、监督成本、制度规则、公共选择等一个合理的解释。因此，只有回到古典，回到斯密关于分工演化的原理，才真正回到了经济史与经济理论史的核心问题上，使得我们对经济现象的系统理解成为可能。

参考文献

[1] 科斯. 企业的性质//盛洪主编. 现代制度经济学 [M]. 北京：北京大学出版社，2003. p. 105

[2] [3] [4] 希克斯. 价值与资本 [M]. 北京：商务印书馆，1982. p. 71, p. 72, p. 79

[5] [6] 科斯. 企业的性质//盛洪主编. 现代制度经济学 [M]. 北京：北京大学出版社，2003. p. 106, p. 108

[7] [8] 钱德勒. 看得见的手 [M]. 北京：商务印书馆，1994. p. 1, pp. 6 – 8

[9] 塞特·斯杜马，海因·斯莱德. 组织经济学 [M]. 北京：华夏出版社，2006. pp. 11 – 12

[10] [11] [12] [13] [14] 张五常. 企业的契约性质//盛洪主编. 现代制度经济学 [M]. 北京：北京大学出版社，2003. p. 144, p. 140, pp. 140 – 141, pp. 141 – 142, p. 142

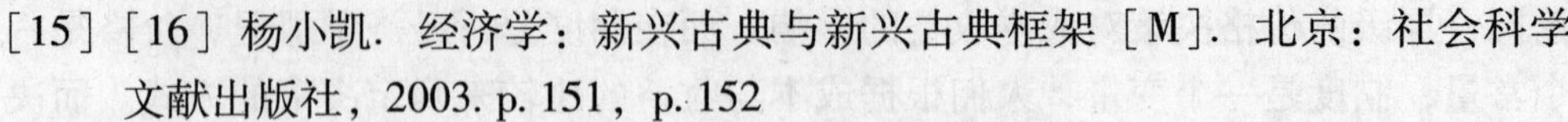

[15] [16] 杨小凯. 经济学：新兴古典与新兴古典框架 [M]. 北京：社会科学文献出版社，2003. p. 151，p. 152

[17] [18] [19] [20] 杨小凯. 发展经济学：超边际与边际分析 [M]. 北京：社会科学文献出版社. 2003，p. 173，pp. 173 - 174，p. 181，p. 408

[21] 崔之元. “看不见的手”范式的悖论 [M]. 北京：经济科学出版社，1999. pp. 55 - 65

[22] 恩格斯. 家庭、私有制和国家的起源//马克思恩格斯选集（第四卷）[M]. 北京：人民出版社，1972. pp. 161 - 162

[23] 马克思. 雇佣劳动与资本//马克思恩格斯选集（第一卷）[M]. 北京：人民出版社，1972. p. 375

[24] 李露亮，裴少峰等. 中国红旗渠：资源背景与制度安排 [M]. 郑州：河南人民出版社，2004. pp. 3 - 4

[25] 诺斯. 西方世界的兴起 [M]. 北京：华夏出版社，2009. p. 4

第六章 奥尔森问题：为什么三个和尚没水吃

第一节　引　　言

20世纪五六十年代，在集体合约与集体行动方面，塔克的“囚徒悖论”（Albret Tucker，1950）、奥尔森的“集体行动的困境”（Mancur Olson，1965）、哈丁的“公地的悲剧”（Garrett Hardin，1968）相继问世，通过博弈论方法的引入，揭示个人的理性决策导致的集体非理性结局的原因，向传统集体行动理论提出了的挑战。其中，以奥尔森关于集体行动的论述最为系统和完整，而核心概念就是外部性问题。

曼瑟·奥尔森（Mancur Olson，1932—1998），1932年生于美国北达科他州，1963年在哈佛大学获得博士学位，后任马里兰大学经济系教授。1990年在马里兰大学创立了“体制改革与非正规部门研究中心”（IRIS），专门对发展中国家和转型经济国家进行研究。奥尔森的主要论文有《通向经济成功的一条暗道》（1992）、《专制、民主与发展》（1993）、《为什么有的国家富裕，有的国家贫穷》（1996）。他的主要论著有《集体行动的逻辑》（1965）、《国家的兴衰》（1982）、《权力与繁荣》（2000，遗著）。

在《集体行动的逻辑》一书中，奥尔森对“具有共同利益的人们一定会自愿、自动地组织起来为实现他们的共同利益而采取集体行动”这样一个正统群体理论的“公理”提出了质疑。他指出，集体行动中理性的个人的“搭便车”策略会导致组织利益供给的不足，甚至会导致组织与集体行动的解体。在《专制、民主与发展》一文与《国家的兴衰》一书中，奥尔森进一步分析了个人与群体的关系以及群体与社会、国家的关系，把集体行动中的“搭便车”行为拓展到政府与国家的层面，不仅对各种利益集团的行为进行了深入的剖析，而且还提出了独特的国家起源的假说。

奥尔森于1983年获得美国政治学会颁发的克莱姆惹奖，1993年获得美国管理学会颁发的“最持久贡献著作奖”，1995年获得美国政治学会颁发的里昂-爱泼斯坦奖。其主要著作以十几种语言被介绍到世界上许多国家。

奥尔森于1998年2月19日因心脏病突发去世。

第二节　问题的提出

传统组织理论认为，具有共同利益的人们会自愿、自动地组织起来，为实现他们的共同利益而采取集体行动。这是传统组织与集体行动理论的公理，也曾被认为是组织与集体行动普遍存在的理由。

人类产生伊始，就是一个以血缘为纽带的人的联盟。由于单个的人不足以同自然抗衡，人类在一开始只有结合成一个共同体，通过集体活动的方式与自然进行物质－能量变换，才能维系自身的存在与延续；由于一个原始部族的成员有着共同的祖先、共同的图腾、共同的信仰与共同的利益，原始人一开始就把部族内部的人们凝聚在一起，以其自然禀赋条件，通过共同劳动与组织协调以适应特定的生存环境。尽管在最初的原始生活中，尚没有部族之间的交换，但在一个部族内部不仅有集体行动，也有分工，不仅有分工，也有内部协调。

亚里士多德早就注意到了个人加入组织与集体行动的必要性，注意到了组织内分工与协调的关系，他比喻道，唯有当手与一个活着的身体结合在一起的时候才能完成他的目的，唯有当人成为一个集体、一个国家的一个有机的部分的时候才能行使他的职能。[1]因此，人类的活动从一开始就具有集体行动的性质，其主要原因在于只有在组织与集体行动中，个体才能存活与延续，才能发挥其社会生产的功能。因此，传统组织理论认为，具有共同利益的人们会自愿、自动地组织起来，为实现他们的共同利益而采取集体行动。

集体行动或团队生产，能够完成单个人所不能完成的工作，而这一工作成果作为组织或集体行动的公共产品可为组织或集体成员共享。对于个人来说，正是由于组织与集体行为不仅能比纯粹的个体主义行为带来更高的生产力，而且可以提供对于个人来说难以提供的集体产品与公共物品，才成为他们加入组织与集体行动的理由，才从纯粹的个人决策变为集体决策或公共事务决策。这一点，不仅在历史上体现在部落狩猎经济形态当中（比如，只有把个体的劳动结合成一个联合的劳动时，才能完成大型捕猎行为），也不仅对于农耕经济是适用的（比如，兴建跨村落的水利设施，必须采用集体行动），而且对于现代社会更是适用的（比如，企业契约的出现、公共消防的提供、国防等）。

放在市场经济的背景中，集体行动与经济组织是协调分工的形式，人们通过自发选择组织模式与交易模式来协调分工成本与分工收益，在市场机制这只“看不见的手”的支配下，实现社会分工与专业化生产为人们带来的好处，合理配置社会资源。但问题在于，既然市场这么完备，那么为什么还要设立企业这一组织形态，为什么还要采用集体行动的方式？它比单纯的个人行为与市场交换有什么优势？1937 年，科斯在他那篇《企业的性质》经典论文中首先询问了这一问题。他写道："假如生产是由价格机制调节的，生产就能在根本不存在任何组织的情况下进行，面对这一事实，我们要问：组织为什么存在?""企业在一个专业化交换经济中出现的根本原因"到底是什么?[2]科斯论证说，利用市场机制是有代价的，是要付出交易成本的，只有当通过管理的协调替代市场的协调节约了交易成本时，企业组织形式才会出现；钱德勒用美国近 150 年的企业历史，支持了科斯的见解，论证了专业化的生产组织以及与之匹配的工商一体化组织的兴起。[3] 1983 年，张五常在《企业的契约性质》一文中纠正了科斯的观点，他指出，企业的出现不适用非市场规则替代市场规则，而是用劳动的交换替代了中间产品的交换。张五常和杨小凯先后指出，只有当劳动的交易效率高于中间产品的交易效率时，企业才会在分工演化中出现。[4]按照张五常与杨小凯的解释，如果个人之间通过劳动的契约替代中间产品的交易契约能够为个人带来更大的利益，个人就会加入企业或集体行动，而取消以往的中间产品的市场交易。这是缘于集体行动比纯粹个体主义行为能够为个人带来更大利益预期下的个人选择。

组织存在的理由似乎已经被古代先哲们、近当代经济学家们和集体行动理论的专家学者们说尽。可是就在这个尽头，奥尔森开始起航。奥尔森问道：是什么原因妨碍了由理智的个体形成的群体为它的共同利益而采取行动？是什么原因使得群体里的每一位个体都享受到了集体行动的利益，而不管他有没有对集体行动做出过贡献？为什么个人的理性行为，往往会合成为集体或组织的非理性结局？为什么那些导致组织与集体行动出现的动机，恰恰又是组织与集体行动解体的成因？他把自亚里士多德到斯密再到科斯所忽略的"搭便车"问题当作一个突出的焦点问题来讨论，开辟了公共选择与集体行动理论的新的视角。在 20 世纪五六十年代，塔克的"囚徒悖论"（Albret Tucker，1950）、奥尔森的"集体行动的困境"（Mancur Olson，1965）、哈丁的"公地的悲剧"（Garrett Hardin，1968），都指向了这一问题。

第三节　集体行动的逻辑

一、囚徒悖论

囚徒困境是 20 世纪 50 年代博弈论研究中虚构的一个经典案例，最早由美国兰德公司的德雷歇和弗拉德设计，后经普林斯顿大学的阿尔伯特·塔克教授的推广，使其在集体行动与组织合约方面呈现出独特的意义。

所谓囚徒困境或囚徒悖论，原指这么一种博弈结构或决策相关结构：两个囚犯（如张三、李四）如果信守他们之间拒不交代的合约，都将受到1年的监禁；如果一囚徒违约，交代罪行，而另一囚犯守约不交代罪行，坦白一方将被释放，不交代的一方将被判10年徒刑；如果两人均违约，交代罪行，则都将遭到5年的监禁。

对张三来说，无论李四交代与否，他交代罪行都是理性的选择：李四违约，他若不坦白，将遭10年监禁，他该选择坦白；李四不坦白，他若坦白，将只忍受1年的牢狱生活，他也该选择坦白。对李四来说也是如此。也就是说，无论伙伴选择什么样的策略，对任意一个囚徒来说都存在着避免过高外部成本的优势策略。这样，在理性的抉择下，张三和李四两人都选择了坦白，各自被判刑5年。可这样的结局比他们都选择守约各被关押1年要糟得多。可见，在这种情形下，每个人都采取优势策略（即选择坦白）时的处境要比他们守约（即都选择沉默）时的处境差。每个自利的个体在理性基础上按照优势策略的决策最终导致他们非理性的结局（见图6-1）。

张三

		Y （守约不坦白）	N （违约坦白）
李四	Y （守约不坦白）	1 1	0 10
	N （违约坦白）	10 0	5 5

图6-1 囚徒困境

二、公地的悲剧

加勒特·哈丁于1968年提出了“公地的悲剧”概念，此后，他那篇论文及文中的观点被学术界广泛引用，意指在任何情况下，只要许多人共同使用一种非排他性的公共稀缺资源，便必然会导致资源的退化。哈丁以一个公共牧场为例，他指出，任何一个理性的放牧人都存在着在公共牧场过度放牧的动力，以获取短期的直接利益，而承担的只是由于过度放牧导致公共牧场退化的长期成本的一部分[12]。到了20世纪70年代，人们在哈丁的理论与囚徒悖论之间发现了两者结构的相似性，并用囚徒悖论来说明公共资源的退化。

例如，一个公共牧场有两个放牧人（张三、李四），每人均放牧200头牛，各自的年收入均为3万元；一牧人过度放牧，比如放牧300头牛，而另一人仍为200头牛，则多放牧的人年收入3.5万元，少放牧的人年收入为2.5万元；两人均过度放牧了，均为300头牛，由于超过了草场再生能力，引起草场贫瘠化或沙化，两人的年收入为1.5万元。本来，理性-经济人为了追求各自利益最大化做了理性选择，均采用过度放牧的对策，结果是各自的利益都遭到损失。过度放牧的博弈结构可以表示如下（见图6-2）：

		张三	
		Y（守约）	N（违约，过度放牧）
李四	Y（守约）	3 3	3.5 2.5
	N（违约，过度放牧）	2.5 3.5	1.5 1.5

图6-2 放牧人过度放牧博弈

上述结构也可说明过度开采的情形。例如，两个打井人（张三、李四）在一块油田开采，如果两人都打一口井，均获利3万元；都打两口井，均获利2万元；如果一人打两口井，而另一人打一口井，多打井的人将获利3.5万元，少打井的人将获2.5万元。由于地下石油资源是一种稀缺性可减资源，如果不采用多打井的策略，别的人就可能多打井。于是，为追求利润最大化，两人均采用多打井对策，但最终的结果事与愿违（见图6-3）。

		张三	
		Y（守约）	N（违约，过度开采）
李四	Y（守约）	3 3	3.5 2.5
	N（违约，过度开采）	3.5 2.5	2 2

图6-3 打井人过度开采博弈

上述公地的悲剧与囚徒悖论，不仅可以用来说明过度放牧导致的公共牧场的退化、过度开采导致的石油矿物资源的退化，也可以用来说明过度砍伐导致森林资源的退化、过度捕捞导致的渔业资源的退化等。

总之，人们理性的选择往往会导致非理性的结果，这一点不仅指出了公地的悲剧的原因，而且指出了两人之间达成合作解之艰难。在个人决策的层面，假如一项决策能产生较高的外部成本与外部收益，成本为他人承担，好处为自己据有，那么，个人宁肯选择机会主义决策也不愿进行合作决策。其经济学根据在于：假如对当事人来说，非合作决策在一次性博弈中比合作决策更有利，或者说存在着优势策略或称占优策略，那么，他就会选择非合作决策；而在重复性的博弈当中，由于合作的决策安排优于个体机会主义行为的决策，那么理性的个人就会达成合作契约来降低外部成本；并且为防止机会主义行为，合作方还会愿意为此付出一个监督成本。这一逻辑还表明，决策权的平等分配不是合作解的充分条件，只是合作解的必要条件。

三、集体行动与集体决策的逻辑

正如哈丁“公地的悲剧”与塔克“囚徒悖论”向传统的组织与集体行动理论提出挑战一样，奥尔森“集体行动的逻辑”也加入了挑战的阵营，并且进一步指明，每个理性的人在追求自己利益的同时，不仅不会导致组织与集体利益的自动实现，反而会导致组织与集体利益这一公共产品供给的不足，甚至会导致组织与集体行动的解体。在这一有力的挑战中，无论是塔克，还是哈丁，或是奥尔森，都是基于人们是理性的、经济的、自利的人这一传统假说和成本－收益分析这一传统工具：哈丁从一群自利的人面对一片公地出发，分析他们是如何掠夺的，最终导致公地的灾难；囚徒悖论从两个自利的个体面对对方的决策，他们是如何采取非合作博弈，最终导致合约的解体与非理性的结果；奥尔森则从公共选择的角度，分析在一个集体内部，个人如何采用“搭便车”机会主义策略，最终导致集体物品供给的不足与集体利益的瓦解。

奥尔森指出，传统的理论认为：“集团会采取行动以维护它们的集团利益，想来从理性的、要求自我利益的行为这一被广泛接受的前提而作的逻辑推理。换句话说，如果某一集团中的成员有共同的利益或目标，那么就可以合乎逻辑地推出，只要那一集团中的个人是理性的和寻求自我利益的，他们就会采取行动以实现那一目标。”“认为集团会增进其利益，这种在社会科学中流传极广的观点是没有根据的。”[5]恰恰相反，奥尔森认为，除非强制，理性的个人不会为集体利益作出贡献，因为其努力的成本由自己全部承担，而其努力的成果却被集体成员共享。

奥尔森的论证认为，集团或组织的存在，在于集团或组织有其集团利益或组织目标这一假定，而集团利益或组织目标的实现，在于集团或组织的成员为集团或组织提供集体物品。集体物品与集体利益对集团外部的成员来说可看作私人物品，具有排他性，但对集团内部成员来说，则是公共物品、集体物品，具有共享性或非排他性。奥尔森指出："一个公共或集体的物品为：任何物品，如果一个集团 X_1，X_2，X_n 中的个人 X_i 能够消费它，这就不能不被那一集团中的其他人消费。换句话说，那些没有购买任何公共或集团物品的人不能被排除在对这种物品的消费之外，而对于非集团物品是能够做到这些的。"[6] 由于集体物品在集团内部具有非排他的属性，在该物品的提供上就存在外部性问题与"搭便车"问题。所谓外部性是指，一个人的行为会对他人的福利产生影响：如果一个人的行为增进了另一个人的福利，为正的外部效应；如果一个人的行为降低了另一个人的福利，为负的外部效应；所谓"搭便车"是指，一个人消费了某种物品而无需付出成本。可以设想在一个集团内部，假定一个成员为集体利益物品作出贡献，并且，他付出的成本与集团的收益是等价的，由于集团利益是共享非排他的集体物品，集团成员无论为此付出成本是否，都可以共同且均等享用它，而付出成本的个人只能获得其行动收益的极小的份额，其成本都要由自己全部负担。这样，从他个人的角度，成本与收益是不均等的，如果他是理性的且自利的人，他宁愿做一个"搭便车"者，也不愿为集团利益作出贡献。

以下用 R 表示组织或集体行动中的公共物品，它是组织或集体内部全体成员贡献的函数或集合，X 表示成员总数，C 表示组织或集体内部全体成员为 R 付出的总成本，C_i 表示个体 X_i 付出的成本，R_i 表示个体成员 X_i 的所得。其中：

$$R_i = R/X$$

由于 C_i 完全由个人承担，R 则为全体成员共享，理性的组织或集体行动内部的成员选择"搭便车"是经济选择。

集团越大，个人付出导致的利益被集团成员瓜分的情况就越严重，付出成本的个人获得的利益份额就越少，就越缺乏个人为集体贡献的激励。诚如奥尔森总结的："除非一个集团中人数很少或者除非存在强制或其他某些特殊手段以使个人按照他们共享利益行事，有理性的寻求自我利益的个人不会采取行动以实现他们共同的或集团的利益。""除非在集团成员共同分担实现集团目标所需的成本的情况下给予他们不同于共同或集团利益的独立的激励，或者除非强迫他们这么做，不然的话，如果一个大集团中的成员有理性地寻求使他们的自我利益最大化，他们不会采取行动以增进他们的共同目标或集团目标。"[7] 这样，会导致集团物品供给的不足，或者说，集体物品的供应量低于最优水平的量。造成上述原因的根据仍是基于这样一些假定：①资源是稀缺的，可减的；②人是理性的、自利的；③集团物品对组织内部成员来说是非排他的。上述三个条件的前两个，与传统经济学基本假定完全一致。在这些假定基础上，个人只有从集体物品中获得的收益大于其支付的成本，他才会选择加入集体行动。否则，个人会选择纯粹个体主义行动的决策；集体只有通过支付一个监督成本以降低机会主义成本，才能维持组织的运行。否则，集体行动或组织中的个人更愿意做一个"搭便车"者，这将会导致集体产品供给的不足。

在一个很小的集团中，由于集团内的成员的数目很少，监控比较容易，每个成员都可能得到集团收益相当大的一部分，集体物品就常常可以通过成员自发、自利的行为提供出来。但由于存在外部性与"搭便车"问题，"即使在最小的集团里，集体物品的提供一般也不会达到最优水平。就是说，集团成员不会以符合他们公共利益的水平来提供集体物品。造成这一低于最优水平的倾向的原因是，根据集体物品的定义，一旦集团中的这一个体为自己提供了集体物品，就不可能把集团中的其他成员排除在这种集体物品的享用之外。由于个体成员这样只能获得他为获取更多的集体物品而支出的费用所带来的部分利益，他在达到对集团整体来说是最优数量之前就会停止购买集体物品。另外，一个集团成员从他人那里免费得到的集团物品会进一步降低他自己支付成本来提供那一物品的动力。因此，集团越大，它提供的集体物品的数量就会越低于最优数量。"[8]

奥尔森认为，群体规模的大小与"搭便车"的比率之间存在着正相关关系，在规模较小的群体中，由于个人的贡献对公众物品的生产有较明显的影响，同时"搭便车"又易为他人察觉，再加上由于人数较少，监控成本较低，人们较容易与集体中的其他成员合作提供公众物品；相反，在规模较大的群体，由于成员人数众多，生产出来的公众物品为集体中其他成员共享，远远不能弥补个人在集体行动中付出的代价，因此，"搭便车"就是明智的选择。这种情形恰如中国谚语所说的："一个和尚挑水吃，两个和尚抬水吃，三个和尚没水吃。"

奥尔森关于集体行动的逻辑乍看起来对于组织理论是一个致命伤。但从个人选择集体行动的决策与组织自身克服机会主义成本的决策来看，这一问题可以得到解释：从个人选择集体行动或组织的决策逻辑来看，除非存在强制，唯一的理由在于，个人间通过自愿的契约安排来组织集体活动所导致的成本，小于由纯粹个体主义的行为所施加的成本，自愿的集体协作行动将是有效的组织方法；从集体行动或组织克服机会主义行为的决策逻辑来看，当集体行动通过增加监督成本与选择性激励成本，能够有效地防止集体行动中的"搭便车"行为，有效地降低机会主义成本，集体行动与监督行为就会从纯粹个体主义行为与机会主义行为中演化出来，并存在下去。而这两个方面，恰恰都是集体行动与组织行为存在的必要条件。这种状态不过表明，如果集体行动的成本－收益优于个人行动的成本

-收益，组织就会从个体行为中演化出来；如果在集体行动中，组织成员过多，需要组织支付的监控的成本过高，组织就可能放弃或放松监控，这样，“搭便车”的机会主义行为就会盛行，组织将面临解体的危险；如果组织采取监控措施或选择性激励措施，其成本的增加小于由此克服的“搭便车”给组织带来的机会主义损失，监控与选择性激励就成为集体行动或经济组织必要并值得的措施。

现实生活与人类历史告诉我们，集体行动与组织的存在是人类生活的基本特征，是理性的个人自发选择的结果。奥尔森的逻辑告诉我们，因为人们都是理性的、自利的，并按成本-收益原则行事，如果缺乏监督，他们在组织与集体行动中就倾向于“搭便车”的机会主义行为，组织与集体就面临崩溃的危险。这一组织效率与监督成本之间的两难窘境，说明了组织理论必须面对“搭便车”问题，并且必须包含监督成本与选择性激励成本，不然，所谓的集体行动就是缺乏组织的，一盘散沙式的。因此，不包含监督成本与选择性激励的集体行动理论与组织理论，是一个缺乏解释力的理论，集体与组织理论应该包含着通过支付一个决策成本（包括集体行动替代个人行动的交易成本、监督成本、达成集体行动的谈判成本），来降低集体中个人机会主义行为为组织带来的外部成本，这一点是基于个人选择之上的集体契约理论与公共选择理论的基本内容。

外部性问题与“搭便车”机会主义行为广泛存在，是人类的天性使然，但不能由此得出组织解体的结论。恰恰相反，个人选择集体行动或集体决策的逻辑在于，只有当集体行动决策与组织决策，比纯粹的个体主义行为决策能为个人带来更低的外部成本与更高的收益时，个人才会选择集体行动或成为组织的一员。同时，只有当导致集体行动的决策成本的增加（包括增加劳动的交易成本、监督成本、达成集体行动的谈判成本等）有效地降低了外部成本与机会主义成本，保证有一个收益的增量可按先订的契约为集体成员的一部分或全部分享时，集体行动才会从个人行动中演化出来。

奥尔森指出的“搭便车”问题，是外部性问题在集体行动中的特殊表现，它意味着一个潜在的收入由于集体中每一个人同时都愿做“搭便车”者而未能实现。这样便把不同时间、不同组织层级的两个或三个独立的问题（比如，组织的建构问题与解构问题、一次性博弈与重复性博弈问题、选择性激励与“搭便车”问题）放在了同一个时点上，由于它们在逻辑上不能同时出现，并且属于不同组织层级的问题。因此，应该区分三类性质与组织层级完全不同的问题：一类是个人为何选择集体行动的问题；一类是集体行动中的个人的“搭便车”问题；另一类是集体行动或组织如何克服“搭便车”问题。第一类问题的关键在于：当集体行动比起纯粹个人行为来说，能够为个人带来更大的收益、更小的外部成本，个人才会选择加入集体行动或组织行动，纯粹个人决策才会让渡成集体决策；第二类问题的关键在于：集体行动中的个人倾向于做一个“搭便车”者，以减少成本，获得外部收益；第三类问题的关键在于：集体行动或组织通过增加决策监督成本与选择性激励成本，来克服成员的机会主义行为与外部损失。第二类决策以第一类决策为前提，第三类决策又以第一类、第二类决策为前提，它们处在不同的时点与决策层级上，并且都包含在组织理论之中。

因此，通过监督与激励来克服集体行动中的机会主义成本，增加集体产出，是集体行动或组织的基本内容。集体行动或组织行为包含着上述三种类型的决策，并以第三类决策为集体行动或组织行为的纲领，而不能还原为第一类与第二类决策。这样，“一个和尚挑水吃，两个和尚抬水吃，三个和尚没水吃”的古老谚语反过来通过上述三类决策可以解读为：“一个和尚没水吃，两个和尚抬水吃，三个和尚有水吃。”集体行动不是个体行动简单的相加，监督成本是集体行动与组织行为的必要代价，它降低了机会主义成本，以保证集体行动比起个体行动来说有一个净收益被内部化。缺乏组织与监督的集体行动是不可思议的。这就是集体行动与组织行为的逻辑。这一点，直到1982年奥尔森在《国家的兴衰》一书中做了说明，他指出，那些大的经济组织或集团“并不是因为它们提供集体产品而得到支持，而是因为它们足够幸运地发现了我称之为选择性激励的手段。选择性激励有选择地适用于个体成员，依赖于他们是否对集体物品做出了贡献。”[9] 从这种意义上看，奥尔森于1965年指出的集体行动的困境是一个假问题。

第四节　国家的起源

诺斯指出，在关于国家的起源问题上，存在有两种解释：契约论与掠夺论。霍布斯和卢梭等持契约理论，马克思和恩格斯等持掠夺理论。而在《独裁、民主和发展》一文和《权力与繁荣》一书中，奥尔森讲述了一个从流窜匪帮到常驻匪帮的制度演变故事，在国家起源的问题上，提出了一种新的解释。

霍布斯和卢梭都认为国家起源于自由人的契约。霍布斯认为，在人类初年，人与人之间的关系像狼与狼之间的关系一样，相互之间充满敌意，为避免人类的毁灭，人与人之间签订了相互制约的契约，以国家法律的形式把人们联合起来。翻译成经济学的语言，非契约制度下的人与人的关系，在于相互承担着他人施加到自己头上的外部成本，以至于人类面临着毁灭的危险。

在《论人类不平等的起源和基础》、《社会契约论》中，卢梭也专门讨论了国家的契约性质，他写道：“把政治组织的建立视为人民和他们所选出的首领之间的一种真正的契约，双方约定遵守其中规定的法律，这些法律构成了他们结合

的纽带。人民在一切社会关系上，把每个人的意志结合成为一个单一的意志，所以一切表现这个意志的条款，同时也就成为对于国家全体成员无不具有约束力的根本法。”[10]之所以必须制定这样的契约，是因为“人类到了这样一个境地，当时自然状态中不利于人类生存的种种障碍，在阻力上已超过了每个人在那种状态中为了自存所能运用的力量。于是，那种原始状态便不能继续维持；并且人类如果不改变生存方式，就会灭亡”。“所以人类没有别的办法可以自存，除非联合起来形成一种力量的综合来克服这种阻力，有一个唯一的动力把他们发动起来，并使它们共同协作。”“这就是社会契约所要解决的根本问题。”[11]换句话说，只有当社会契约比个人契约与集体行动契约更能够保证个人在公共产品与公共事务中的权益，更能够降低外部成本，人们才会达成社会契约，形成国家共同体。

在卢梭看来，国家是一个自由人的联合体，是天赋人权条件下的一份全体成员的社会契约。作为一种决策权平等分配基础上的契约形式，它以保护人们的生命权、财产权、言论权、选择权、免于饥饿与免于恐惧的权利为立宪前提，其根本在于保护公民权利，限制政府权力。作为协调社会分工的政治构架，它是与市场经济制度相匹配的政治选择。无论是霍布斯还是卢梭，都指明这样一种情况：当人与人之间达成合作的协议优于个体独自行动时，集体契约与契约政府便会在社会进化序列中出现。并且在他们看来，除非有这样一种社会契约关系，不然人类就难以摆脱野蛮状态，并最终面临社会崩毁。

马克思与恩格斯关于国家的性质与起源的观点与霍布斯、卢梭的看法不同。从一开始，他们就把国家看作社会生产力和社会生产关系发展到一定阶段的产物，看作私有财产制度的政治形式，看作阶级统治的工具。在《家庭、私有制和国家的起源》一书中，恩格斯描述了雅典国家、罗马国家和德意志国家的起源与形成，他指出，当氏族公社发展到末期，出现了产品的剩余，出现了部族之间的交换，私有财产权在分工与交换中演化出来，出现了自由民、贵族和奴隶，原有的氏族规则已经不能适应这一新的财产制度，阶级之间的对立要求一种凌驾于各阶层之上的“普遍意志”来协调新的财产关系与阶级关系，国家应运而生。

恩格斯特别强调了国家是社会分工的结果，是建立在分工基础之上的制度规则对原有氏族公社规则的替代。恩格斯指出：“氏族制度是从那种没有任何内部对立里的社会中生长出来的，而且只适应于那种社会。除了舆论以外，它没有任何强制手段。但是现在产生了这样一个社会，它由于自己的全部经济生活条件而必须分裂为自由人和奴隶，进行剥削的富人和穷人，而这个社会不仅再也不能调和这种对立，反而要使这些对立日益尖锐化。一个这样的社会，只能或者存在于这些阶级相互之间连续不断的公开斗争中，或者存在于第三种力量的统治下，这第三种力量似乎站在相互斗争的各阶级之上，压制它们的公开的斗争，顶多容许阶级斗争在经济领域内以合法的形式进行。氏族制度已经过时了。它被分工及其后果即社会分裂为阶级所炸毁。它被国家代替了。"[12]也就是说，只有当国家的协调效率高于氏族的协调效率时，国家规则才会替代氏族规则，并从分工中演化出来。

与上述解释不同，奥尔森提出了一种独特的关于国家起源的解释，他以掠夺为起源，以契约为结果。

奥尔森故事的梗概是这样的：一开始，有一个流窜匪帮，来往于各个部族之间，以抢劫为生。当这一流窜匪帮以此获得的收益大于自己狩猎或耕作的收益时，他们便会组织起来四处作案。当这一流窜匪帮在一个被征服的部族安定下来，通过奴役部族成员为其提供生活保障，其成本－收益状况好于流窜抢劫所得，这一流窜匪帮就会在这里定居下来，从流窜匪帮转化成常驻匪帮，并最终形成国家契约。正如奥尔森所说的："流窜匪帮中的理性的、自私自利的匪首被引导着，驻扎下来，戴上王冠，并以其统治代替无政府状态。正常情况下，和平秩序和其他公共物品所带来的产出增加使这位常驻匪徒获得的利益比他未治理前的大得多。"[13]这种现象不仅在人类历史上曾经多次发生，而且可以从理论上得到说明。

我们再回到第三章，用关于分工与交换起源的例子来再现奥尔森的故事。

假设在一个有着高山、平原、河流和森林的区域内相应地生活着四个以血缘为纽带的原始部族：高山族、农夫族、渔夫族、采集族，这些部族从各自作为一个独立单位来看，是高度自给自足的，包括自身生产食物以及所需工具，甚至婚姻制度也是族内婚姻。由于部族较小，并以血缘为纽带，为部族贡献的一致行动容易达成。其中，各个部族依照其自然禀赋，自给自足地生产部族生存与繁衍所需的食物与工具，甚至婚配方式。这里，不存在私有制，不存在部族之间基于外生比较优势的分工与交换，其专业化特征是基于自然禀赋内生的。调节部族行为方式的是原始习惯与部族传统，这里没有阶级，也没有国家。

各个部族有着自己的领地，部族之间的广大领域属于公地。随着各部族依据各自的自然禀赋内生地选择自己的相对专业化的经济形态，部族的领地范围在经济演进的过程中会扩大，与别的部族相遇。假如高山狩猎族与森林采集族为不定期的流窜匪帮，高山族抢劫了农夫族，采集族抢劫了渔夫族，或者相反，农夫族与渔夫族采用血族复仇方式，对高山族和采集族进行报复性抢劫，部族之间的战争将会不定期发生。流窜匪帮掠夺的结果迫使每一个部族加强军事功能，这样，每一个部族在原有分工基础之上还要建立一支武装力量，要么防御，要么也用作流窜抢劫的手段。

毫无疑问，每一个小的部族都建立起这样的武装从人类整体来说是不经济的，正如每一个家庭都建立警察、军队和监狱是不经济的一样。因为流窜匪帮不定期地对其他部族的财产劫掠活动是一种零和游戏，只是导致了财产的再分配，并没有增加社会财富总量，甚至由于必须动用一部分资源用于武装，社会整体生活水平与福利状况会相应减少。当流窜匪帮成为常驻匪帮奴役一个部族，整个社会便只有这一征服者成为决策者，没有社会成员的个人决策、契约决策、公共决策机制。尽管决策权的不平等分配致使决策成本（包括交易成本、组织监督成本、公共决策谈判成本）较低，其中谈判成本小到可忽略不计，但对整个社会来说，不仅存在着极高的外部成本，整个社会成果极大地被流传匪帮外部化了，而且常驻匪帮还必须支付一个维稳费用与监督成本，以保证既得利益集团的地位与利益的稳定。

如果两个部族实力相当，部族之间会达成和平协议，承认对方的权力与平等地位，通过通婚、通贸与共同防御协定形成联盟。这样，各部族的专业化优势会通过分工与交换进一步显现；如果两个部族实力悬殊，一个部族就有可能沦陷，为流窜匪帮所洗劫和控制，而流窜匪帮可能定居下来成为常驻匪帮。在这种社会成员的决策权利被剥夺的情况下，外部成本为社会成员所承担，外部收益为匪帮所占有，使得社会成员的私人收益远远偏离社会收益。而统治集团的决策监督费用与其他保证其核心制度不变的成本则是社会净福利的损失。

假如高山族流窜匪帮统治了定居的农耕部族，并提供公共产品对农耕进行保护，避免其他流窜匪帮的抢劫；采集族也由流窜匪帮成为常驻匪帮，采集部族统治了渔夫部族，并提供公共产品对部族进行保护，避免其他流窜匪帮的抢劫。这样，在高山族统治下的新的部族内部，就会产生专业化分工与合作，有人专门耕作，有人专门打猎，有人专门提供保护。同时，婚配方式也发生变化，族外婚首先通过流窜匪帮抢亲制得以出现，后来部族之间的通婚、通商契约以合作的方式替代了对抗的方式，而无法相互征服的部族会相互承认对方的平等地位，使更大的部族联盟得以在历史上出现。

常驻匪帮从部族中的提取量在社会总产出中占有一定的比例，他们同社会其他成员之间存在着对外来说共损共荣的利益关系：匪帮权力将由原来的破坏性掠夺转变为提供公共物品的服务，部族其他成员可以避免流窜匪帮骚扰安居乐业。在流窜匪帮变成常驻匪帮的部族中，形成了一种分工形态，有人专门从事生产活动，有人提供保护服务，并以抽税的方式获取服务费用。这样，常驻匪帮以其强制力成为国家机器的掌握者，原先的无政府状态就被一种新的管理秩序所取代，征服者与被征服者构成了新的国家契约形式，这里，国家只需要建立一支军队用于内部控制、对外防御或对外掠夺。于是，国家成为公共物品的常规提供者，包括制定内部产权规则、行为规则，提供秩序维护的服务，包括军队、警察、监狱，甚至虔诚品，而国家内部成员可以在遵循国家制度安排的前提下从事经济活动。

被征服的部族成员期望获得自由，但他面对国家机器的反抗往往徒劳无功。由于对普通社会成员来说制度性外部成本较高，个人寻求改变这一状况的努力即使支付较高的决策成本也不足以改变原有的制度规则。并且，这一反抗的成本完全由自己承担，即使获得结果也被他人共享。因此，他宁愿做一个“搭便车”者，默认制度规则及其带来的外部成本。正如奥尔森在《集体行动的逻辑》、诺斯在《经济始终的结构与变迁》中说的那样，“搭便车”解释了历史上国家的稳定性。[14]这也正是人口众多的国家在历史上相对稳定与长期经受专制统治的原因。于是，理性的部族成员成了顺民，接受了常驻匪帮的制度安排。财产等级与社会等级由此发生。一个明智的常驻匪帮一方面会强化部族成员原有的自然禀赋能力，在部族内部形成分工的优势，使生产力随着专业化程度的提高而提高，另一方面会制定相应的权力规则与财产制度规则，通过国家强制力保护政治特权与财产权利，排他性的私有产权及其相应法律在人类历史上首次出现。

依照诺斯的见解，国家提供的基本服务是博弈的基本规则。这些基本规则有“两个目的：一是，界定形成产权结构的竞争与合作的基本规则，这能使统治者的租金最大化。二是，在第一个目的框架中降低交易费用以使社会产出最大，从而使国家税收增加。第二个目的将导致一系列公共产品或服务的供给，以便降低界定、谈判和实施作为经济交换基础的契约所引起的费用”。[15]在流窜匪帮到常驻匪帮的转化过程中，匪帮们一开始只关注自身集团的利益，从抢劫这一零和游戏到界定产权提供激励。因为流窜匪帮对原有的经济体来说带来了最大的外部性，使得经济效果被极大的外部化了，除非是强制，不然被征服者就失去经济的些许动力。于是，常驻匪帮会通过界定财产权利，制定竞争与合作的基本规则，让渡给被统治者一定的利益而换取整个社会财富的增长，保证统治者的租金最大化。随后，征服者提供公共产品与公共服务，降低外部成本与交易成本，使个人决策条件下难以实现的公共目标由国家的方式加以实现，而个人可以从非公共领域的产品提供中获得一定的收益，国家税收也获得增长。而这种卡尔多-希克斯改进的重要前提，在于决策权的再分配，使社会成员在关乎自身利益的事务中具有一定的决策安排的权利，这样不仅能够提供经济增长的动力，也能够降低决策监督成本。

这样的格局提供了一种分工演化的可能。其中，国家提供公共产品，原有部族成员以专业化分工优势进行生产。常驻匪帮由于有着可控制的广大区域与税收，稳定的常规军队便有了物质基础，部族之间大规模的战争成为可能。但战争不能作为人类生活的常态，战争不能增加财富，甚至会破坏生产力。诚如列维·斯特劳斯指出的：“部族之间的争斗不可能长期进行下去，为避免两败俱伤或人类的毁灭，部族之间召开商议会议，达成和平相处的协议，并通过族外通婚和贸易的交换方式，结成一个更大的经济、政治、军事联盟。”[16]参加联盟的部族，有着更为复杂的分工与交换的制度规则，保护各部族贵族的财产权利与其他社会权利成为联盟的基础，成为分工与交换的制度前提。

这种新的联盟，不再以血缘为纽带，而是以同一地域实行统一的法律为纽带。国家在分工演化中出现，成为具有垄断性界定产权的权力与具有垄断性法律惩罚权力的组织形式，并把国家内部的各部族结合成一个牢固的经济单位、政治单位和军事单位。它有着更多的成员、更为细致的分工和更为复杂的制度规则，行为规范更为统一，而且只有一个合法惩罚机关、一支军队、一个公共产品提供中心。那些固守原有自给自足模式的原始部族，可能在与国家形态出现的联盟的竞争中被击败，被驱赶到更为贫瘠的地区。流窜匪帮通过向常驻匪帮的华丽转身，最终成了拥有国家权力的征服者，成了国家意志的化身。它通过提供军事保护等公共产品，获得税收。

在分工演化中，一方面出现了交换与分化的趋势，生产链不断延长，交易网络进一步复杂化，另一方面出现了综合与合作的趋势，新的大集体行动、新的组织与制度规则，以及国家形态得以在历史上出现。国家专门制定游戏规则和提供公共产品，国民从事经济活动并为国家公共产品服务提供税收。新的契约关系替代了原初的掠夺关系，或者是让掠夺关系采取了双方可以接受的契约的形式。从分工演化的角度来看，分工与交换强化了排他性的产权关系，需要新的制度规则加以保护；而当这一新的产权关系与制度规则需要以更高的法律形式加以确定，它们由国家提供比起由个人或集体提供，有着更低的成本和更高的效率时，由社会成员普遍参与公共事务的新型国家，就会以社会契约的方式从分工演化中出现。

在人类历史上，从流窜匪帮到常驻匪帮并形成国家的例子屡见不鲜，在近现代也有这样的例证。在英国历史上，诺曼征服被视为英国中古史的开端，而盎格鲁－撒克逊人对英格兰岛的抢劫和掠夺持续了一个多世纪，是典型的从流窜匪帮到常驻匪帮的转化；在中国历史上，不乏落后部族作为流窜匪帮对相对文明部族的侵略的例证，中国古代早期就有商灭夏的历史，而元朝与清朝的建立也是流窜匪帮到常驻匪帮并凭借武力最终获得统治权的例证。这一原始的政治结构，遵循“有枪就是草头王”的丛林法则，它不是以全体社会成员的公平权利为基础构建契约制度，形成一种自发扩展的秩序，而是以少部分人的权力为基础构建非契约制度，形成一种权力干预的秩序，而当它一经确立，外部成本就会以制度规则的方式施加到社会成员身上，而个人期望通过决策改进来降低外部成本的代价将非常高，以至于形成制度刚性。

现代文明与此不同。自启蒙运动以来出现了一种以社会成员的自由权利为基础构造的社会秩序，它以承认社会每一个成员的生命权、财产权、自由权这些自然权利神圣不可侵犯为前提，以契约制度为基本形式。而这一建立在个人自然权利之上的契约国家的公共决策，经由社会认可而达成，从而使得作为协调宏观公共决策的社会契约制度，在根本上与协调微观层面的市场契约制度相一致。因此，在现代社会中，不同的经济成分在市场经济的平台上相互竞争，促进了经济的繁荣；不同的社会派别在民主政治的框架内的相互竞争，导致了政治社会的良治；不同的思想文化观念在言论自由的旗帜下的相互竞争，造就了思想文化的文明与进步。换句话说，以分工演化、自由竞争为核心的经济体系，以民主法制与权力制衡为核心的政治秩序，以言论、信仰、新闻、出版自由为核心的政治法律思想观念，是三个相互匹配的系统，它们一起改变了现代社会的经济、政治、思想文化结构，使得人类摆脱丛林法则并真正走向文明成为可能。

参考文献

[1] 亚里士多德. 政治学 // 罗素. 西方哲学史 [M]. 北京：商务印书馆，2005. p. 241

[2] 科斯. 企业的性质（1937）//盛洪主编. 现代制度经济学 [M]. 北京：北京大学出版社，2003. p. 105

[3] 钱德勒. 看得见的手 [M]. 北京：商务印书馆，1994. pp. 6 – 8

[4] 张五常. 企业的契约性质//盛洪主编. 现代制度经济学 [M]. 北京：北京大学出版社，2003. p. 144

[5] [6] [7] [8] 奥尔森. 集体行动的逻辑 [M]. 上海：上海三联书店，1995. pp. 2 – 3 , p. 13 , pp. 2 – 3 , p. 29

[9] 奥尔森. 国家的兴衰 [M]. 上海：上海人民出版社，2007. p. 20

[10] 卢梭. 论人类不平等的起源和基础 [M]. 北京：商务印书馆，1996. pp. 137 – 138

[11] 卢梭. 社会契约论 [M]. 北京：商务印书馆，2005. pp. 18 – 19

[12] 恩格斯. 家庭、私有制和国家的起源 // 马克思恩格斯选集（第四卷）[M]. 北京：人民出版社，1972. p. 165

[13] 奥尔森. 专制、民主和发展//盛洪主编. 现代制度经济学 [M]. 北京：北京大学出版社. 2003. p. 363

[14] [15] 诺斯. 经济史中的结构与变迁 [M]. 上海：上海人民出版社，1994. p. 32，p. 24

[16] 列维·斯特劳斯. 野性的思维 [M]. 北京：商务印书馆，1987. pp. 150 – 151

参考文献

第七章 李约瑟问题：为什么近代科学革命没有发生在中国

第一节　引　言

李约瑟（Joseph Terence Montgomery Needham，1900—1995），1900 年生于伦敦。1918 年 10 月，李约瑟入剑桥大学学习生理学、解剖学、动物学和生物化学，并先后获得剑桥大学学士、硕士、博士学位。1924 年，李约瑟受聘于剑桥大学冈维尔与凯斯学院，在弗雷德里克·霍普金斯实验室工作，研究胚胎学。1932 年李约瑟发表的《胚胎学史》（*History of Embryology*）一书，成为这门学科的奠基之作。1937 年，有三个来自中国的留学生鲁桂珍、王应睐、沈诗章来到他的实验室和他一起工作。其中，鲁桂珍向李约瑟介绍了中国历史悠久的科学发明和医药学，给李约瑟带来很大震动，使他对中国科学史发生了极大的兴趣，并开始学习汉语，着手研究中国科学技术史。

1942—1946 年，李约瑟受英国皇家学会之命来到中国，在重庆任中英科学合作馆馆长，并结识了竺可桢、傅斯年等中国科学家和学者，收集了大量的中国科学技术史文献。1948 年，李约瑟回到冈维尔与凯斯学院，开始着手写作《中国科学技术史》。1954 年，李约瑟出版了《中国科学技术史》第一卷，到 1988 年，《中国科学技术史》已经出版到第六卷。在这部系列巨著中，李约瑟以浩瀚的史料、确凿的证据表明：中国文明在科学技术史上曾起过从来没有被认识到的巨大作用，在现代科学技术登场前的十多个世纪期间，中国在科技和知识方面的积累曾超过西方。

1967 年至 1976 年间，李约瑟担任冈维尔与凯斯学院院长。1968 年在巴黎第 12 届国际科学史和科学哲学联合会上，李约瑟被授予乔治·萨顿奖章，1974—1977 年当选为国际科学史与科学哲学联合会的科学史分会主席。退休后，李约瑟以他个人藏书为基础建立了东亚科学史图书馆。1987 年，该馆发展为李约瑟研究所。1989 年 9 月 15 日，李约瑟与鲁桂珍结为伉俪。1992 年 6 月 13 日，李约瑟获英国女王授予的“御前顾问”（CH）勋章。1994 年，李约瑟当选为中国科学院外籍院士。

李约瑟一生著作等身，被誉为“20 世纪的伟大学者”、“百科全书式的人物”。他所著《中国的科学与文明》（即《中国科学技术史》）是中国科学技术史里程碑式的巨作，他提出的“李约瑟难题”至今仍是学界讨论的热点。

1995 年 3 月 24 日，李约瑟在剑桥寓所逝世，享年 95 岁。

第二节　问题的提出

李约瑟在研究中国科技史的过程中发现，在公元前1世纪到公元15世纪期间，中国科学技术水平与西方相比，在许多方面处在遥遥领先的位置：中国人早在公元前2世纪就掌握了用浇铸法制造农具的技术，而欧洲人直到公元1380年才知道；早在公元723年，中国就派遣了一个远征考察队，在皇家天文学家南宫说和僧人数学家一行的领导下，从蒙古边境直到印度支那，沿着全长约2500公里的路线上，设立了9个主要观测站，进行了2～3年的观测以确定子午线，系统地观测了夏至和冬至的日影长度和极地高度；中国的"万向接头"吊架的技术发明可以追溯到公元180年的丁缓；蔡伦在公元1世纪就发明了造纸；毕昇在11世纪发明了活字版印刷；"帕斯卡"三角形创始于公元1303年的朱世杰；火药和指南针的发明也来自中国古代社会。

李约瑟的问题是：为什么从公元前1世纪到公元15世纪，中国文明比西方文明更有效地应用人类的自然知识以满足人类的需要，为什么这种领先没有在中国建立起近代科学，反而科学革命发生在欧洲而不是中国？[1] 从20世纪40年代起的半个多世纪间，李约瑟曾多次提出上述问题。1976年，美国经济学家肯尼思·博尔丁称这一问题为"李约瑟难题"（Needham Problem），也有人称之为"李约瑟问题"（the Needham Question）、"李约瑟命题"（Needham Thesis）、"李约瑟之谜"（the Needham Puzzle）。

1944年，李约瑟批评了"中国自古以来无科学"的观点，并首次明确表述了"李约瑟问题"。李约瑟认为，科学突破只发生在欧洲的原因，与文艺复兴时期的思想文化、经济条件有密切关系，而中国科技在古代兴盛而在近代衰落的原因乃是与古代中国亚细亚官僚制度相联系。这是两个独立的历史问题，一个是关于西方社会在近代的兴起，一个是关于中国社会在近代的衰落。而李约瑟把这两个问题放在一起提了出来，被表述为"近代欧洲的科学革命为什么没有发生在中国"这样一个问题。由于该问题引起了逻辑上的歧义性，被席文称为逻辑上混乱的问题。但尽管如此，李约瑟问题包含的丰富的历史容量与理论容量，引起了学界持久的讨论。

李约瑟认为，之所以导致中国古代技术的进步与近代的衰落，与中国秦统一后建立的"封建官僚制度"有关。所谓"封建"是指中央集权，所谓"官僚"是指皇帝直接管理官员，地方行政只对朝廷负责。官僚思想深刻地渗透到整个中国人的复杂思想中，中国隋以后实行的科举制度也强化了这种"封建官僚制度”。这种制度产生了正负两方面的效应：正面效应是指，科举制度与官僚制度的形成，为中国政治社会提供了人力资源，有效地集中了大批受过良好教育的人，他们的管理使得中国社会井然有序，并使中国发展了整体理论、实用化的研究方法以及科学技术；而负面效应则是指，在中国官僚制度下，商业阶级从未获得像欧洲商人所获得的那种权利，中国历代的官僚政府都提倡“重农抑商”的政策，从未从制度上鼓励在商业、技术方面形成市场经济的自由竞争机制。

李约瑟承认，他在早期曾受到魏特夫格尔的影响，认为水利工程的兴建强化了中国封建制度的国家功能，导致了专制制度的兴起。他认为，中国所处的干旱的地理环境也影响了政府的态度。中国独有的水利问题（尤其是黄河）令中国人从很早的时候起就得去修建水利网，而且只有集中资源进行治理，才能有希望解决水患问题。而这种干旱的地理气候条件、单一农耕经济，以及水利设施的重要性，构成了东方专制管理制度形成与运行的基础。显然，这一观点来源于马克思的“亚细亚生产方式”说。李约瑟强调指出，这一官僚制度文明的价值观同商业文明的价值观念是根本冲突的，而后者却是近代科学革命与工商业革命的助推器。李约瑟相信：“我们将能够详细地证明，为什么亚洲的官僚封建制度起初有利于自然知识的增长，有利于将其应用于技术从而为人类谋利，但在后来抑制了现代资本主义及现代科学的兴起，而相反欧洲型的封建制度随着自身的衰败和新的商业社会秩序的产生却促进了近代资本主义和近代科学的发展。在中国文明中，绝不可能出现一个商业占优势的社会秩序，因为官吏体制的基本观念不仅与贵族封建制度的世袭原则相对立，而且也与富商的价值体系相对立。”[2]以农耕经济与土地买卖制度为经济基础，以皇权为最高上层建筑，以科举选官制度与庞大的官僚队伍为社会行政运行的人力资源，以皇权思想与儒家思想为意识形态，既是中国传统社会稳定与繁荣的动力，又是限制中国社会分工演进、科学与工商业发展，导致在近代走向衰落的根源。这一点，类似于诺斯悖论。

实际上，自鸦片战争以来，中国人就注意到中华帝国在近代的衰落与西方世界的兴起，洋务运动、维新运动、清末宪政改革就是对这一见识的积极反应。进入20世纪以后，学界不断讨论中国在近现代科技落后的原因，包括竺可桢、唐君毅、冯友兰等学者都先后加入了讨论。李约瑟问题提出以后，各种解释相继而生，曾是20世纪40年代理论界的热点之一。1979年以来，这一问题再度发酵，包括陈平、傅筑夫、金观涛、林毅夫等学者相继提出了自己的看法。而在21世纪初年，杨小凯与林毅夫关于后发劣势与后发优势的讨论，也可以看作“李约瑟问题”的继续。

第三节 问题的解释

西方学者很早就注意到中国社会自近代以来与西方社会相比在科学技术方面的落后，伏尔泰、莱布尼茨、休谟都曾论及中国近代社会在科学技术方面落后的原因，许多人从地理环境、气候、单一农耕结构来加以解释。他们将中国科学落后与西方近代科学的兴起的原因归之于东西方地理条件的巨大差异，认为欧洲属海洋性气候与农牧混合经济结构，各个庄园相对独立，不利于形成类似于中国的大一统的帝国，而只能形成众多竞争的小国；而中国属于大陆性气候与单一农耕结构，不仅存在着建设大中型水利工程的潜在需要，而且分散的小农经济无法同中央政府抗衡，地理条件的差异不仅就造成了东西方科学技术发展的不同轨迹，而且导致了中国官僚专制体制的兴起 。这一观点从地理气候条件、自然禀赋、经济结构的线索来解释政治制度的基础，并且成为西方许多学者的共同态度。马克思、恩格斯在19世纪中叶提出了“亚细亚生产方式说”，也从气候与经济结构的角度来说明东方社会专制制度的自然基础与经济基础[3]；受此影响，魏特夫格尔在20世纪50年代提出了“雨水农业”与“灌溉农业”的概念，来区分西欧与中国的不同的地理气候特征与经济特征，在此基础上建立了他的“水利专制说”。马克思的“亚细亚生产方式说”、魏特夫格尔的“水利专制说”、李约瑟的“官僚制度说”，都是具有影响力的关于中国古代文明特征的解释。

在1845—1846年《德意志意识形态》一书中，马克思沿着斯密的分工理论指出，社会劳动分工的不同阶段相应于所有制的不同形式。人类最早的形式是公社制，人们靠狩猎、捕鱼、牧畜或者农耕生活。随着畜牧业同农业的分离、手工业同农业的分离、商业从分工中的演进，私有财产制度伴随着得到发展。而在东方尤其是中国，一家一户为一个生产单位，家庭小农业与家庭小手工业紧密结合，或者用马克思的话说，“手工业同农业保持自给自足的统一”[4]，社会分工仍处在一个较低的分工水平，一个有利于工商业发展的财产制度与市场制度始终没有发展起来。

1853年6月初，马克思与恩格斯在通信中讨论了东方农业问题以及东方特有的气候条件、农耕结构、产权制度、中央集权与兴修大型水利工程之间的关系。1853年6月2日，马克思在致恩格斯的信中曾引用贝尔尼埃的话谈到他对东方国家土地产权制度不同于西欧庄园经济的认识，他认为：“不存在土地私有制是了解东方天国的一把真正的钥匙。”[5]恩格斯在回信中表示同意并进一步指出：“不存在土地私有制，的确是了解整个东方的一把钥匙。这是东方政治史和宗教史的基础。但是东方各民族为什么没有达到土地私有制，甚至没有达到封建的土地所有制呢？我认为，这主要是由于气候和土壤的性质，特别是沙漠地带，这个地带从撒哈拉经过阿拉伯、波斯、印度和鞑靼地区直到亚洲高原的最高地区。"[6]恩格斯认为，古代处于干旱地区的亚洲国家的政府都不能不执行一种特殊的经济职能，即举办农业水利设施这一公共工程的职能。恩格斯的这一看法被马克思所接受，并发展成他的"亚细亚生产方式说。"

1853年，马克思在《不列颠在印度的统治》一文中指出："气候和土地条件，特别是从撒哈拉经过阿拉伯、波斯、印度和鞑靼直至最高的亚洲高原的一大片沙漠地带，使利用渠道和水利工程的人工灌溉设施构成了东方农业的基础。""节省用水和共同用水是基本的要求，这种要求，在西方，例如在弗兰德斯和意大利，曾是私人企业家结成自愿的联合来实现的；但是在东方，由于文明程度太低，幅员太大，不能产生自愿的联合，所以就迫切需要中央集权的政府来干预。"因此，"亚洲一切政府都不能不执行一种经济职能，即举办公共工程的职能。"[7]恩格斯后来在《反杜林论》一书中写道："不管在波斯和印度兴起和衰落的专制政府有多少，它们中间每一个都十分清楚地知道自己首先是河谷灌溉的总的经营者，在那里，如果没有灌溉，农业是不可能进行的。"[8]

受马克思、恩格斯上述思想的影响，魏特夫格尔依据地理气候条件的不同，进一步把西欧湿润地区的农业称之为"雨水农业"或"雨水耕作"，而把东方干旱地区的农业称之为"灌溉农业"或"灌溉耕作"。

魏特夫格尔在1931年《中国为什么没有产生自然科学》一文中指出，在欧洲社会摆脱了封建主义的束缚，进入资本主义时代之际，也是近代自然科学的形成之时。而在中国，由于大规模的治水工程及水利工程的社会需要，其物质生产与政治制度都与欧洲社会性质有着完全不同的出发点和归宿。因此，虽然中国有足以表现科学精华的翰林院，在精密科学的局部问题上也有重大贡献，但这一切都仅是科学认识的萌芽，这种认识，仍不过是收集零零碎碎的经验，通过偶然的、不成体系的观察而得到的结果，仍不过是炼金术式的实验的残渣式的产物。[9]在其后的《东方专制主义》一书中，魏特夫格尔进一步阐述了下述观点：水利工程的兴建强化了中国封建制度的国家功能，导致了专制制度的兴起。他认为，中国独有的水利问题（尤其是黄河）令中国人从很早的时候起就得去修建水利网，而且只有通过中央集权集中治理，才能兴修跨区域的大型水利设施，才有可能解决水患问题。在中国，商人阶层从未获得欧洲商人所获得的那种权利。中国历代的"重农抑商"政策表明了在那些年代的官僚政府的政策走向。

魏特夫格尔强调指出了灌溉耕作的特点与建立中央集权协调的必要性，他指出："灌溉耕作比在类似的情况下进行的雨水耕作要求付出更多的劳力。但是它只有在一种情况下才需要进行彻底的社会和政治调整。完全属于局部性的工作的挖土、筑堤和水的分配，可以由一个农夫、一户或者由邻里组成的一小群人来做，在这种情况下不需要采取深远的组织步骤。”“如果灌溉耕作取决于有效地管理大量的水源供应，那么水的明显特性——大量聚集——就在制度上成为具有决定意义的事了。只有投入大量的劳动力才能疏导和蓄积大量的水，而这大量的劳动力还必须进行协调，赋予纪律和加强领导。因此，许多迫切希望征服干旱地和平原的农民只好被迫采取组织手段。”[10]大集体行动与中央集权协调由此而生。在魏特夫格尔看来，“治水经济的特点很多，但最重要的有三点：治水农业包括特殊类型的劳动分工；它促进耕作的加强；它必须进行大规模的协作。”[11]正是在这一基础上，东方专制主义得以形成并长久不衰。

尽管魏特夫格尔的观点影响很大，但其关于东方水利设施的兴修与东方专制主义制度之间的因果关系的观点引起争议。有学者指出，中央集权政府的存在是兴修大型水利工程的成因，而不是结果。如果不是先有中央集权制度，大型水利设施的兴建是不可想象的。这一点，被称为“魏特夫格尔佯谬”。

受魏特夫格尔所写的《中国经济与社会》一书的影响以及马克思“亚细亚生产方式”说的影响，李约瑟也曾有着与马克思、恩格斯、魏特夫格尔相类似的看法。他写道：“由于一开始就有地形上及农业上的需要，中国进行了一系列的宏大的水利工程建设。一是为了在洪峰到来时拦蓄大河之水；二是为了引水灌溉，尤其是在种水稻时；三是为了发展四通八达的运河系统，藉以将税谷运至粮仓及京都。”[12]与马克思、恩格斯、魏特夫格尔的认识相一致，李约瑟也认为，中国古代农业社会受干旱气候、单一农耕结构的影响，兴修大型水利设施是至关重要的，并且那些水利设施的兴建都采取了中央集权的方式。他指出：“中国历史上的公共工程的空间范围（河流控制、灌溉、运河的开挖）一再打破了个别封建或原始封建诸侯的疆域界限。因此水利社会总想集权于中央，即用官僚制度作工具来统治遍布各地的部落氏族与乡村。我认为，在使中国封建制度官僚化方面，水利社会起着重要作用。”[13]李约瑟后来把问题的解释集中于独特的官僚制度这一点上，认为这一官僚专制制度是导致中国近代科学经济落后的根源。

在中国，自鸦片战争失败后，来自清王朝内部的开明官吏与来自社会的知识分子就开始认识到中国在科技方面的落后，洋务运动就是王朝发起的图存救亡向西方学习科学技术的运动，戊戌变法与清末立宪改革，则是来自王朝内部发起的向西方学习宪政体制的尝试。尽管洋务运动以甲午战争北洋水师的覆灭而告终，维新运动以六君子被斩首而流产，但19世纪后半叶的反思一直影响到20世纪初年的文化与政治走向。

20世纪上半叶，许多学者开始从文化与制度层面讨论中国社会的衰落与缺乏现代科学的原因。1915 年任鸿隽在《科学》杂志的创刊号上发表了《说中国之无科学的原因》一文，任鸿隽在文中认为，“吾国之无科学……未得研究科学之方法而已”[14]，将中国无现代科学的原因归于中国人没有使用归纳法；从近代科学产生的方法论基础上来看，不仅实验科学依据经验数据通过归纳累积的方式向一般性增长，而且理论科学依据演绎逻辑解决并不能为经验直观所解决的逻辑问题，保持了理论体系的逻辑性与一般性。从毕达哥拉斯学派到欧几里得几何构建的演绎逻辑，也为近代科学的出现提供了方法论的工具。而在中国，尽管算法与代数曾起步较早，但始终没有形成归纳逻辑与演绎逻辑，除了唐玄奘和尚曾在宗教逻辑方面取得过很高成绩外，在中国历史上始终没有形成逻辑系统，这一点也从方法论上制约了理论科学的进步。此外，中国传统知识分子主流的兴趣不在自然科学方面，而在政治学与道德学方面，也制约了科学发现所需要的人力资源积累与知识传承。1920 年，梁启超在《清代学术概论》中指出，自然科学在中国不发达在于中国人“德成而上、艺成而下”的观念。四年后，梁启超在《中国近三百年学术史》中指出，自然科学在中国不发展的原因主要是八股取士的科举制度；1922 年，化学家王琎在《科学》杂志上发表了《中国之科学思想》一文，将中国科学落后的原因归于政府的政治专制与学术专制；与此同时，正在美国哥伦比亚大学读书的冯友兰在《为什么中国没有科学》一文中指出，中国没有现代科学的主要原因在于中国人的价值观念，自从汉代以后，中国人就失去了征服自然的理想并完全从外部世界撤退回来。[15] 以上的观点都成型于“李约瑟问题”之前。

在“李约瑟问题”提出后，国内学者对此进一步展开了讨论。1944 年，竺可桢探讨了“中国近世科学之不能兴起”的原因，并在《为什么中国古代没有产生自然科学?》一文中指出：“地理、气候、中国农业社会的机构和封建思想四个因素的制约，使得中国古代没有产生自然科学。”[16] 这种看法，仍可归于马克思“亚细亚生产方式说”与魏特夫格尔“水利专制说”的路线。1947 年，唐君毅在《文化先锋》杂志发表《中国宗教与科学不发达古代历史的原因》一文，把宗教与科学在中国的不发展联系起来，从哲学思维的角度说明了由于中国人缺乏主客划分之意识，导致了宗教与科学始终处在原始的水平。他指出，中国传统社会宗教与科学不发达之原因，不外乎宗教精神与科学精神皆根于主、客之间对待之意识与分的意识，而中国古代民族由于其自然环境与实际生活形态，缺乏主、客之间对待意识与分的意识。[17] 中国儒学第一期的天人合一、知行合一、情景合一的深厚传统，到了儒学第二期的宋明理学，又进一步发展成为天人心性合一，它不是通过外在超越开出科学知识系统，而是通过内在超越开出道德理想系统，是然的问题为应然的问题所取代，事实判断、科学判断问题为价值判断、道德判断问题所取代。

经历过20世纪50年代的“一化三改造”运动、“反右”运动、“大跃进”、庐山会议，实现了经济、政治、思想文化决策权力的高度集中，导致了60年代初年的大饥荒与60年代中期开始的十年“文革”动乱，学术讨论也出现了严重的停滞与倒退。20世纪70年代末，这一状况得到扭转，中国社会开始了制度转型与朝向现代化的改革。与这一过程相伴随，在20世纪70年代末与80年代初，许多中国学者就开始重新讨论李约瑟问题，其眼界不仅与刚刚过去的灾难相关联，而且与一个更为久远的历史制度审视相关联。1979—1980年，陈平在《光明日报》、《科学学与科学技术管理》杂志、《自然辩证法》杂志等发表多篇文章，对于中国社会和科学落后的原因进行了探讨，他指出，春秋战国的土地危机是阻碍社会分工发展的历史原因，单一小农经济结构是我国长期闭关锁国、停滞落后的病根[18]。此外，只行人治，不行法治，没有商业、技术法规，不鼓励学术批评和争鸣，使中国的科学技术缺乏系统性、继承性，具有分散性、经验性的特点，从而始终没有形成相对独立的科技体系。1981年，傅筑夫教授在《中国古代经济史概论》一书中重点讨论了“从周初到鸦片战争时期中国社会经济发展迟滞的原因”，提出了“变态封建制度”的概念以与典型的封建领主庄园制相区分，从经济史的角度深刻探讨了小农经济的形成及其固有弱点，抑商政策对社会分工和商品经济的扼杀，闭关锁国与官工官商政策对社会进步的反动，等等[19]。金观涛、樊洪业、刘青峰于1983年在《文化背景与科学技术结构的演变》一文中深入考察了原始科学观向近代科学转化的数学条件、实验条件与社会条件，认为只要中国的封建社会结构不改变，促使近代科学建立的完备条件的同时出现就是不可思议的。在《兴衰与危机》一书中，金观涛、刘青峰专门探讨了“中国封建社会的超稳定结构”，运用控制论、系统论的方法来分析中国封建社会的结构，探索其长期延续的原因。

1995年，林毅夫在《制度、技术与中国农业发展》一书中专门讨论了“李约瑟之谜：工业革命为什么没有发源于中国”，批评了“技术需求不足论”，提出了所谓中国社会“技术供给不足论”。“技术需求不足论”认为，在中国，由于人地比率的上升，劳动力越来越便宜，资源和资本越来越贵，这样，对劳动替代型技术的需求也随之降低，结果积累不出足够的剩余来实现工业化。林毅夫指出，中国的激励结构使中国知识分子无心从事科学事业，尤其是做可控实验或对有关的自然的假说进行数学化这类事情。中国没有成功地爆发科学革命的原因，大概在于科举制度，它使中国知识分子无心投资现代科学研究所必需的人力资本，因而，从原始科学跃升为现代科学的概率就大大降低了。[20]

关于“李约瑟问题”的解释林林总总，不少讨论时常涉及“发自西欧的科学革命为什么没有发自中国”这样一个逻辑上混乱的问题，不仅没有深入到西方近代社会结构的深处，以说明近代宗教革命、科学革命、工商业革命与制度变迁之间的关系，也没有深入到中国社会结构的深处，以说明中国古代社会的制度设计在经济、政治、思想文化方面的激励作用，以及这一制度设计如何造就了中国古代农业文明与封建官僚专制，造就了分工演进与科学的停滞。好在有了席文对“李约瑟问题”的质疑，排除了李约瑟问题在逻辑上的歧义性，使得李约瑟问题的转换与深入讨论成为可能。

第四节　问题的转换

美国科学史学者席文曾从逻辑意义与历史意义上对李约瑟问题提出了质疑，认为“李约瑟问题”不是一个好问题。1982 年，席文在其名为《为什么科学革命没有在中国发生：是否真的没有发生》一文中指出，现有的关于“李约瑟问题”的各种各样的假设都是错误的，“把一种文明同另一种文明的所有科学技术活动加以比较时，被掩盖了的东西总比被揭示的东西要多。”因此，我们“没有必要在这一类比较上多费气力，因为它们无法告诉我们从这一种或那一种文化中可以学到些什么”[21]。近代科学革命以哥白尼的日心说为起点，以伽利略、开普勒的天体物理学为中介，完成于牛顿的物理学。席文指出，这一“科学革命只发生在它已经发生过的地方和时间，这没有什么可奇怪的”[22]。更为重要的是，席文认为，用西欧近代科学为标准来讨论为何这种科学革命没有发生在非欧地区的说法，存在着逻辑上的矛盾。

席文的这篇文章是对“李约瑟问题”及其相关研究的批评，开启了中国科技史研究的新范式。席文指出，要想通过李约瑟问题找到中国科技落后的原因，是一个张冠李戴、徒劳无功的问题。在他看来，“李约瑟问题”包含着两个毫不相干的逻辑陈述，一个是发生在欧洲的科学革命，一个是中国传统社会在科学方面的停滞。问“欧洲近代科学革命为什么没有发生在中国”如同问“中国社会的停滞为什么没有出现在西欧”一样，或者如同问“为什么伽利略没有出生在中国”或者“为什么孔子没有诞生于西欧”一样，在逻辑上与历史上都是荒谬的问题。从逻辑上来说，“李约瑟问题”中提出的两个子问题在逻辑意义上是不相关的，对于“为什么近代发生在西欧国家的科技革命没有发生在中国”这样的问题的解答既没有逻辑意义，也没有历史意义。

为避免逻辑的歧义性，我们可以将“李约瑟问题”的两个不相关的子陈述变为两个独立的陈述或两个独立的子问题，一个是关于科学革命何以发生在西欧，一个是关于中国传统社会在分工演进与科学成长方面何以停滞不前。这样，就避免了席文的质疑与“李约瑟问题”逻辑上的矛盾，成为两个有历史意义的独立的问题。

通过对李约瑟问题的拆分与转换，李约瑟问题转换为两个独立的子问题：

李约瑟问题1

西方传统社会结构的特点是什么？它如何促进了宗教改革以及支持了近代科学革命、近代工商业革命、近代民主制度在西方的发生？关于后者，席文指出：“问题可以变为：在17—18世纪的西欧，科学革命是在什么条件下发生的？”

关于科学革命之所以发生在西欧，马科斯·韦伯与霍伊卡从宗教与文化的角度给出了一个说明，认为圣经宗教的价值观尤其是新教改革的价值观，促进了近代科学革命与近代工商业革命在西方的出现①；关于近代工商业革命在西方世界的兴起，诺斯从经济史的角度给出了一个制度解释，他认为，一个有效率的经济组织的出现是西方世界兴起的关键原因，因为这一经济组织的产权结构造成一种激励，使得私人净收益接近社会净收益的水平[23]。诺斯的观点包含着私有财产权抑制了外部成本、促进了分工演化的含义。我们将此上述对李约瑟问题的说明称之为“马科斯·韦伯－诺斯解释”或“诺斯问题”，并对“诺斯问题”在第八章专门加以说明。

李约瑟问题2

中国传统社会结构的特点是什么？它如何制约了劳动分工的发展以及如何限制了近代工商业的出现？

关于这一问题的说明观点非常多，包括伏尔泰、孟德斯鸠、马克思、恩格斯、魏特夫格尔、李约瑟、梁启超、冯友兰等大家都提出了自己的见解。傅筑夫在《中国古代经济史概论》一书中提出了一个“变态封建制度”的观点，以说明自秦至鸦片战争这一相当长的历史时期中国经济制度的特征；秦国自商鞅变法之后，实行了小农经济与土地买卖制度，促进了传统封建制度的解体，它在农业生产方面使得每个农民有成为地主的预期。这一克服了外部性的制度激励对于中华农业文明的作用，却很少有文献加以深入分析。陈平自1979年《光明日报》那篇讨论中国封建社会停滞落后的原因的文章之后，一直关注这一问题，并运用耗散结构的方法，从分工角度对这一问题做出了独特的解读，他认为，中国古代文明分岔于春秋战国时期的土地危机，形成的独特小农经济制约了分工演化的成

① 参见马科斯·韦伯：《新教伦理与资本主义精神》（1958）；霍伊卡：《宗教与现代科学的兴起》（1972）。

长①。我们将傅筑夫先生与陈平先生对上述问题的观点称为“傅筑夫－陈平解释”或“陈平问题”，并对“陈平问题”在第九章专门加以说明。

参考文献

[1]［2］李约瑟. 东西方的科学与社会//刘纯，王杨宗. 中国科学与科学革命：李约瑟难题及其相关问题研究论著选［M］. 沈阳：辽宁教育出版社，2002. p. 83，p. 89

[3]［4］马克思. 德意志意识形态//赫震华编. 外国学者论亚细亚生产方式［M］. 北京：中国社会科学出版社，1981. p. 5，p. 10

[5] 马克思. 马克思致恩格斯//马克思恩格斯全集（第28卷）［M］. 北京：人民出版社，1972. p. 256

[6] 恩格斯. 恩格斯致马克思//马克思恩格斯全集（第28卷）［M］. 北京：人民出版社，1972. p. 260－263

[7] 马克思. 不列颠在印度的统治//马克思恩格斯全集（第9卷）［M］. 北京：人民出版社，1972. p. 145

[8] 恩格斯. 反杜林论//马克思恩格斯全集（第9卷）［M］. 北京：人民出版社，1972. p. 195

[9] 魏特夫格尔. 中国为什么没有产生自然科学//刘纯、王杨宗. 中国科学与科学革命：李约瑟难题及其相关问题研究论著选［M］. 沈阳：辽宁教育出版社，2002. pp. 39－40

[10]［11］魏特夫格尔. 东方专制主义［M］. 北京：中国社会科学出版社，1989. p. 98，p. 13

[12]［13］李约瑟. 东西方的科学与社会//李纯、王杨宗. 中国科学与科学革命：李约瑟难题及其相关问题研究论著选［M］. 沈阳：辽宁教育出版社，2002. p. 88、p. 92

[14] 任鸿隽. 说中国无科学之原因//刘纯、王杨宗. 中国科学与科学革命：李约瑟难题及其相关问题研究论著选［M］. 沈阳：辽宁教育出版社，2002. p. 33

[15] 刘纯. 李约瑟的世界和世界的李约瑟//刘纯、王杨宗. 中国科学与科学革

① 参见陈平：《文明分岔、经济混沌和演化经济动力学》（2.1 劳动分工起源和社会分化的随机模型，2.2 李约瑟问题和中国社会的演化）。

命：李约瑟难题及其相关问题研究论著选［M］．沈阳：辽宁教育出版社，2002．p. 9

［16］竺可桢．为什么中国古代没有产生自然科学//刘纯、王杨宗．中国科学与科学革命：李约瑟难题及其相关问题研究论著选［M］．沈阳：辽宁教育出版社，2002．p. 53

［17］唐君毅．中国宗教与科学不发达古代历史之原因//刘纯、王杨宗．中国科学与科学革命：李约瑟难题及其相关问题研究论著选［M］．沈阳：辽宁教育出版社，2002．p. 323

［18］陈平．文明分岔、经济混沌和演化经济动力学［M］．北京：北京大学出版社，2004．p. 77

［19］傅筑夫．中国古代经济史概论［M］．北京：中国社会科学出版社，1981．p. 50

［20］林毅夫．李约瑟之谜：工业革命为什么没有发源于中国//刘纯、王杨宗．中国科学与科学革命：李约瑟难题及其相关问题研究论著选［M］．沈阳：辽宁教育出版社，2002．pp. 395 – 420

［21］［22］席文．为什么科学革命没有在中国发生：是否真的没有发生//刘纯、王杨宗．中国科学与科学革命：李约瑟难题及其相关问题研究论著选［M］．沈阳：辽宁教育出版社，2002．pp. 499 – 513

［23］诺斯．西方世界的兴起［M］．北京：华夏出版社，2009．p. 4

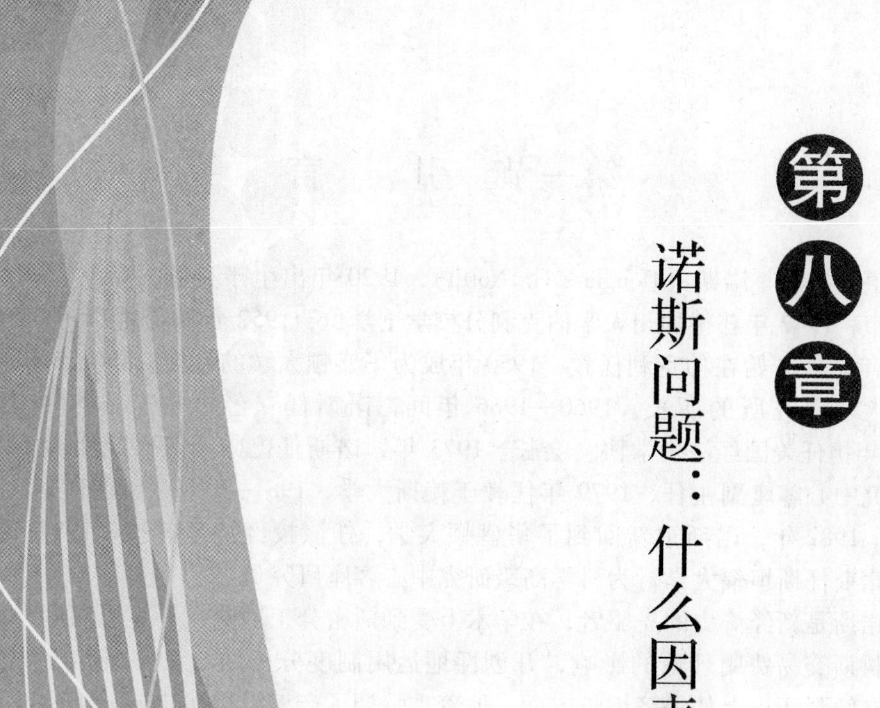

第八章

诺斯问题：什么因素导致了西方世界的兴起

第一节 引 言

道格拉斯·诺斯（Douglass C. North），1920 年出生于美国马萨诸塞州坎布里奇市，1942 年获得加州大学伯克利分校学士学位，1952 年获得哲学博士学位。1946 年诺斯开始在伯克利任教，1950 年成为华盛顿大学的教授，1961 年担任华盛顿大学研究所的所长。1960—1966 年间，诺斯任《经济史杂志》副主编，1972 年担任美国经济史学协会会长。1973 年，诺斯任巴黎高级研究实验学院历史研究中心客座副主任，1979 年任教于赖斯大学，1981—1982 年间任教于剑桥大学。1982 年，诺斯重新回到了华盛顿大学，任该校经济系教授。1987—1988 年，诺斯任斯坦福大学行为科学高级研究中心客座研究员。

诺斯是新经济史的先驱者，在学术上受到斯密分工理论、马克思制度分析框架和科斯交易费用理论的影响，开创性地运用制度分析的方法来研究经济史问题。在解释历史上的经济增长方面，他着重强调了产权结构在协调分工收益与分工成本中的核心作用，认为有效率的经济组织是经济增长的关键。诺斯将新古典经济学中所忽略的制度变量运用到经济研究中，并将产权制度、国家、意识形态作为经济演进和经济发展的三个关键因素与制度分析的基石，极大地发展了制度变迁理论。

诺斯的主要著作包括《1790—1860 年的美国经济增长》、《美国过去的增长与福利：新经济史》、《制度变化与美国的经济增长》、《西方世界的兴起》、《经济史中的结构与变迁》等。

鉴于诺斯建立了包括产权理论、国家理论和意识形态理论在内的制度变迁理论，以及在经济史方面富有成效的成就，他于 1993 年获得诺贝尔经济学奖。

第二节 问题的提出

一、李约瑟问题的提出

在前一章，我们讨论了李约瑟问题及其转换。李约瑟问题，是指为什么公元前 1 世纪到公元 15 世纪，中国文明比西方文明更有效地应用人类的自然知识以满足人类的需要，为什么这种领先没有在中国建立起近代科学，反而科学革命发生在欧洲而不是中国？

为了避免逻辑上的歧义，李约瑟问题可以转化为两个独立的陈述：①西方传统社会结构的特点是什么，它如何促进了宗教改革以及支持了近代科学革命、近代工商业革命、近代民主制度在西方的发生？②中国传统社会结构的特点是什么，它如何制约了劳动分工的发展以及如何限制了近代科学与近代工商业的发展？

自15世纪以来，文艺复兴、宗教改革、科学革命、启蒙运动、社会革命、工商业革命在15—18世纪的300多年期间在欧洲先后出现。近代科学的兴起是近代人类世界的重大事件，它以其独有的方法和成就彻底改变了人类与自然的物质－能量变换方式。在西方世界，与近代科学的兴起并生的现象，是以自由竞争为核心的经济体系，以民主法制为核心的政治秩序，以言论、信仰、新闻、出版自由为核心的思想文化观念，它们一起改变了西方国家经济、政治、思想文化结构。在走向现代化的过程中，对自然现象不同解释的科学纲领在认识论领域的相互竞争，推动了科学的发展，正如不同的经济成分在市场经济的平台上相互竞争，促进了经济的繁荣，不同的政治派别在民主政治的框架内的相互竞争，导致了政治社会的良治，不同的思想文化观念在言论自由的旗帜下的相互竞争，造就了思想文化的文明与进步一样。在推进现代文明出现并得以增长的过程中，我们很容易发现近代科学与近代社会的经济、政治、文化结构之间的同构性。其中，近代科学的出现成为孕育现代社会的先导因子[1]。

是什么原因导致了这一系列革命性变革的发生，并最终促使了欧洲社会在近代的兴起？关于科学革命之所以发生在西欧，马科斯·韦伯与霍伊卡从宗教与文化的角度给出了一个不同于以往“科学与宗教相对立”这一传统看法的独到说明（马科斯·韦伯，新教伦理与资本主义精神，1958；霍伊卡，宗教与现代科学的兴起，1972）。他们的研究表明，圣经宗教与新教革命，直面迎接或正面推动了现代科学的兴起，新教改革的世界观是资本主义世俗生活的精神写照，是近代工商业革命的思想前提；而关于近代工商业革命在西方世界的兴起，诺斯从经济史的角度给出了一个制度解释（诺斯，西方世界的兴起，1973；诺斯，经济史中的结构与变迁，1988）。诺斯的研究表明，一个有效率的经济组织的出现是西方世界兴起的关键，产权结构、国家理论、意识形态三个基本因素在经济结构的变迁中起着至关重要的作用，是制度分析的基石。①

① 关于宗教与科学关系以及科学革命的发生，参见：马科斯·韦伯《新教伦理与资本主义精神》（1958）；霍伊卡：《宗教与现代科学的兴起》（1972）。关于西方世界的兴起与工商业革命的出现，参见：诺斯：《西方世界的兴起》（1973）；诺斯：《经济史中的结构与变迁》（1988）。

二、马克斯·韦伯－霍伊卡解释

长期以来，人们关注于理性与信仰、科学与宗教之间的冲突，而欧洲近代史上教会对布鲁诺、伽利略的打压与迫害也强化了这一倾向。直到1958年，马克斯·韦伯（Max Weber，1864—1920）《新教伦理与资本主义精神》一书的问世，才真正使人们认识到希腊理性与希伯来信仰之间，尤其是近代资本主义与新教改革之间的正面关系。

韦伯写道：在西方，“在以苦修来世、禁欲主义、宗教虔诚为一方，以身体力行资本主义的获取为另一方的所谓冲突中，最终将表明，双方实际上有极其密切的关系。”[2] 传统基督教本身就包含着探索自然的精神动因，经由了加尔文教改革与路德宗教的改革，宗教成为近代资本主义的精神助产士。在韦伯看来，在宗教精神中，理性与信仰这两个最基本的价值准则具有了更为积极的内容：上帝创造的宇宙是有秩序的，有法则的，运用人的理性去发现宇宙的法则是人的天职。哥白尼、牛顿、伽利略都抱有着这样坚定的信念。新教改革之后，进一步强化了下述观念：人是上帝的伙伴，看管自然、艰苦创业是上帝的召唤，是履行基督徒的职责，由此也促进了近代资本主义工商业的发展。威廉·配第就曾注意到加尔文教促进了贸易与荷兰资本主义的发展，哥赛因也将加尔文教徒在欧洲各地的聚居地称为资本主义经济的温床。[3] 而路德教对履行世俗义务与履行职业劳动的职责赋予了宗教的意义，这也呼应了近代资本主义世俗化的倾向与职业的概念。在路德看来，“个人道德活动所能采取的最高形式，应是对其履行世俗事务的义务进行评价。正是这一点必然使日常的世俗活动具有了宗教意义。”“修道士的生活不仅毫无价值，不能成为在上帝面前为自己辩护的理由，而且修道士生活放弃现世的义务是自私的，是逃避世俗责任。”[3] 与此相反，履行职业的劳动，履行世俗的义务，是上帝允许的人的唯一生存方式。

由于马克斯·韦伯在《新教伦理与资本主义精神》中的独特见解，人们逐步认识到了宗教与经济发展之间的正面关系。而霍伊卡（R·Hooykaas）的《宗教与现代科学的兴起》（1972）一书，则进一步说明了两希文明的汇合如何最终促进了近代科学在欧洲的兴起。霍伊卡认为，早期宗教泛灵论、泛神论的性质使得整个自然界具有了神性，甚至把某些具体的自然物奉为神明（图腾崇拜），在这样的宗教观念支配下，人们对自然的探索就会被视为冒犯神灵。与此不同，《圣经》宗教具有一神论与自然非神化的特征，尽管“大自然能引起人类的敬畏感，但是这种敬畏感会由于人类知晓了这一点而得到克服：人类是上帝的伙伴，分享着上帝对同类受造之物的统治，共同管理海里的鱼类，空中的飞禽，地上的牲畜以及地上的万物。这样，与异教的观点截然相反，自然不是令人敬畏和让人顶礼膜拜的神，而是让人类去珍惜、去研究、去管理的一件上帝的作品。"[4]因此，《圣经》宗教不是抗拒了近代科学的产生，而是正面推动了或直面迎接了近代科学的出现。在宗教改革之后尤其如此。只是当近代科学的发展直接对抗了宗教的宇宙观念时，才发生了教会对布鲁诺的迫害和对伽里略的打压。实际上，从《圣经》宗教教义来看，它本身就含有关于宇宙起源与人类起源假说的成分，是希伯来先民的世界观与价值观，加之于《圣经》宗教具有的一神论特征与自然的非神化特征，它更容易与希腊理性的科学精神相接轨。霍伊卡指出："科学更多的是某种宗教观念的结果，而不是其原因。"正是经由了"希腊－罗马文化与《圣经》宗教的相遇，经过若干世纪的对抗之后，孕育了新的科学。这种科学保存了古代遗产中的一些不可或缺的部分（数学、逻辑、观察与实验的方法），但它却受到不同的社会观念和方法论观念的指导，这些观念主要导源于《圣经》的世界观。"[5]《圣经》宗教本身就蕴含着科学理性获得宗教允诺后的原始能量，经由宗教改革与近代工商业出现的契机，这一能量便焕发出来，最终引发了近代科学的革命。

新教改革与启蒙运动之间的一致性或正面关系，就是在于个人权利的神圣性的确立：新教改革通过个人与上帝之间的直接联系获得个人权利的神圣性，而无需通过教会；启蒙主义则通过个人与自然权利之间的直接联系获得个人权利的神圣性，而无需通过国家。这样，不仅颠覆了传统教会与国家的权威，而且把个人权利当作新秩序的基础。因此，新教改革与启蒙运动揭示的不仅是一种新的观念，也确立了一种不同于君权神授、社稷优先的新的制度规则。这就是，个人的生命权、财产权、自由是人的自然权利或天赋权利，具有人类秩序建构的优先性或基础性，契约制度立于其上，国家制度不过是一份以个人权利为基础达成的社会契约。因此，马克斯·韦伯与霍伊卡的解释与当年启蒙主义思想家（尤其是洛克）是一致的。

三、诺斯解释

在《西方世界的兴起》（1973）一书中，诺斯写道："本书旨在为西方世界的兴起这一独有的历史成就的原因作出解释。""本书的中心论点是一目了然的，那就是有效率的经济组织是经济增长的关键，一个有效率的经济组织在西欧的发展正是西方兴起的原因所在。"[6]

诺斯批评了在解释西方世界兴起方面现有的占支配地位的观点。他指出，在以往，大多数经济史家宣称技术变革是西方经济增长的主要原因，还有一些人强调人力资本的投资是经济增长的原因。但诺斯认为，技术创新、规模经济、教育与人力资本投入、资本积累等，并不是经济增长的原因，它们乃是增长本身。

“除非现行的经济组织是有效率的，否则经济增长不会简单地发生。”[7] 在诺斯看来，将技术创新作为经济增长的原因的观点，在逻辑上属于同义反复，没有说明任何问题。当诺斯询问经济增长的原因时，诺斯问题本身就包含着对技术创新、规模经济、教育与人力资本投入、资本积累等增长原因的询问。

诺斯的基本观点为：有效率的经济组织是导致西方世界的兴起的关键，其基本功能在于协调分工收益与分工成本。社会分工导致了分工收益与分工带来的成本的同时上升，而通过制度与组织创新来协调分工收益与分工成本间不断发生的冲突，不仅是经济史中制度变迁的根源，而且也是现代政治、经济实绩问题的核心。在他看来，之所以说有效率的经济组织是经济增长的关键，根本上在于，有效率的组织需要在制度上作出安排和确立所有权以便造成一种刺激，将个人的经济努力变成私人收益率接近社会收益率的活动。”[8] 在诺斯这里，作为前提的所谓“制度上作出安排和确立所有权”，是指洛克、卢梭、斯密等启蒙思想家与古典自由主义经济学家所构建的社会秩序的自然前提，即对个人生命权、财产权、自由权这一神圣不可侵犯的自然权利的确认，它是现代契约制度的基础；而所谓“私人收益”是指具有上述权利的个人在从事分工活动获得的净收入，“社会收益”是指社会从这一活动中所得到的总净收益，后者等于私人收益加上这一活动使社会其他成员获得的净收益。而私人经济活动的收入被外部化的部分越多，他们就越不能从该活动中获得激励。诺斯认为，如果一个社会没有经济增长，那是因为社会没有为经济创新提供足够的制度激励。而通过制度安排提供的有效率的产权结构与经济组织，成为经济发展的动力；同时由于国家界定产权，国家在经济绩效方面负有最为重要的责任，它所提供的产权结构可能是繁荣的动力，也可能是衰落的根源；此外，为了降低外部性与“搭便车”的影响，不仅需要国家界定有激励作用的产权，还需要建立一个意识形态理论。在诺斯看来，处理分工带来的分工收益与分工成本问题，是制度安排的基本动因，而为此构造的产权结构与经济组织，是经济增长的根本。进一步说，分工活动不仅产生交易成本，也产生外部成本，而使私人净收益接近社会净收益，与其说是降低交易成本，不如说是降低外部成本，因为当私人净收益等于社会净收益时，交易成本不为零，外部成本等于零。

第三节 西方世界的兴起

一、基本观点

我们知道，在社会经济演进过程中，基于斯密内生演化原理，社会分工会从自给自足经济中自发演化出来。随着局部分工对自给自足经济的替代以及完全分工对局部分工的替代，分工收益与分工成本都会随之提高，社会需要通过新的制度安排来协调分工，保证分工效益，降低分工成本。马克思与恩格斯也强调了社会分工的重要意义，指出了三次社会大分工对私有制这一新的产权安排方式的出现以及对社会生产力的推动作用，并深入讨论了社会生产力、生产关系、上层建筑与意识形态之间的辩证关系以及社会制度变迁的历史过程。杨小凯则基于斯密的分工理论，有力地说明了市场、城市、货币、资本主义企业制度等如何从分工中演化出来并协调社会分工与节约交易费用的整个演化逻辑。诺斯则重点强调了分工演化在制度变迁中的关键作用，指出了有效率的经济组织作为协调分工效益与分工成本的基本方式是西方世界兴起的根据。他在《经济史中的结构与变迁》一书的最后总结道："在分工收益与分工成本间不断发生的冲突，不仅是经济史中制度变迁的根源，而且也是现代政治、经济实绩问题的核心。"[9] 因此，分工演化始终是理解经济史中所有后生现象的基本线索，也是解答诺斯问题的关键因素。

显然，诺斯的观点不仅受到斯密古典分工演化理论的影响，也受到马克思制度分析框架的影响。马克思的基本思想则集中表现在马克思1859年《政治经济学批判》序言中的概括性表述，马克思写道："人们在自己生活的社会生产中发生的一定的、必然的、不以他们的意志为转移的关系，即同他们的物质生产力的一定发展阶段相适应的生产关系。这些生产关系的总和构成社会的经济结构，即有法律的和政治的上层建筑竖立其上并有一定的社会意识形态与之相适应的现实基础。物质生活的生产方式制约着整个社会生活、政治生活和精神生活的过程。不是人们的意识决定着人们的存在，相反，是人们的社会存在决定着人们的意识。社会的物质生产力发展到一定阶段，便同它们一直在其中活动的现存生产关系或财产关系（这只是生产关系的法律用语）发生矛盾。于是这些关系便由生产力的发展形式变成生产力的桎梏。那时社会革命的时代就到来了。……大体说来，亚细亚的、古代的、封建的和现代资产阶级的生产方式可以看做是社会形态演进的几个时代。"① 在这里，诺斯观点上的经济增长可以看作马克思意义上的社会生产力的发展，诺斯观点上的经济组织可以看作马克思意义上的生产关系或经济基础，诺斯观点上的国家理论与意识形态理论可以看作马克思意义上的上层建筑与社会意识形态。马克思认为，生产关系是生产力发展的形式。诺斯认为，有效率的经济组织是经济增长的关键。

诺斯指出："在详细描述长期变迁的各种现存的理论中，马克思的分析框架

---

① 参见：马克思：《政治经济学批判》，序言部分。

是最有说服力的。这恰恰是因为它包括了新古典分析框架所遗漏的所有要素：制度、产权、国家和意识形态。马克思强调了有效率的经济组织中产权的重要作用，以及在现有的产权制度与新技术的生产潜力之间产生的不适应性。这是一个根本性的贡献。”[10] 基于马克思的制度理论与现代制度理论，诺斯从经济史的角度说明了从奴隶制经济向庄园制经济、从庄园制经济向资本主义经济的历史演进过程，并提供了包括产权理论、国家理论、意识形态理论的制度变迁分析工具。

二、制度变迁：庄园经济的兴衰

在考察经济史中的结构与变迁过程中，诺斯首先把目光集中到中世纪欧洲的乡村，它是现代资本主义工商业文明的前身。在中世纪的欧洲国家，尤其是法国、英国、德国、西班牙，遍布着大大小小的庄园，构成欧洲经济基本形态的就是庄园经济。从公元900—1500年这600年期间，庄园经济制度（以英国为例）经历了从兴起到衰败的过程。

按照《剑桥中世纪简史》的描述：“最有特色的庄园村落形式是英国的庄园，虽然其分布最窄，但组织得最严密，持续时间也最长。它包括经济的和行政的两个不同的部分，并力求达到两个密切相关的目标，即村民的生存与领主的收益和权威。乡村共同体是整个基础。……标准的村民（农奴）应当拥有一块30英亩的场地或条状地，呈条状零星散布在庄园的敞地上，庄园或许与村庄合而为一，或许只是村庄的一部分。村民按庄园的惯例对他们的条状地进行犁耕、播撒、收割……他自己的牲畜达到了一定的数目便可以自由地在荒地上放牧，他拥有自己的饲草地。在敞地上佃农的条状地与庄园领主保有的条状地即领地错落相间……村民为了保有租地得承担相当多的劳役。每个家庭（一个劳力）通常每周要在领地上干上三天农活，称作周工，还要使用它自己的犁、牛并完成各种杂差和运输。”[11] 在庄园经济中形成的农奴与领主之间的劳动契约关系，比照起奴隶制来说，降低了监控费用，并给了农奴一种经济上的激励，一旦签订了契约关系，农奴通过在租有土地上的劳动就可以增加其收入，并且其财产还可以得到继承。

领主与佃农之间的劳动契约形式包括固定工资、固定地租、分成地租三种类型。在这三种租约形式中，“选用实物支付的固定工资将迫使领主承担全部风险和管理费用。领主和农奴之间的谈判费用容易升高”。而“固定实物租金带来的问题则相反，那就是农民必须承担全部风险和管理费用。谈判费用仍很高，因为农民必须以租金支付领主需要的产品。在不具备产品市场的条件下，任何协定都面临商定按什么比率用其他产品代替已定的产品和谈判应交付的产品的质量的难题”。与上述两种形式不同，“分成制协定包括投入和产出的分摊，它确实将风险按每方的相对份额在他们中间分散开来”。“之所以选定投入分摊这一农奴为其领主和保护人提供劳役的契约形式，是因为在贸易品所含交易费用的升高受到约束的情况下它是最有效的。”[12]分成地租问题曾受到古典经济学家亚当·斯密、约翰·穆勒的关注，但是在以往的佃农理论看来，在分成地租条件下，劳动者的劳动收益会小于其边际产出，因此，这种制度安排是低效率的或无效率的。但问题在于，正是这样一种所谓低效率的制度安排不仅在历史上长期存在并经久不衰，而且在现代社会中也广泛存在。对此，张五常进行了深入的研究，他的研究表明，“只要产权是排他的和可转让的，不同的合约安排并不意味着不同的资源配置效率”[13]，它们只是体现了不同的风险承担与偏好方式的不同。分成地租合约由于把双方利益与风险联系在一起，不仅历史上在农业中可以见到，而且还可以扩展到现代其他行业。比如现代零售商业关于固定租金、分成扣率的规定，就是固定地租与分成租约的表现。

一般来说，庄园经济是一个自给自主的经济单位，基本农产品由庄园农奴的劳动提供，而磨坊、烘炉、榨汁等手工作坊属于领主，庄园内部成员的需求基本上由庄园经济自身得到满足。在中世纪的欧洲国家分布着大大小小的庄园城堡，构成一个个相对独立的经济、行政单位。在庄园之间，存在着内生的分工与零星的交换。这种交换一开始是不定期的贸易，后来逐步发展成定期的贸易，介于庄园之间的市场与城市逐步成型，通过斯密的绝对优势与李嘉图的比较优势，局部分工就会从自给自足的庄园经济中出现。这种演化的理论模式，杨小凯已进行过一般性的描述。

分工与交换为庄园经济带来了繁荣，同时增加了交易成本。为协调分工效益与分工成本，商业与中心市场就会从分工中演化出来。诺斯认为，大约从11世纪起，商业就萌生了，城市也随后发展起来，经济专业化进入了兴盛时期。随着城镇的进一步发展与商业的聚集，交易费用也随之降低，促进了手工业与服务业的发展。正是由于分工带来的产品市场的形成与货币经济的发展，“庄园此时已具有一种对自给自主的经济的替代，这就是专业化和贸易有可能带来的收益。”[14]在这一过程中，由于产品市场的发展，货币作为交换媒介在经济生活中的作用也日益得到显现，并且反过来改变了庄园内部原有的契约形式，自由劳动契约最终替代了庄园农奴劳动的契约。而这一自由劳动的契约形式在庄园经济解体与资本主义经济的产生过程中，起着催化剂的作用。正如诺斯在论述庄园经济解体时指出的：“劳动契约其实是一种有效的合同形式，因为任何可供选择的协定（在没有产品市场的条件下）都必须规定消费款项和使数量与质量相符。但是传统的庄园契约要承担高额的实施费用，因为得对劳动力实施监督和控制以防止他们敷衍塞责。假使情况相同，自由劳动比不是自愿的农奴更有生产力。当市场的发展不再需要规定消费款项，而容许用货币或实物支付时，效率的天平便倾向实施费用更低的其他契约形式。”[15]

在诺斯的上述描述中，有一段话尤为重要，即“传统的庄园契约要承担高额的实施费用，因为得对劳动力实施监督和控制以防止他们敷衍塞责”。这就是说，庄园经济下的劳役契约比起货币契约或资本主义经济条件下的自由契约来说，要付出一个更高的决策监督成本与实施成本，以避免由于劳动者的敷衍塞责而导致的庄园主的损失。换句话说，当货币支付比劳役地租更有生产力和更高的交易效率时，地租的货币支付就会替代劳役地租从分工中演化出来；当自由劳动的契约比庄园经济的农奴租佃契约更有生产力和更高的交易效率时，现代资本与劳动的契约就会替代庄园经济的契约形式在历史上出现。达成新的货币地租契约与自由劳动契约所支付的决策成本，不仅减少了决策监督成本，避免了外部损失，而且具有提高生产力的激励。

在13世纪80年代以前，庄园制由于在土地转让和劳动力的流动方面的限制，严重妨碍着资源的有效配置。“有效率的农民不能随意获得更多的土地，无效率的农民不能随意处置他的某些土地，这种情况通常都降低了农业的总效率。”[16]到了13世纪末，情况发生了转变，自由民获得了出售土地的权利。这样，私有权定义中重要的一条——享有权和转让权——在英国法律中便被确定下来。1235年的默顿法令和1285年的威斯敏斯特法令规定，只要为承租人留有足够的土地，庄园领主便可以把荒地圈围起来。这样领主们便获得了对大片以前属于所有居民的公地的专有权。新的土地私有制大发展引起了对劳动力的竞争，“在西欧，保留佃户的最有效的办法是降低地租和放宽依附义务。后一个目标导致租借期限延长的创新，这一延长的租期很快成为终身性的……佃户实际上获得了土地的终身用益权。”[17]“到1600年已使劳役变成一种单纯的正规给付。这样庄园经济便面临了死亡：劳役现在已经不可逆转地由货币地租代替了；土地现在由自由承租人和（或）由领取货币工资的工人来耕种，在寻找更好的职业上他们是自由的。”[18]

13世纪以后，随着纺织业的发展与圈地运动的展开，英国的新贵族通过抢占公地，限制或取消了其他自由民和农奴原有的共同耕地权和畜牧权，把他们从土地上赶走，把土地圈占起来，变成私有的大牧场、大农场。私有财产的发展导致了贵族们财产权利要求的提高，那些适应了新的发展形势的庄园得到了前所未有的发展，贵族们在政治上也要求对其财产权利予以进一步的保护。限制王室权力、保障贵族利益的大宪章运动，以及此后一系列旨在维护贵族权力与第三等级权力的议会改革，就从政治上松动了传统封建制度。新教革命、科学革命、工商业革命等新的因子正在孕育之中，为适应这种新变化的产权结构与经济组织也在经济生活中出现并从法律上得以确认。到了15—16世纪，庄园经济在新制度的诞生过程中逐步走向解体，最终为新兴的资本主义分工交换经济所取代。

三、制度变迁：社会分工与工商业的发展

11世纪以来逐步发展起来的城市，在促进商品交换、节约交易费用、协调社会分工中起到了至关重要的作用。这个夹在庄园之间出现的临时交易场所，曾经是商人、冒险家、新教徒、手工业者、流浪汉、逃匿的罪犯的避难所，现在却成了手工业、商业、金融业的摇篮，成了现代经济生活的热土。到了16世纪，城市与商业的发展，已经为现代分工－专业化经济的高速发展做好了准备。

值得注意的是，无论是低地国家还是英格兰，在15世纪末期开始摆脱大陆教会的束缚，转奉新教，一种世俗的价值观推动了创业精神与工商业的发展。配第早就注意到新教徒在尼德兰的聚集，成为现代工商业的温床，而马克斯·韦伯与霍伊卡也分别从新教兴起的角度，说明了新教伦理正面推动了近代科学与近代工商业在西欧的出现，诺斯则运用制度分析的工具，从经济史的角度揭示了荷兰与英格兰向现代资本主义社会的变迁过程。

尼德兰濒临北海，地势低平，耳德河的深水便于大船出入，因此海外交通十分便利。尼德兰的手工业和商业发展很快，外国商人纷纷来到这里经商。资本主义手工工场早在14世纪就开始出现于尼德兰，到了16世纪，北部荷兰、西兰两省经营纺织和造船业的手工工场，南部佛兰德尔、布拉奔两省经营纺织、冶金、制糖、印刷业的手工工场，已经具有规模，其中发展最快的是毛、麻纺织手工工场。南部毛织业的原料和产品销售一开始主要依靠西班牙和英国市场，但随着新航路的开辟，市场重心从地中海转移到大西洋，尼德兰的经济又有了进一步的增长，每日往来的外商有五六千人，港口同时可以停泊大小船只2000多艘。商人们运来美洲的金银、东方的香料等奢侈品，运走西欧、北欧的纺织品、金属制品、船舶用具，等等。安特卫普有发达的纺织、玻璃制造、制糖、印刷等业，银行、汇兑、信贷业务也应运而生，成为协调分工与交换的新的形式。

诺斯给出了一个纺织业专业化生产与内部分工的例子。诺斯描述道："低地国家纺织业的发展经历了高度专业化的行会发展阶段，例如弗莱芒的纺织条例将生羊毛到成衣的各道工序加以细分，使之成为各自独立的行业。妇女在货栈里对未经加工的羊毛进行分类定级。男人将大块污物清除后便把羊毛发给妇女，由她们在家里加工，进行洗濯、梳理、纺绩和上浆，加工完毕交给男人纺织，送入漂洗槽里。而后再交给染色工。织物在经过最后几道精加工后才能出售。每道工序都受不同行会的支配。""这一广泛的分工如此有效，以致在日益有效的市场制度的帮助下，它竟能使弗莱芒的织物将整个欧洲任何专业化程度较低的地方织品

制作行会的价格压下来。由于定价低廉的弗莱芒织品充斥着越来越多的地方集市的货摊，使英国初期的纺织业特别受到威胁。有技术的弗莱芒的移民实际上对12世纪英国纺织业的诞生是有帮助的，英国的织布者行会在1150年以前便在较大的纺织城市中存在；但它们专为市场生产，而现今输入的弗莱芒织物却把这些行会所享有的地方垄断打破了。”[19]这让人想起了斯密经典的制针业的分工例子。

从社会生产力的角度上看，首先是社会分工的演化与发展，纺织、冶金、制糖、印刷业从自给自足的庄园经济分离出来，成为新兴的行业；从产权结构角度来讲，在原有的庄园经济基础上，由于公地的开发与圈地运动的展开，新的排斥农奴制的私有产权制度得以确立，一种单纯的不加附带人身依附关系的产业资本形态首次在历史上出现，原有的庄园农奴租佃契约先是为货币契约所替代，后来进一步发展成自由劳动契约。由于清晰界定了私人财产权，使得个人投资的收益接近于社会收益，一个有效率的经济组织在经济生活中的作用日益凸显出来，刺激了工业投资与经济的发展；从经济组织的角度看，有着严格的内部分工的手工工场的发展，使得专业化程度得到不断提高，城市化与工业化过程得以展开，人们离开传统的庄园成为自由劳动者；从市场的角度看，货币支付与自由契约有效协调了社会分工，中心城市的形成促进了国内贸易与区域贸易的发展，使伦敦继阿姆斯特丹之后，成为全球的交易中心与金融中心。在斯密意义上的绝对优势与李嘉图意义上的比较优势的作用下，国内与国际之间的分工与贸易得到空前发展，而新航路与新大陆的开拓进一步加速了国际投资、国际贸易与资本积累；加之殖民贸易与殖民战争，为欧洲列强获得了更大的资源市场与产品市场份额。这样，大工业出现所需要的资本条件、自由劳动力条件、市场条件已基本成熟，为英国经济的崛起做好了各方面的准备。

从17世纪末开始，继荷兰之后，随着光荣革命与工业革命在英国的出现，政治体制与技术手段已不再构成分工演进的障碍，英国经济得到快速发展。到了19世纪，英国工业品已占到欧洲工业品的50%与全球工业品的40%以上，并取代中国成为全球最大的经济体。

第四节　分析框架：产权理论、国家理论、意识形态理论

对于上述制度变迁的过程，诺斯给出了制度分析的基本框架，他认为，在描述制度变迁的过程中，产权结构、国家、意识形态是制度分析的三块基石。如他所述，“我研究的重点放在制度理论上，这一理论的基石是：描述一个体制中激

励个人和集团的产权理论；界定实施产权的国家理论；影响人们对客观存在的变化不同反应的意识形态理论，这种理论解释为何人们对现实有不同的理解。"[20] 值得强调的是，诺斯在阐明上述分析框架的过程中，始终以协调分工成本与分工收益为分析工具来论证产权结构选择的合理性、国家存在的必要性以及意识形态的重要性，他指出："专业化和分工是《国富论》的核心问题。然而，经济学家们在构造他们的模型时忽略了专业化和劳动分工所产生的费用，这些交易费用是决定一种政治或经济体制结构的制度基础。"[21] 正是这种分析框架使得诺斯的制度变迁理论与古典分工理论、马克思制度分析理论、交易费用理论有机结合在一起，从而具有更大的解释力。

一、产权理论

产权理论是诺斯制度变迁理论的第一块理论基石。诺斯认为有效率的产权对经济增长起着十分重要的作用，产权制度是制度安排的核心，是决定经济组织效率高低的关键。在某种资源的产权归属不明确的情况下，该资源利用的成果的归属就存在外部性风险，个人也就失去了利用该资源的动力；而只有清晰界定产权，才能把该资源的收益的外部损失内部化，从而提高资源利用的效率与激励。而个人产权在洛克与卢梭那里最为原初的意义，就是个人的生命权、财产权、自由权。

诺斯曾提到在历史上，增长比停滞或萧条更为罕见，这一历史事实表明，有效率的产权结构安排与制度变迁在历史中并不常见。显然，经济能否增长受到了产权结构效率的影响，而只有一个有效率的产权结构才能对经济增长起到长期促进的作用。因为产权的基本功能与资源配置的效率相关，有效率的产权使经济系统产生激励机制。这种机制的激励作用体现在以下三个方面：①降低或减少了交易费用或提高了交易效率；②降低了外部成本，使人们的预期收益得到保证；③从整个社会来说，使得个人收益接近于社会收益。在西欧，15 世纪以来社会分工程度的提高与商品经济的发展，加速了庄园经济的解体，协调分工的货币地租与自由劳动契约取代了庄园劳役形式，保护新兴工商业的产权制度建立起来，有效地协调了分工收益与分工成本之间的冲突，造就了欧洲在近代的崛起。

斯密与杨小凯的分析表明，劳动分工是社会财富增长的原因，而诺斯的研究表明，协调分工收益与分工成本的产权结构或有效率的经济组织，是经济兴起的关键。诺斯指出："政治和经济组织的结构决定着一个经济的实绩及知识和技术存量的增长速度。人类发展中合作与竞争的形式以及组织人类活动的规则的执行体制是经济史的核心。这些规则不仅造就了引导和确定经济活动的激励与非激励系统，而且还决定了社会福利与收入分配的基础。理解制度结构的两个主要基石是国家理论和产权理论。"[22] 在他看来，产权制度与界定产权的国家制度，是决定经济效率高低与社会公平状况的最为根本的制度。

二、国家理论

国家理论是诺斯制度变迁理论的第二块理论基石。诺斯认为："因为国家界定产权结构，因而国家理论是根本性的。最终是国家要对造成经济增长、停滞和衰退的产权结构的效率负责。"[23] 他指出："国家的存在是经济增长的关键，然而国家的存在又是人为经济衰退的根源；这一悖论使国家成为经济史研究的核心。"[24] 这也正是诺斯、布坎南、杨小凯等经济学家关注宪政问题与责任政府的原因。

对于上述"诺斯悖论"，诺斯提供了自己的制度解释，与国家的性质有关：如果国家能够界定一套产权，提供一个有效率配置资源的框架，能够使外部成本较小，保证私人收益接近社会收益的水平，就能够促进整个社会福利的增加，推动经济持续的增长，这就是国家契约论。如果国家界定一套产权，仅使权力集团的收益最大化，对整个社会来说，外部成本较高，使私人收益偏离社会收益，那么就不能够实现整个社会经济的持续发展，而会造成人为的不公、经济停滞甚至衰退。这就是国家掠夺论。

那么，对国家存在的解释到底是契约论还是掠夺论呢？诺斯认为，尽管契约论解释了最初签订契约的双方得利，但并未说明不同利益成员的利益最大化行为；而掠夺论忽略了契约最初签订的利益而着眼于掌握国家控制权的人从其选民中榨取租金。诺斯把契约论与掠夺论这两种理论结合起来，他认为，国家作为"经济人"提供服务有两个基本的目的：一是界定形成产权结构的竞争与合作的基本规则（即在要素和产品市场上界定所有制结构），这能使统治者的租金最大化；二是在第一个目的的框架中降低交易费用以使社会产出最大，从而使国家税收增加。事实上，这两个目的是不一致的。第一个目的实质上指国家企图确立一套基本规则，以保证统治者收入最大化，但国家为使自己的"垄断租金"最大化，并不关心交易费用的降低和有效率的制度的创新，从而会阻碍经济的增长。第二个目的是使社会产出最大化，这一目标能够通过建立有效率的产权结构来实现。实际上，这种状态与其像诺斯所言是使社会产出最大化，不如说是使外部成本最小化，因为经济总量问题取决于多少资源卷入经济活动以及资源利用的周转速度，并不取决于个人净收益与社会净收益的接近程度。基于上述两个目的的不一致性，诺斯进一步认为，国家在竞争约束与交易约束下会界定一套仅有利于统治集团而无效率的产权结构。

在制度安排的方式中，有的制度安排由国家或者政府完成，有的则由个人自发组织起来。当国家行使垄断性制度安排的权利导致的制度变迁，被称为强制性变迁，而由民间自发安排导致的制度变迁，被称为诱致型变迁。但无论是哪一种制度变革，很难想像没有政府权威就可以推广所有权创新的实施。正是在从这种意义上，诺斯认为国家理论是最为根本的理论，国家要对经济绩效负责。

三、意识形态理论

意识形态理论是诺斯制度变迁的第三块理论基石。诺斯认为，只有意识形态理论才能说明如何克服经济人的机会主义行为如“搭便车”现象，才能进一步解释制度的变迁。

在诺斯的制度变迁论中，国家理论说明产权是由国家界定的，而产权理论表明一个国家的经济绩效取决于产权的有效性。但是上述两大理论并没有成功解释如何克服“搭便车”的问题，无法完全阐明制度变迁。因此，诺斯认为，在制度变迁的研究中，为解决“搭便车”难题，需要构造一个意识形态理论[25]。他指出，意识形态是一种节约机制，这种方式通过提供给人们一种“世界观”而使行为决策更为经济，使人的经济行为受一定的习惯、准则和行为规范等的协调而更加公正、合理。当然这种意识形态不可避免地与个人在观察世界时对公正所持的道德、伦理评价相互交织在一起，一旦人们的经验与其思想不相符合时，人们会改变其意识观念，这时意识形态就会成为一个不稳定的社会因素。因此，为了降低外部性与“搭便车”的影响，不仅需要国家界定产权，还需要国家提供一个虔诚品，即意识形态理论。

在历史上，意识形态构造不仅会在产权与国家制度变革之后出现，成为强化前两者安排的精神成本支出，也会出现在两者之前，成为新的产权结构与国家安排的先导。在英国，新教伦理的出现就为新的产权结构、政治制度提供了思想观念的支持；在中国，1978 年发动的思想解放运动，也为新的产权安排与市场转型扫清了思想上的障碍。此外，意识形态还包括强结构与弱结构两种形态[26]。在人类历史上政教合一或亚政教合一的意识形态，就是一种与经济－政治垄断相匹配的强结构，强调意识形态忠诚、宗教忠诚、君主忠诚、领袖忠诚、国家忠诚，旨在排除其他制度品种，把社会经济事务与公共事务的决策权尽可能掌握在国家手中，而把普通社会成员的财产权、交易权、言论权、信仰权、决策权限制在一个较为狭窄的范围之内，以保证统治者的垄断租金最大化；而现代国家的意识形态，排斥信仰的唯一性，尊重言论自由与信仰自由，是一种与经济－政治契约制度或多元结构相匹配的弱意识形态结构，强调公民的财产权、言论权、决策权、选择权神圣不可侵犯，把社会经济事务与公共事务的决策权始终保持在社会成员手中，由他们达成交易决策、契约决策、公共决策。即使社会是通过代理制或代议制达成公共事务决策，也把创制权、复议权、否决权始终保持在社会成员手中，以时刻对国家与政府抱有警惕，防止公权力对个人权利的侵害，保证社会收益的最大化。

以国家权力优先，还是以个人权利优先，昭示了两种不同的社会结构及其决策制度。在国家权力优先的制度框架内，由于决策权的不平等分配、垄断或者寡头决策、强意识形态结构的相互作用，达成社会合作的协议几乎成为不可能，而贯彻决策却需要支付额外的监督成本与意识形态成本，同时给整个社会带来巨大的外部成本；而在个人权利优先的制度框架内，由于决策权的平等分配、社会成员普遍参与决策、弱意识形态结构的相互作用，通过协商与交易达成合作协议所付出的决策成本要低得多，同时也能够有效地降低外部成本。

就西方世界来说，从15世纪前后随着社会分工与贸易的发展，庄园经济逐步解体，一个有效率的经济组织得以出现，并通过市场协调分工，成为西方世界兴起的经济原因；而经过英国光荣革命、美国独立战争、法国大革命，封建专制体制在欧美大国内部得以终结，为适应并保护社会分工、私有产权、契约自由的经济秩序，民主与法治的政治社会治理结构也建立了起来，成为西方世界兴起的政治原因。经由文艺复兴、新教改革、启蒙运动，以科学、民主、自由、人权为标志的新兴的意识形态，构成西方世界主导的价值系统或韦伯所说的“资本主义精神”，成为西方世界兴起的文化原因。正如诺斯和温格尔指出的，英国工业革命的成功不是一个单纯的经济现象，而是在1688年光荣革命后建立起了一套宪政游戏规则，它减少了政府与个人的机会主义行为，有效保护了私有产权，协调了社会分工，成为工业革命发生在英国的制度条件。

参考文献

［1］李露亮．科学哲学基本问题与经典文本解读［M］．广州：中山大学出版社，2009．p. 1

［2］［3］马克斯·韦伯．新教伦理与资本主义精神［M］．北京：生活·读书·新知三联书店，1987．pp. 28－29，p. 133

［4］［5］霍伊卡．宗教与近代科学的兴起［M］．成都：四川人民出版社，1991．p. 16，p. 187

［6］［7］［8］诺斯．西方世界的兴起［M］．北京：华夏出版社，2009．p. 4，p. 6，p. 4

［9］诺斯．经济史中的结构与变迁［M］．上海：上海人民出版社，1994．

pp. 233－234

［10］诺斯．经济史中的结构与变迁［M］．上海：上海人民出版社，1994．p. 68

［11］罗伯特·福西耶．剑桥中世纪史//诺斯．西方世界的兴起［M］．北京：华夏出版社，2009．p. 10

［12］诺斯．西方世界的兴起［M］．北京：华夏出版社，2009．p. 47

［13］张五常．佃农理论//科斯等．财产权利与制度变迁［M］．上海：上海人民出版社，1995．p. 157

［14］［15］［16］［17］［18］［19］诺斯．西方世界的兴起［M］．北京：华夏出版社，2009．p. 57，p. 59，p. 90 ，p. 116 ，p. 117，pp. 86－87

［20］［21］［22］［23］［24］［25］诺斯．经济史中的结构与变迁［M］．上海：上海人民出版社，1994．p. 7，p. 1，p. 17，p. 20，p. 33

［26］李露亮，李露钢．制度经济学：原始积累与制度变迁问题研究［M］．郑州：黄河水利出版社，2000．参见第十三章“强意识形态结构的形成与解体”．

陈平问题：中国传统社会分工交换经济长期停滞的原因是什么

第一节　引　　言

与近代西方工商业文明相比，中国文明是一种农业文明发育较早但工商业文明成长迟缓的文明形态。这一文明形态的社会经济政治结构发自春秋战国末年秦国的商鞅改革，到秦统一已具雏形，至汉独尊儒学与隋兴科举得到强化，延续至明清两千年无多变化。

战国时期，秦国的秦孝公即位，图强改革，招贤纳士，用商鞅提出的废井田、重农桑、奖军功、统一度量衡和郡县制等一整套变法求新措施，使秦国的经济、政治、军事实力得到发展，并最终统一了六国，形成了大一统的专制官僚体制。秦建立的经济、政治、思想文化制度逐步形成了一个多层次的激励，导致了中华文明成为一个超稳定的社会结构。即使发生土地危机、农民战争、外族入侵、王朝更迭，从未从根本上动摇秦以来的社会结构，这一封建官僚体制的基本构架仍然长久不衰，保持稳定，曾经在相当长的一个历史时期中是全球最大的经济体。直到鸦片战争民族危机以后，它才面临着真正的挑战。

从经济制度上讲，春秋战国时期的贵族大庄园制解体，让位于一家一户为一个生产单位、自给自足的小农经济。这一经济形态由于土地买卖制度得到激励与加强，使每一个农民在私有产权基础上有着成为地主的预期，决定了民间资本的土地走向，使农耕经济得到稳定发展，同时也抑制了社会分工的演进与工商业的进步，构成社会运行的经济基础。

从政治制度上讲，为了加强中央政府对地方的控制，出现了郡县行政管理制度，并逐步培养起了"士"这样一个阶层，构成保证郡县制度与中央集权制度运行的人力资本。这一政治架构由于隋以后兴科举而得到激励与强化，使每一个读书人有着成为官吏的预期，决定了人力资本的政治走向，最终形成独特的封建官僚制度，使行政制度得以稳定运行，同时也抑制了民权意识的觉醒与分权自治制度的出现，构成社会运行的政治基础。

从思想文化观念上讲，儒家思想自汉以后成为正宗，"求内生之学达外王之道"成为知识分子的理想。这一儒家理想由于成为官方意识形态而得到推广与强化，使整个社会主流知识分子的文化走向有着内圣外王的精神预期，使得道德哲学、政治哲学、人文哲学得到激励与发展，同时也抑制了知识分子对自然科学的兴趣以及独立意识的觉醒，构成了社会运行的思想基础。

如果一个制度结构存在着较大的外部性，就不能有效地提供制度激励，那么就始终存在着制度变迁的可能。无论这种变迁是来自民间自发的诱致性变迁，还是来自国家的强制性变迁，一个替代性的制度的出现在于决策成本对外部成本的有效替代；反之，如果一个制度结构能够提供一种激励，限制了外部成本，那么该结构就存在着一种稳定性，一种替代性的结构出现的可能性就大大降低了。而中国自秦以来的经济、政治、意识形态与文化结构，提供了一种全方位的激励。土地买卖制度与一家一户为一个生产单位、家庭小农业与家庭小手工业紧密结合、自给自足的自然经济构成的经济基础，科举制度与封建官僚构成的政治体制，皇权思想与儒家观念相结合构成的意识形态，三个方面相互结合，相互支撑，形成一个超稳定的社会形态，经久不衰。即使王朝更迭，也未能出现打破这一结构的新社会秩序。这一社会形态曾经造就了中国古代农业文明与文化繁荣，致使中国传统社会曾领先世界其他民族1600多年。但这一社会结构抑制了分工的自发演进，制约着一个可能替代的市场经济、契约政府、自由思想与民主体制的出现。

在西方，自15—16世纪以来，先后经历了文艺复兴、宗教改革、科学革命、启蒙运动、工商业革命、社会变革，造就了欧美国家的兴起；而在中国传统社会，经济形态一直在自给自足的小农经济中循环，中国农民依然在男耕女织并最终成为地主的梦想中起早贪黑地劳作；中国政治与行政结构依然在以王朝为核心的机器下运转，中国的官吏们依然在忠君报国与贪腐之间徘徊；中国意识形态始终在帝王思想与儒家思想的双重引领下前行，知识分子在考中科举最终成为皇帝的大臣或百姓父母官的春秋大梦中皓首穷经。而当这一古老文明与在近代经历了科学革命、政治革命、工商业革命的西方文明相遇，便在国际竞争中不断处于劣势，屡战屡败，倍受列强的凌辱，开始急速衰落。

第二节　问题的提出

李约瑟问题自20世纪40年代提出以后，学界集中于探讨中国传统社会难以演化出分工经济、民主制度、近代科学与自由观念的原因，这一状况在20世纪40年代至50年代初一直是中国历史学家、经济学家、文化学者的重点关注所在。“一化三改造”以后，尤其是“反右”运动之后，自由讨论的学术气氛被破坏，到了“文革”十年动乱，任何学术自由讨论成为不可能；李约瑟问题的讨论在内地中断了20多年。这一状况在20世纪70年代末改革开放后才得到改变。

1979年，陈平先后在《人民日报》、《光明日报》、《学习与探索》杂志发表了《单一小农经济结构是我国动乱贫穷、闭关自守的病根》一文，承接了自20

世纪40年代关于李约瑟问题的讨论，预示着经由了20多年的思想禁锢，学术重又回到了比较正常的轨道。陈平在文中首先说明了“单一小农经济结构形成的历史原因”。他指出：一是多山少地、人口增长，促使农牧混合经济转变为单一农业经济，并且进一步从大土地经营（井田制）瓦解为小土地经营（地主制）；二是土地战争、征兵积谷强化了以粮为主的单一农业经济；三是山岭纵横、交通阻隔造成了封闭的经济体系，阻止了农牧业经济的混合。[1]此后，陈平多次发表文章，讨论了李约瑟问题的两个方面，并把他20多年的研究收录于2004年《文明分岔、经济混沌和演化经济动力学》一书中。他运用布鲁塞尔学派的方法，从耗散结构的角度类比地说明了社会经济结构复杂性和稳定性之间的此消彼长的原理：稳定性的增加以牺牲复杂性为代价，多样性的发展又以牺牲稳定性为代价。陈平指出，中华帝国的结构稳定性来源于劳动分工未充分发展条件下以种粮为主的自给自足的小农经济，这一阻碍中国分工发展的历史分岔于春秋战国的土地危机，它抑制了社会分工自发演进的过程。“中华帝国持续了2000多年，远远超过罗马帝国和拜占庭帝国。它的结构稳定性来源于劳动分工未充分发展条件下自给自足的以种粮为主的小农经济。这个系统受到严重的生态制约、周期性自然灾害和大规模农民战争的影响。另一方面，劳动分工和资本主义起源于西欧，是由于她有广大的资源，较温和的自然和社会的环境变化。中国趋于内向的自给自足的经济，是由于精耕细作的小农经济决定的，而这恰是土地资源相对贫乏和环境相对恶劣的条件造成的。”“欧洲历史分岔点出现在13至15世纪，黑死病造成劳力价格暴涨激发了节约劳力的创新，同时香料贸易推动了地理学上的发现和向世界的扩张。这种情形是对李约瑟问题历史学上的回答。”[2]

1981年，傅筑夫先生出版了《中国古代经济史概论》一书，在该书中，中国自秦以来的“封建社会”被傅筑夫先生称为“变态的封建制度”，它与西欧典型的封建经济制度（领主庄园制）有着根本的不同。傅筑夫先生指出，在西欧，领主庄园制的解体与地主经济的出现，意味着封建土地关系的解体与资本主义土地关系的产生；而在中国，发生于春秋末年的领主制的解体与地主制的出现，不仅没有意味着封建土地关系的终结与资本主义土地关系的建立，而是意味着一种变态的封建土地关系与官僚制度的产生，这一社会独特的经济、政治结构制约着分工经济的演化。与陈平先生一样，作者指出，在自秦朝至清朝长达两千年的中国传统社会，自给自足的小农私有经济具有稳定性，而在朝向分工演化方面的制度变革动力显得尤其不足。

因此，深入到秦以来中国传统社会的经济制度、政治体制、意识形态制度及其相互关系，是回答李约瑟问题的关键，它有助于解答下述问题：为什么在公元前1世纪到公元15世纪的1600年间，中国的实用技术能够获得如此惊人的发展速度但与近代科学无关？为什么农业的稳定与发展没有演化出分工经济与现代工商业经济增长模式？中华文明在经济、政治、科技、军事、文化等方面长期处于世界领先的地位，为什么在近代开始衰落，在经济、政治、科技、军事的国际竞争中败下阵来？这正是李约瑟问题2的基本内容。

为使这一问题能从分工演进与制度分析的角度得以深入思考，我们首先建立一个制度分析的框架，它包括制度结构与制度激励两个相关的方面。其中，制度结构是指：以产权结构为核心的经济制度，以国家理论为核心的政治结构，以主流意识形态为核心的文化价值取向。激励结构是指：产权制度提供的经济激励，公共事务治理结构提供的政治激励，意识形态提供的文化价值激励。

第三节 中国“变态的封建制度”的形成、特征与制度激励

一、领主井田制的解体与地主－小农经济的形成

所谓封建制度，是指王朝通过分封使贵族获得经济与政治权力的制度。在西欧，以中世纪领主庄园制为典型；在中国，以西周初年贵族井田制为特征。它们都属于典型意义上的封建制，在历史上源于奴隶制度末期的制度创新。

在奴隶制度下，奴隶的劳动成果属于奴隶主，几乎被完全的外部化。因此，奴隶制度的运行需要一大批管理者与监控者，需要支付大量的管理与监控费用。在奴隶社会末期，奴隶来源枯竭，价格昂贵，劳动效率得不到有效提高，奴隶怠工、破坏、逃跑、起义的事件屡屡发生，使得奴隶制度的运行成本越加昂贵。于是，一种替代性的制度创新便有了经济学上的依据。这种创新首先来自于王朝内部，为了降低奴隶劳动的监控成本，它通过分权分封制度，把部分土地与奴隶赐予自己的扈从或家臣，作为回报，这些获得土地经营权的贵族有向王室纳税的义务，遇到战事，也有出征保卫王室的义务。领主制由此而生。无论是西欧中世纪的领主庄园制，还是中国春秋战国时期的领主井田制，都不同于过去的奴隶制。在西欧，领主庄园在经济、行政、司法方面具有相当大的独立性，领主不仅可以独立地安排庄园内部的经济活动，而且庄园有着自己的庄园法庭，处理庄园内部的经济、民事、刑事案件；而农奴对于领主有着较强的人身依附关系，终身生活在庄园之中，他们要在领主受到分封的公田中服劳役，也可以通过租佃的方式自己经营一部分庄园的土地。在中国春秋战国时期，受到王室分封的世家大族土地千顷，门客与家奴成百上千，他们是一个独立的经济单位，由庄主自行决定内部

的田赋、经营、贸易事务。家丁与农奴对于庄主的人身依附关系紧密而稳定，他们的经济生活与人生命运在很大程度上取决于庄园的兴衰。这样不仅极大地降低了庄园的管理协调费用，而且由于农奴有了自己的经济，便极大地提高了他们的劳动积极性。这种不同于奴隶制度的领主庄园经济的特点在于，领主完全占有最主要的生产资料（土地）和不完全占有劳动者（农奴），由于作为农奴劳动活动最为主要的生产资料的土地是由领主以分地形式授予的，因此农奴不得不以服劳役、纳贡赋等作为领取土地的条件。这种由领主公田与农奴分地构成的既有领主经济又有农奴经济的统一体就是领主庄园制，就是典型意义上的封建制。

中国产生于西周初年的庄园经济制度与西欧领主庄园制相同，属于典型意义上的封建领主经济。关于西欧领主庄园制的危机与解体，诺斯有过深入的论述，我们已在上一章加以概括，不再赘述。庄园经济或典型意义上的封建制在中国存在的时间较短，建立于春秋时期，解体于战国时代。由于庄园经济由领主公田与农奴分地构成，是一个既有领主经济又有农奴经济的统一体，它从建立伊始，就存在着领主公田经营与农奴租佃经营在成本收益上的差异与效率的不同：公田经营不仅效率低下，而且监控费用较高；分田租佃不仅效率较高，而且无需花费监控费用。这种不同的经营方式最终导致了公田经营难以为继，导致分田经营这一有效率的经济形态的兴起。这一点，古人也早已看出。《吕氏春秋》记载：“今以众地者，公作则迟，有所匿力也；分地则速，无所匿利也。”①

正因为如此，由领主公田经营与农奴租佃经营统一体的庄园经济，在中国春秋末年最后让位于由地主经营与小农经营构成的小农经济。随着秦商鞅变法的推行与秦的统一，中国土地财产制度则走向了一条不同于西欧经济演变的特殊的道路。按照傅筑夫先生的看法，在东周时期社会经济所发生的巨大变革中，土地制度的改革是社会全过程改革的基础，而土地买卖制度是催生制度变革的关键。傅筑夫先生指出，在这一变革的过程中，商品经济与货币经济的发展，尤其是“货币经济的发展是一个更为直接、关键性的因素。因为土地私有制度，其基础是建立在土地买卖这一前提条件之上的，这只有在货币经济有了一定程度的发展，并能以货币形态积累财富时，才能在一方面使财富所有者拥有足够的力量来购买土地；在另一方面，原来的土地所有者由于特殊的或急迫的需要，而一时又别无有效办法来获得急需货币时，只有把土地卖掉，以换取货币。所以在地权的转移中，货币实起着主导的作用”。[3]随着秦王朝的建立，中国结束了与西欧领主庄园制相似的典型意义上或经典意义上的封建制，建立起独具中国特色的小农经济制度，它构成了中国社会运行的深厚的经济基础：一家一户为一个生产单位，家庭

① 参见《吕氏春秋》审分部分。

小农业与家庭小手工业紧密结合，自给自足。这一经济制度也决定了资本的土地走向，造就了农业文明，同时抑制了社会分工的演化与工商业的发展。

这种经济制度不同于西欧封建庄园经济，也不同于西欧的地主经济，而是地主经济与自耕农经济相互结合的经济制度。在西欧，从封建领主制到地主制的社会演进，意味着封建土地关系的解体与资本主义土地关系的产生；而在中国，从封建领主制到地主制的社会转化，不仅没有产生资本主义土地关系，而且意味着一种变态的封建制度的产生。正如傅筑夫先生指出的："一般地讲，封建制度的崩溃过程，就是资本主义的产生过程。""但是中国的典型封建制度崩溃以后，资本主义生产方式却并没有产生出来，继之而起的社会经济结构……既不是纯粹的封建制度，又没有迈进资本主义的发展阶段，……我们把这种特别的社会形态，称之为变态的封建制度。战国以后两千多年的社会，就是这样一种变态的封建社会。"[4] 这一制度有着与西欧领主庄园制完全不同的制度特征，并对中国经济生活、政治生活、思想文化生活产生了深刻的影响，它延续了两千年，既是中国社会农业文明与技术辉煌的原因，也是中国社会在近代衰败的根据。

二、经济制度特征

（一）土地产权制度

中国是一个内陆性气候国家，山多地少，气候干旱，农耕经济是其基本经济形态，土地是最为重要的生产要素。在中国自秦朝建立至清朝灭亡的两千多年间，土地产权制度表现为王室土地、地主土地、自耕农自有土地三种土地所有制并存，其中，以地主与自耕农的小农私有经济为主。自耕农自有经济与地主经济的并存构成秦以来中国社会制度深厚的经济基础。这种"一夫挟五口，治亩百田"的小农经济，一家一户为一个生产单位，生产规模较小，存在着"男耕女织"的自然分工，而无明确的社会分工，基本保持自给自足的简单再生产的状态。

存在着自耕农自有土地是中国封建地主制与西欧领主庄园制的重要区别。[5] 在中国，土地产权制度是以地主土地所有制与自耕农自有土地为主并存的小农经济，私有财产权变革在秦统一前的秦国就已经完成。这一产权制度变革确定了小农财产权利，降低了外部成本，提供了制度激励；但同时，以一家一户为一个生产单位，且同构性较强，各个家庭自给自足，除了土地之外的产品交换一直处在较低的水平。而在西欧，土地产权制度为领主庄园土地与王室土地并存，其中，以领主庄园制为主，王室不过是最大的领主，不存在自耕农自有经济。庄园是基本的经济单位，并且有着处在分工形态初期的手工业作坊（磨坊、油坊、铁匠铺），介于庄园之间的交换场所也使得市场、城市、商业、信用得以孕育。

（二）土地买卖制度

在中国，商品交换与货币媒介出现较早，在夏、商时就已经出现，虽然受制于分工系统的不发展始终没有成为经济生活的主导形态，但在春秋战国时期的土地危机中，随着庄园制的解体与朝向地主制的制度变迁，土地买卖制度就开始发展起来。秦国是土地改革较为彻底的国家，商鞅变法明确了“除井田民得买卖”的改革政策，鼓励了土地的交易，同时也加速了井田制的解体与小农经济结构的形成，为秦的统一奠定了经济基础。尽管在此后的历史中，有些王朝对土地买卖有所限制，但民间的土地交易从未停止过。

土地买卖制度是中国封建地主制与西欧领主庄园制的重要区别。在中国，土地买卖契约起步较早，土地买卖成为货币资本最为重要的投资，决定了货币资本转化为土地资本的资源流向，对稳固农业起到了重要作用；而在西欧庄园经济中，由于土地属于王室分封的公地，土地商品化的程度较低，在相当长的过程中土地不能够进入流通。直到工业革命与资本主义生产方式诞生前夕，随着公田的衰败、私地的开发与契约制度的兴起，土地买卖制度才逐步发展起来。

（三）财产等级制度

自秦王朝建立，尤其是隋兴科举以后，中国社会不存在直接的财产等级制度，土地产权制度与社会政治权力之间并没有直接的对应关系，经济财富的多寡主要来自土地经营与土地买卖，而社会行政权力的获得主要来自科举儒士制度。有一些富有的地主没有丝毫的文化知识，而有一批有一定学识的官员却无多少土地。[6]由于行政权力向社会开放，寒生儒士十年寒窗，通过科举进入官场为国效力，并通过俸禄与贪腐购得土地，光宗耀祖。这样，在庙堂与民间形成一种制衡贵族的力量，使得世家大族在中国鲜有风光百年的例子。

没有明显财产等级制度是中国封建地主制与西欧领主庄园制的又一个重要区别。在中国，尽管在经济层面私有产权制度与经济契约制度确立较早，但并未演化出社会契约，王权依然是国家权力中心，而维系复杂庞大的行政系统运转，需要庞大的官僚队伍，自隋朝兴科举儒士制度以来，一直为历代王朝所效仿，王朝通过科举选拔，赋予学子们社会行政权力，并形成独有的官僚体制。在西欧，则存在着明显的财产等级制度，庄园财富多寡与贵族社会等级有着直接的对应关系，并通过世袭传承；同时，在西欧庄园经济的历史上，鲜有大一统的政治构架与庞大的行政官僚体系。

（四）财产继承制度

中国传统社会的财产继承制度表现为多子分承制。由于中国人多地少，气候干旱，经济形态为一家一户为一个经济单位的单一农耕经济，农业增产更多的是靠精耕细作，不适合大规模粗放经营。“因为没有长子继承权的规定，富裕的家族不消几代，就能把遗产平分的一干二净，以致变成赤贫。防止家道中衰的主要办法，是把有知识有才干的子弟送到官僚机构中，他们会收纳虽遭明令禁止、但为社会所默认的贿赂，来使自己的家业愈益兴旺。以买地方式把钱投资于土地，以备告老还乡之用，这类事情是非常普遍的。”[8] 加之与土地买卖制度、多子分承制度、科举制度的结合，其直接经济后果是地权的相对集中与地段的相对分散。

在中国，持续几代的大规模土地经营在秦以后的历史上鲜有例证，一方面缺乏资本的持续积累与持续投资的支持，另一方面由于地权随着继承制度的分散而丧失规模经营的制度条件。由于资本的主要投向依然是最为重要的土地资源，工商业发展所需要的持续投资条件始终没有成熟；而在西欧，领主庄园的财产继承制度是长子继承制，维持了庄园领主土地的规模性与经营的连续性，为财富的相对集中提供了条件。当庄园制面临解体之时，新贵族与第三等级可以迅速把资本投向新兴的工商业，通过分工的自发演进寻找回报率更高的投资机会。

（五）人身依附关系

中国传统社会以小农经济为基本经济形式，大部分农民有着自己的土地，或多或少，自主经营，自主治理，对土地大户并不存在人身依附关系，而对自家的土地有着极大的依赖。那些少数无地少地的农户尽管靠打短工长工维持生计，但由于地主数量较多，劳力不足，他们与佃主的关系也是短期劳动契约关系，佃户对地主的依附关系既不稳定也不紧密。同时，科举制度使知识分子依附王权，失去了探索自然与重构社会政治秩序的制度激励。这一点，与西欧庄园经济完全不同。在西欧庄园制经济中，由于不存在自耕农自有土地，农奴缺失了最为基本的生产要素——土地，他们终生生活在庄园之中，存在着对领主依赖的机制，对领主的依附关系既稳定也紧密。

在西欧，这种人身依附关系的解体意味着领主庄园制这一封建关系的解体，农民流离失所，为资本主义工商业的发展提供了劳动力的条件，资本与劳动之间的契约关系随之产生。加之新教改革与启蒙主义自然权利思想的提出，为社会宗教秩序、经济秩序与政治秩序的重构提供了支点。而在中国春秋战国末年，当农民摆脱井田制公田的束缚，成为自耕农时，不仅不意味着资本与劳动契约关系出现契机，恰恰相反，由于农民有了自己的土地，紧紧束缚在自给自足的农耕经济形态中，抑制了分工的演化与近代工商业的发展。

三、制度激励及其社会后果

（一）经济制度的激励及其社会后果

中国传统社会的经济基础是由地主经济与自耕农自有经济组成小农经济。由于土地私有化与土地自由买卖制度，产生了一种重要的经济激励，使得每一个农民的劳动成果被外部化的程度大大降低，并且，他们都有通过辛勤劳作与购买土地成为地主的预期。[8]这种制度激励导致了货币资本向土地资本的转化与回流，稳固了小农经济的制度基础，使得古代中国在农业耕作技术、治水灌溉技术、陶瓷技术、冶炼技术方面在世界上处于领先地位。

在上述基础上，形成了一家一户为一个生产单位、家庭小农业与家庭小手工业紧密结合、自给自足的自然经济。由于一家一户为一个生产单位，形不成经营规模，而主要靠精耕细作与劳力投入，农业生产力进步缓慢，明清时期的土地单产与汉唐时期的土地单产基本保持在一个水平；由于家庭小农业与家庭小手工业紧密结合，形成了男耕女织这种自然分工状态，缺乏社会分工与专业化生产，虽然明清时期出现了手工工场与手工作坊，但市民社会与现代工商业迟迟未能成为整个社会的主流；长期的自给自足的自然经济，来自官方的重农轻工、重农轻商的观念以及来自民间的对商业的陌生与鄙视，抑制了专业化生产与社会分工的演进，使得现代工商业产权制度、市场交易制度、商业信用制度、金融制度在中国历史上迟迟未能发育成长。以上诸方面，是中国社会经济形态长期滞留于自给自足的小农经济而未演化出分工交换经济最为深刻的经济根源。

（二）政治制度的激励及其后果

中国传统社会的政治制度由世袭王权与科举儒士制度构成，经济形态上的契约制度并未延伸到公共事务治理的领域，而由政府所垄断。但同时，由于政府权力向社会所有阶层开放，产生了一种重要的政治制度的激励，使得每一个平民知识分子有了转换身份成为官吏的预期。这种制度激励导致了知识阶层对官僚制度的依附，通过八股取士制度，庞大的儒生阶层成为王权统治与官僚体制运行最为广泛的人力资源。[9]这样，在分散的小农经济的基础上，形成了高度集权的专制官僚制度，使得庞大的官僚队伍与庞大的国家军队得以存在，形成了统一的多民族国家，避免了长期分裂的局面。

在中国，这种官僚政治体制不仅承担行政职能与意识形态职能，还承担独特的经济职能，即举办公共工程的职能，如大型灌溉设施与运河工程的兴办①。在这种体制下，既没有社会民主，也没有统治阶级内部的民主，从未形成类似英国大宪政运动的权利法案，也未在理论上形成西方启蒙运动以自然权利为基础的社会契约观念。在中国，帝王具有最高的裁判权，即使位居“一人之下万人之上”的王公大臣，也面临“君让臣死臣不得不死”的境地。长期的政治制度依附，致使体制内部缺乏制度创新的政治资源，在长达两千年的历史上，未出现以社会每一个成员的自由权利为基础建起的现代契约制度、权力制衡制度、民选议会与责任政府制度。由于未能确认社会成员的生命权、财产权、自由权并由此自下而上发育成社会契约这一现代社会文明的因子，致使宪政文明迟迟得不到成长。以上诸方面，是中国社会政治生态长期固守于官僚专制体制而未开出自由民主政治之花最为深刻的政治根源。

（三）意识形态的激励及其后果

中国传统社会的主流意识形态由封建王权思想与儒家思想构成，其中，儒家思想是中国知识系统的核心，并通过皇权来贯彻。儒家“内圣外王”之说产生了一种重要的意识形态激励，给了知识分子一个可以依附的价值系统，求内圣之学，达外王之道。修身、齐家、治国、平天下，成为中国传统文人的主流价值理想与精神走向。

在中国长达两千年的王朝历史中，舆论一律与意识形态的控制是历代王朝降低制度选择概率、培养意识形态忠诚的基本手段；汉代“罢黜百家独尊儒术”政策确立了官方意识形态，使得思想文化始终停留在儒学正统的范围内，限制了思想自由与学术发展；隋代开始的并为后来的统治者继承的八股取士制度，培养了庞大的服务于官僚机器的人力资源，消磨了知识分子的批判意识与独立人格。在中国，除了魏晋世家大族的狷介之士表现出一种对官场的疏离外，从未形成一个独立知识分子的批评群落。中国知识分子从自然探索方面的全面撤出，向官僚体制的大举进发，成为人类历史上独特的文化现象，以至于到了清代中后期，中国人尚不知地球是圆的，而根据古希腊阿那克西曼德著作残篇记载，古希腊人早就认识到，太阳、地球、月亮是悬浮在空中的球体，依照一定的规律旋转运行。道德理想主义的精神诉求，积极地参政入仕精神，成为中国知识分子依附官僚体制、消解独立意识的精神特征，抑制了他们在科学方面的兴趣，制约了知识分子独立意识的觉醒与批评意识的增长。在中国自秦王朝到清王朝两千年的漫长历史长河中，从未形成一个具有独立人格、科学兴趣与批判精神的自由知识分子群

---

① 参见：马克思：《德意志意识形态》；魏特夫格尔：《东方专制主义》。

落。以上诸多方面，是中国社会思想文化长期停滞于儒家思想而未形成科学、民主、自由新“外王”之道的最为深刻的意识形态根源。

第四节　自然约束、制度约束、市场约束

一、自然禀赋约束对分工演进的抑制

发自于黄河流域的中华民族，以其农业文明为主要经济活动方式存在了六千年之久。有记载的中华民族的农耕史已有六千多年，神农氏（又说为炎帝）就是中华民族农耕的先祖；与农耕相关的治水灌溉的历史也有四千多年，大禹治水的故事在中国古今妇孺皆知。黄河流域气候干旱，多山少雨，农牧混合型经济缺乏自然基础，单一农业结构是中华民族受其自然禀赋约束的自然选择。这等于说，在这一片干旱的土地上，狩猎、采集、放牧、捕捞活动不足以维系部族的存在与延续，农业耕作成为先民同自然进行物质－能量交换的基本方式，单一农耕经济成为我国古代中原地区经济活动的基本形态。尽管经历了春秋战国时期的制度变迁，从庄园井田制过渡为小农经济，但无论是庄园经济还是小农经济，都长期保持着自给自足自然经济的性质。问题在于，这种自给自足的经济形态为什么没有演化出分工经济？

分工演化包括内生演进与外生演进两种形态。内生演化与外生演化是自发演进的过程，内生演化假定经济组织事前经济效率相同，外生演化假定经济组织事前经济效率不同，但都可以通过专业化分工获得财富增长。在中国，同一区域的家庭农业单位在经济上具有同构性，交换成为不必要的事情。由于地理环境与技术条件大致相当，导致农户之间收益差别的主要手段是要素投入量，包括可利用的土地的多寡、可投入的劳力的多少，而不是劳动生产效率的高低。由于农业耕作技术相对简单，极易模仿，创新成果具有极强的外部性，使得农民技术创新的动力不足，内生分工演进受到制约，而更多地关注于量的投入，包括购买土地与精耕细作；由于地理分割，交通不便，市场系统不发达，不仅使得外生演进比较难以进行，而且交易成本较高，这样也限制了分工通过外生比较演进的路径。

杨小凯与陈平都认为，劳动分工是一个双向的演化过程，自给自足经济也是在某种条件下的一种均衡经济形态。假如分工经济的效果超过交易成本，或者说交易效率较高，局部分工或完全分工就会从自给自足经济中演化出来；反之，如果交易效率过低，交易成本过大，自给自足就是均衡形态。而在中国，由于缺乏分工演进的内生动力与外生条件，经济形态一直处在自给自足的状态之中。陈平

指出，中国经济的"结构稳定性来源于劳动分工未充分发展条件下自给自足的以种粮为主的小农经济。这个系统受到严重的生态制约、周期性灾害和大规模农民战争的影响。""中国趋于内向的自给自足的经济，是由于精耕细作的小农经济决定的，而这恰是土地资源相对贫乏和环境相对恶劣的条件造成的。"[10]

二、制度约束对分工演进的抑制

春秋末年庄园经济的土地危机，最终引发了战国诸侯纷争的局面，庄园经济在危机与战争中衰落，小农经济兴起。在中国这样一个人多地少的国家，土地是小农经济中最为重要的生产要素，保护土地所有权，实行土地买卖制度，不仅是保证农业生产的有效制度手段，也是保证国家主要税赋来源、维持官僚体制运行的物质基础。

在以家庭为基本生产单位的小农经济中，单个农户要想获得收入的提高，除了精耕细作之外，最为有效的手段就是加大土地的投入。而加大土地投入的手段无非有两种，一是开荒种地，一是购买土地。在中国历史上，拓荒增加土地的活动从未停止过。这一活动使得黄河流域的森林、荒山、湿地、滩地最终成为可耕地，强化了单一农耕经济结构，使得农牧混合型经济进一步成为不可能；而在战国时期就兴起的土地买卖制度，激发了农户成为地主的预期，导致货币主要流向土地市场，而未能为工商业持续投资提供必要的积累；同时，政府在重要的经济资源与工业活动方面的垄断，也制约了民间资本朝向工商业方面的发展。这样，在微观经济层面强化了经济结构对于土地的依赖，抑制了中国社会朝向专业化分工经济发展的可能性。

陈平早在1979—1980年间就指出："阻碍中国劳动分工发展的历史分岔于春秋战国的土地危机。"[13]解决这一危机的制度对策，就是废除井田制，建立小农经济产权制度与土地交易制度。这一制度产生的激励与预期，稳固了小农经济的基础，抑制了向其他生产形态与制度方式转型的可能性。

三、要素市场约束对分工演进的抑制

基本要素市场主要包括土地市场、劳动力市场、资本市场三种类型，每一种市场的交易成本的高低，决定了这一市场的繁荣与发育程度。在古代中国，土地市场形成较早，且交易成本较低，对其他要素具有吸附作用；自给自足经济条件下，劳动力流动性较小，广大农户生产的产品多为最终产品，中间产品的生产环节为农户自己完成，转换成本较低，劳动力交易市场与中间产品的交易市场从未真正形成气候；资本形态以土地资本为主，货币资本成为增加土地资本的手段，而不是增加工商业持续投资的手段，限制了社会分工与工商业活动的发展。

以商鞅变法为代表的制度创新在于土地私有化制度与买卖制度的实行。在这一制度激励下，土地要素市场与其他要素市场相比获得了高速的发展。由于土地要素市场不受交通、通讯的制约，往往发生在邻里之间，同时也避免了由于信息不对称而导致的道德恶意，这样，土地要素市场的交易费用就较低。

在古代中国，由于广大农民有着自己的土地，除了少数少地与无地的农民在农忙期间受雇于大户做季节性短工与长工外，大多数农民忙于精耕细作自己的土地。由于地主数量较多，雇工选择性较强，长期稳定的劳动雇佣合同在小农经济条件下比较少见；户籍管理制度与交通条件，也限制了劳动力的流动。在中国历史上，从未形成一个自由劳动力市场，这也制约了小农经济向工商业经济的演化。

中国货币制度的起源较早，可以上溯到商朝，到战国时期，大多诸侯都发行了自己的货币，到了汉唐时期，硬通货币与纸币构成的双重货币制度已经成型。为了防止硬币掺假，自魏晋时期以来，政府就多次垄断硬币的铸造与纸币的发行。由于缺乏金融法规，政府介入金融的权力得不到有效制衡，遇到战事，往往通过滥发纸币稀释社会财富，维持庞大的行政与军事开支。为寻求稳定的保值方式，规避货币贬值带来的外部损失，土地投资成为民间资本的首选。

政府权力致使的金融垄断与货币贬值存在着正相关性。在英国，1694 年成立的英格兰银行是世界上第一个股份银行，它当时的主要业务是为英国国王威廉三世提供贷款，筹集军费和政府开支。这一本该起着最后贷款人功能的皇家银行，成为滥发货币、扰乱金融秩序的推手。英格兰银行于 1921 年垄断了英国的货币发行权，到了 1946 年才被收归国有，完成了从商业银行到中央银行的最终转变。

在中国元、明、清三代，朝廷也是滥发货币、导致通货膨胀的推手。“由于发钞有利可图，促使政府漫无限制地滥发，从而通货膨胀一直伴随钞币流通而共始终。如元代钞法虽较完善，但执行得非常混乱，任意扩大发行，使钞币到处充斥市场。中统元年初发新钞时，中统钞发行量为七万三千余锭，到至元二十四年，发行额已增至五百零九万余锭，增长二百二十倍，物价也上涨数十倍。到至大三年发行至大银钞一百四十五万锭，合中统钞三千六百余万锭，比中统初增长一千二百五十三倍。物价随之大涨，如米价元末比中统初上涨六七倍。贿赂官吏，所需钞币要用车载。明代的大明宝钞从一开始就处于通货膨胀的阴影之下，币值不断下跌，到洪武二十七年（1394 年），大明宝钞一贯实际只值一百六十文钱。正统九年（1444 年）宝钞一贯只值十文钱。弘治元年（1488 年），宝钞一贯值钱一文，实际上这时民间已不用钞了。嘉靖初（1522 年），规定入库只用银不用宝钞，即等于正式宣布宝钞作废。清咸丰钱票最初的三四个月就发行了一百几十万串。人们拿到钱票却换不回现钱，民间开始重私票而轻官票，致使钞价大跌。咸丰四年（1854年），宝钞一千文值四五百文钱，咸丰五年官票一两和宝钞一千文，只值制钱一二百文。许多省份，拒不行用。外国商人则乘机压价收购钞币，按规定的五成用钞币去缴关税，逃避负担。因此，钞币已成为政府之累赘。到咸丰十一年（1861年），官票早已绝迹，宝钞一千文只值二十六文铜钱。"① 政府对货币发行的干预与垄断，潜在的通胀威胁，使得民间不得不把货币资产迅速转化为保值的地产与房产，驱使了货币资本向土地资本的转化。由于人口增长与土地资源匮乏，土地成为保值增值的资本形态，这也限制了工商业持续投资的资本积累规模。在中国，到了清朝末年，也始终未能建立起支持工商业投资的商业银行制度与中央银行制度，未能形成有效刺激投资的机制来协调分工演进的资本要素市场。而个人权利从未得到优先的确认，鼓励技术创新的工业产权制度始终得不到建立，刺激工商业投资的公司制度与银行制度迟迟没有形成，国家对重要经济资源的垄断与重农抑商、重农轻工的政策导向，社会公权力始终缺乏社会授权与社会监督，也制约着分工演化、交换发展与民间资本的自发成长。

正如陈平指出的，中国自"商鞅变法以后的秦汉体制强化了以粮为主的单一小农经济结构，重农抑商政策和地主官僚制度抑制了商品人员的流动和分工协作的发展，导致周期性的土地危机与农民战争，却没有自行过渡到资本主义的可能"。[12] 正是在地理条件与自然禀赋约束、土地买卖制度的激励与约束、要素市场发展的不均衡与市场约束，以及在国家重农抑商政策约束的共同作用下，发生于春秋战国时期的小农经济结构成为一种稳定的均衡态，并制约了分工的演化与除了土地要素市场之外其他要素市场的形成。

按照斯密与哈耶克的观念，分工演化与工商业秩序的成长是一个自发扩展的秩序，这一秩序的起点在于个人权利具有优先性的法律确认，分工的演进，工业的发展，市场的协调，公共事务的政策制定，都是基于这一个人权利人们自发选择的结果。而秦以来建立的社会秩序，尽管在微观经济层面确立了私有财产权与土地买卖制度，但整个社会则以王权为中心与优先原则，以官僚制度为基本架构，以一家一户为一个生产单位、家庭小农业与家庭小手工业紧密结合、自给自足的自然经济为基础，以政府把农业当作主业加以保护、把工商业当作末业加以抑制为基本经济政策，以及以政府对盐、铁、金、银等资源的干预与垄断为特征，阻碍了社会分工朝向工商业方向的自发扩展。

---

① 参见《中国古代货币制度与货币形态的演变》，摘自网络"百度文库"。

参考文献

[1] 陈平．单一小农经济结构是我国动乱贫穷、闭关自守的病根//陈平．文明分岔、经济混沌和演化经济动力学［M］．北京：北京大学出版社，2004．pp. 77－80

[2] 陈平．文明分岔、经济混沌和演化经济动力学［M］．北京：北京大学出版社，2004．p. 411

[3]［4］傅筑夫．中国古代经济史概论［M］．北京：中国社会科学出版社，1981．p. 57，pp. 63－64

[5] 李露亮，李露钢．制度经济学：原始积累与制度变迁问题研究［M］．郑州：黄河水利出版社，2000．pp. 49－51

[6]［7］巴林顿·摩尔．民主和专制的起源［M］．北京：华夏出版社，1987．p. 131，p. 134

[8]［9］李露亮，李露钢．制度经济学：原始积累与制度变迁问题研究［M］．郑州：黄河水利出版社，2000．p. 51，pp. 51－52

[10]［11］陈平．文明分岔、经济混沌和演化经济动力学［M］．北京：北京大学出版社，2004．p. 411，p. 26

[12] 陈平．文明分岔、经济混沌和演化经济动力学［M］．北京：北京大学出版社，2004．p. 62

第十章 斯密悖论：斯密分工定理与斯密市场原理不相容

第一节　引　言

斯密悖论，是指斯密定理与斯密原理不能兼容。

斯密定理由以下三个陈述构成：①分工是经济增长的源泉；②分工依赖于市场的大小；③市场的大小取决于运输条件的优劣。

斯密原理也可由以下三个陈述构成：①分工产生交换；②市场像一只“看不见的手”，自发调节着资源配置；③每个人在追求自身利益的同时，社会利益会自动得以实现。

斯蒂格勒指出，斯密定理与斯密原理不能兼容（Stigler，1951）：斯密定理指明分工受市场限制，市场越是接近于完全竞争，斯密定理与斯密原理就越有效；但问题在于，分工接近于市场极限时就会产生垄断，而垄断又限制分工的发展与资源配置的效率。

对于类似斯密悖论这样的问题，米瑟斯早年给出了一个反驳，指出所谓斯密悖论是一个假问题。而陈平通过引入系统复杂性与稳定性消长关系概念以及分工演化的双向性质来克服斯密悖论，并提出了广义斯密定理，即：分工受市场规模、资源种类、环境涨落的限制。陈平解释有着现代物理学与进化理论的知识背景，具有一般方法论的意义，可以从耗散结构理论与广义综合进化理论的结合方面加以深化。尽管耗散结构理论与广义综合进化理论不属于经济学理论，但它们有着更为深远与广阔的宇宙进化背景，在科学解释方面更具有一般性与解释力。

第二节　米瑟斯解释

在构成斯密定理的三个陈述（分工是经济增长的源泉、分工依赖于市场的大小、市场的大小取决于运输条件的优劣）中，分工居于核心的位置，因此，斯密定理也可称为斯密分工定理。而在斯密原理的三个陈述（分工产生交换、市场像一只“看不见的手”自发调节着资源配置、每个人在追求自身利益的同时社会利益会自动得以实现）中，市场这只“看不见的手”是核心，斯密原理也可称为斯密市场原理或自由竞争原理。斯密这两个原理不过表明，在私有财产权的条件下，分工的好处可以通过市场交换来实现。

按照斯密、哈耶克、杨小凯的分析路径，分工内生演化的发生，以自给自足经济为其历史前提，以私有财产权与契约自由为其制度条件。当交易效率较低（或者说交易成本过高），不足以弥补分工带来的收益，自给自足就是经济的正常态，比如欧洲庄园经济与中国传统社会就长期处于这么一种经济形态；而当交易效率提高（或者说交易成本降低），足以显示分工带来的好处，局部分工就会从自给自足中出现，而城市、货币、企业、银行也会从分工与交换中演化出来，成为协调分工的形式。这是一个不断生成的自发演进过程，是进化的一般逻辑在社会经济生活中的再现。

在分工自发扩展形成的秩序中，分工演化是内生性的、遗传基因型的，而自由竞争是环境性的、生态型的。从这种意义上，斯密分工定理与斯密市场原理是互为里表的。斯密定理是核心原理，指出了分工演化导致经济进步与财富增长，它在最基本的层面、最基础的位置，刻画了一种具有原动力的演化逻辑。它不过表明，在人与自然的能量交换过程中，采取分工的方式能提高这种交换的效率。这种最为基本层面的逻辑，不能完全解决自身的矛盾性（比如实现交换带来的交易成本问题），需要建构起更高的形态来协调分工。在斯密看来，市场、交换、技术进步、投资增长都是分工进一步发展的产物，它们在次一级的层面，由分工演化发生，目的在于协调分工，通过支付一个交易成本，保证分工收益；分工大致确定了它演化出的其他协调分工形式的功能特征以及实现进一步分工的范围广度，这些次生的形态有助于解决基本形态的问题，但又不能完全解决自身的矛盾性，需要建构起更高的形态，这些二级或三级的分工形式与协调分工的形式，解决了前一级形态的问题，但又会产生新的问题；等等。这种描述演进中不同层级的原理如哥德尔定理。比如，市场的出现是分工的产物，其功能在于实现交换，实现分工经济带来的财富增长；而市场又发生交易费用，为降低交易费用，又会衍生出市场的地理集中，商人的出现，货币的出现，信用的出现；等等。分工演进就是这样一个解决问题又伴随着新问题的出现的动态过程。至于完全信息与完全竞争，交易成本与外部成本为零，不过是经济学家对于一种理想经济形态的假定，借以说明分工演化的理想条件与分工演化的目标模式，如物理学给出一个真空无阻力状态来描述物理运动一样。尽管这些理想条件与现实世界不完全相符，但并不妨碍核心原理的有效性。如果用这些理想条件的假设当作现实检验标准，那么，不仅使得一个自然演化的原理成为不可能，而且任何一般性的理论构造也成为不可能。因为人类是在非理想条件下开始自己的进化过程与分工过程的，它解决了一些问题，又带来一些问题，并通过技术的、组织的、制度的改进解决问题。而那些理想的假定在人类现实世界从来就没有完全存在过，而且以后恐怕也不会按此假定出现。用分工演化的核心原理来比照现实世界，看到其差异，甚至反例，其实并不是什么重大的发现。

按照现有文献的通常说法，是斯蒂格勒在1951年首先指出了斯密悖论，即斯密定理与斯密原理不能兼容。斯蒂格勒指出：斯密定理指明分工受市场限制，市场越是接近于完全竞争，斯密定理与斯密原理就越有效；但问题在于，分工接近于市场极限时就会产生垄断，而垄断又限制分工的发展与资源配置的效率。实际上，斯蒂格勒所谓的斯密悖论是老生常谈，并不是什么新的发现，早于斯蒂格勒20多年，米瑟斯在20世纪20年代的《自由与繁荣的国度》一书中就曾指出了人们通常认为的斯密悖论的荒谬性。

1927年，米瑟斯在《自由与繁荣的国度》一书中有力地回答了人们对斯密古典自由主义经济理论的质疑。这些反对经济自由主义的人认为："自由政策的前提条件目前已经不存在了。如果在一个单一的生产部门里，许多中等规模的企业展开激烈的竞争，在这种条件下，自由主义也许能行得通。且看，如今到处都是托拉斯、卡特尔和其他的垄断企业统治着市场，反正自由主义已经过时了，不是政治消灭了自由主义，而是自由经济在其发展过程中的必然趋势消灭了自由主义。"[1]这就是后来斯蒂格勒指出的所谓斯密悖论。

让我们引述一段米瑟斯的反驳。米瑟斯指出："为了检验这种论点是否有根据，我们假定：全世界的生产分工已经发展到每一种类的商品生产已经集中到一个企业手中了，以至于消费者作为买方，始终只与一个唯一的卖方打交道。在这种情况下，有一种凭空想象的经济理论认为：生产者就有可能任意抬高价格，以获取超额利润，因此会导致消费者生活状况的明显恶化。人们可以毫不费力地看出，这种想象是错误的。垄断价格——如果它不是由于国家干预而形成的话——只有在拥有特殊的地下资源的前提下才能形成。一个获得比别人更高利润的单个加工工业产品的价格垄断，只会引起其他企业争相效尤，造成这一行业的竞争。垄断在这个竞争过程被打破，其利润也随之被拉回到平均水平。在通常情况下，加工工业不可能产生垄断。这是因为，在每种经营资金水平一定的情况下，生产进程中的资金总量，拥有劳动力的总量以及社会产品的总量是有限的，如果减少某一个或若干个生产部门的资金和劳动力，减少其产量，以保持垄断企业的单位产品的较高价格，增加垄断企业的总利润，由此而释放出来的资金和劳动力就会涌入其他的生产部门。假如所有的企业都为了达到提高产品价格的目的而实行限产措施，那么就会有更多的工人和资金被释放出来，接踵而来的是，市场上资金充裕，劳动力价格相对低廉，刺激人们投资新建企业，导致有关企业的垄断地位被再次打破。所以说，在加工工业领域建立一个包罗万象的卡特尔或万能垄断机构的设想是完全行不通的。"[2]米瑟斯的反驳有力而完备，并且这一点在其他领域也是适用的。

斯密也曾指出了那种认为垄断将取代竞争并长期保持高额利润观点的无知

性，他指出："当有效需求增长、某种商品的市场价格因而大大超出自然价格时，运用资本以供应这种市场的人常常小心翼翼对这种变化保守秘密。如果大家都知道，他们的巨额利润就会诱使许多竞争者用同样的方式来运用他们的资本，于是有效需求得到充分满足，市场价格不久就会降到自然价格，或许有些时候甚至更低。""认为市场价格可以长期维持在自然价格之上，这是由于对高利润缺乏一般知识。"[3]

在自由竞争基础上分工演化的根本逻辑在于，它不断打破垄断而不是最终制造垄断。分工与自由竞争是一种自发成长的秩序，它以自主性、多样性、平等性为基础，而垄断则是一种停滞甚至倒退的秩序，它以强制性、单一性、不对等为基础。从历史的角度看，垄断是传统等级社会的基本特征，包括财产权的垄断、工商业的垄断、权力的世袭与垄断、对自由的限制、决策权的垄断等。垄断者基于自身的垄断地位，通过控制产量、价格同盟、瓜分市场、价格歧视、设租等手段，把自己的决策以及带来的外部成本强加给整个社会，以保证垄断利润与垄断租金。而从现代的角度看，垄断往往与政府权力的介入密切相关，利益集团的院外游说活动，通过立法而实行的进口许可与进口限额制度，是限制竞争、产生垄断租金与低效资源配置的推手。因此，这类形式的垄断依傍的是政府权力通过立法对竞争的限制，它的天敌就是自由竞争。

以英国为例，16—17 世纪建立起的自由竞争制度与君主立宪制制度，摧毁了庄园经济、行会垄断与政治上的专制，为分工演化、自由竞争打开了通路，在 18 世纪的后半期把工场手工业推上了机器大工业的轨道，在 1851 年使得英国的农业和畜牧业的机械化出现了质的变化，使得资本主义机器大工业在农业上也取得了胜利。1867 年的议会改革，完善了保障私有财产权、自由竞争，以及平民政治自由权利的制度框架。而关于生命权、财产权、自由权这些自然权利的确认，恰恰从制度上开启了近代工商业划时代的革命。正如马克思写到的："无论在英国革命或者法国革命中，财产问题的提法都归结为给竞争以广阔的自由和消灭一切封建财产关系，即封建领地、行会、垄断等等，因为这些关系在 16—18 世纪时期中变成了工业发展的桎梏。"[4]在英国历史上，正是通过宗教改革、光荣革命与工商业革命，首次打破了经济、政治、思想文化领域的各种垄断，为现代工业文明的发动扫清了道路。而先行工业化国家相继出台的反垄断法案也表明，垄断不仅在经济层面会受到自由竞争的冲击，而且在法律层面也会受到限制。从动态演进的角度看，随着市场需求的变化与新技术的变革，分工不仅会在原有行业中自发演进，也会在新的行业中自发演进，而且为了贯彻自身的演化逻辑，社会成员会在各个层面进行决策安排，不仅通过公平与正当的竞争不断打破经济层面的垄断，而且通过反不正当竞争或反垄断立法为自由而公平的竞争提供法律保障。

早在18世纪，斯密就指出了分工的内生性以及它所需要的市场条件，在斯密那里，自由竞争和分工演化是一个进化的秩序的两个有机的方面，不仅互为表里，而且相随而进。对斯密来说，竞争不过是分工在演进中不断打破垄断、为自己开辟道路的另一种说法。自由竞争无论是在发生阶段对封建垄断的制度性冲击，或是在分工演化过程中的多样性的出现、消费者选择的增强，还是在立法层面表达的对竞争机制的维护和对垄断的制约，都表明分工需要通过市场自由竞争的方式协调分工成本与分工收益。在斯密那个时代，斯密倡导自由竞争，反对垄断，反对国家干预，他不是无的放矢。因为，垄断与国家干预一直在场，参与定价，破坏公平竞争，它们不是竞争的结果，而是竞争的障碍。在分工演化条件下，无论在纯粹个人决策层面的分工选择，或是在契约决策层面的交易选择，还是在公共事务决策层面的反垄断法案选择，都显示出个人在克服外部性的决策过程中，反对任何形式的垄断与政府权力强加给他的外部损失。而现代社会中合法垄断中的专利制度，是保护技术创新的手段，以避免技术投入成果被外部化；而自然垄断中的资源垄断与规模垄断的情况复杂得多，除了资源优势导致的禀赋差异外，大资本对资源的控制，规模优势导致的成本劣加性，制约了竞争，不仅与分工演化逻辑无干，也会受到自由竞争的冲击与法律的限制。

因此，分工演化与自由竞争彰显的是一种秩序，它以个人的生命权、财产权、自由权为制度前提，强调决策权、契约权、达成公共政策的权力应该始终保持在社会成员个人的手中，并通过具有不同利益的个人在经济市场的公平交易与政治市场的利益协调，达成最有利于个人与整个社会成员的契约决策，以把外部成本降低到可以忍受的限度之内；而经济的垄断与权力的垄断彰显的则是另一种秩序，它表明决策权、契约权、达成公共政策的权力已经为少数经济垄断组织与既得利益阶层所左右，通过经济市场的不平等交换与政治市场的权力干预，达成最有利于垄断组织与利益集团的决策。这是两种截然不同的秩序，它们可能存在于不同的社会制度中，一种是契约制度，它以社会成员平等且神圣不可侵犯的生命权、财产权、自由权为基础；而另一个是非契约制度，在经济上与政治上存在着强制，由于它缺乏双方或多方自愿达成契约的一致性性质，所谓的“合同”或“公共契约”本身就丧失了合法的基础。这是两种截然不同的秩序，它们也可能共存于一个社会形态之中，但表现出进化与退化两种不同的方向、自由与垄断两种不同的价值。在前一种秩序中，社会成员通过自愿的纯粹个人决策、契约决策、社会公共决策来协调社会分工，协调个人利益、他人利益与社会利益，使社会成员的个人收益不断接近社会收益，而社会公共事务的决策是个人决策社会优化的结果；而在后一种秩序中，社会成员由于丧失决策权，其私人收益不断被外部化为垄断组织与利益集团的收益，社会公共事务的决策沦为垄断者的工具。对于后者这种状况的根本改观，在于重建个人自由权利的基础，并把它作为制度进步的唯一动力与根据。对此，与斯密、米瑟斯一脉相承的哈耶克，在《通往奴役之路》、《致命的自负》等著作中也有着深刻的论述。

第三节 陈平解释

陈平通过系统的稳定性和复杂性之间的消长关系来解释所谓斯密困境，并提出了“广义斯密原理”：劳动分工受市场规模、资源种类和环境涨落的三重限制。陈平把三个问题放在一起加以考虑：一是为什么资本主义起源于西欧而非中国或其他文明（李约瑟问题1）；二是为什么中国小农经济自给自足的传统如此深厚，始终没有按照分工路径演化出现代工商业（李约瑟问题2）；三是斯蒂格勒所谓的斯密困境。而“这三个问题的核心是劳动分工的机制和约束问题”[5]。

陈平认为，对于劳动分工发展的复杂性和社会演化的不对称性，可以用开放系统下生命有机体的自组织过程来理解。陈平指出，在系统的复杂性和稳定性之间存在着此消彼长关系，简称为复杂性和稳定性的消长原理：稳定性的增加以牺牲复杂性为代价，而多样性的发展又以减少系统的稳定性为代价。[6]在从简单到复杂的分工演化过程中，会降低系统的稳定性，但是同时增加了进一步发展的可能性。其主要结果表现为下属四个方面的性质：一是环境涨落会减少系统的均衡值；二是当种群之间互相竞争增加时，系统的稳定性会降低；三是混合系统的稳定性好于自由系统；四是劳动分工是一个双向的演化过程，它可能向着系统更为复杂、更不稳定的方向演进，也可能会退化。

陈平认为，中国传统社会限制分工演化的历史，分岔于春秋战国时期的土地危机，它未能从整体上演化出分工交换经济，而形成了自给自足经济这一稳定的结构，在此基础上还形成了官僚垄断的政治制度。自秦以来的中国传统社会之所以呈现出稳定性并持续了2000多年，其根源在于劳动分工未充分发展条件下以农耕为主的自给自足的小农经济。这个系统受到严重的生态制约、周期性自然灾害和大规模农民战争的影响。中国之所以趋于内向的自给自足的经济，是由精耕细作的小农经济决定的，而这恰恰又是土地资源相对贫乏和环境相对恶劣的条件造成的；而劳动分工和资本主义起源于西欧，在于西欧有广大的资源、较为温和的自然和社会的环境变化。西欧13至15世纪黑死病造成的劳力价格暴涨，激发了节约劳力的创新，同时，香料贸易推动了地理学上的发现和向世界市场的扩张。[7]而不断打破经济上和地域上的壁垒，通过自由竞争为分工和交换开辟道路，成为近代资本主义发展与扩张的基本特征。从这种意义上讲，自给自足经济与垄断经济在逻辑上都可以看作分工经济不发达、市场竞争不充分的产物，而不是相反的分工演化充分发展的结果。尽管在时间上，在分工演化之后，由于环境的变化或涨落，也会出现自给自足经济与垄断经济，但后者可能是一种变化了的适应，也可能是一种退化的结果。由于垄断的开放程度、复杂程度比竞争要低，从进化系列上来说处于更为低级、更为稳定、更为封闭的系统状态，它的资源配置的效率就比竞争资源配置的效率要低。垄断把一个更大的外部性带给整个社会，而分工演进与自由竞争却是不断降低外部性的过程。

陈平的解释有着现代物理学与进化论的知识背景，可以通过耗散结构理论和广义综合进化理论来深化。在耗散结构理论与广义综合进化理论看来，在整个宇宙进化的过程中，存在着一种重复出现的程序，一种进化的规律性，无论是物理学领域的物质 - 能量世界，还是生物学领域的生物 - 化学世界，或是文化学领域的人类 - 文化世界，进化的一般规律是存在的。广义综合理论就是把整个世界作为一个整体，寻找并系统地表达进化的基本性质与规律。这一理论把“物理的、生物的和社会文化的进化统一在一个有它自己的规律和逻辑的首尾一致的框架内”[8]，从而为我们提供了一种关于进化规则的概括性的认识。

按照广义综合论进化的观点，较高的组织层次上的系统是由较低的组织层次上的系统所支持并由较低的组织层次上的系统发展起来的。从现代科学的观念出发，拉兹洛认为，对进化的系统只能从组织层次的提高、体积的增大、内部结合能的减小（从而更有利于系统与环境的物质、能量、信息交换）的角度来理解。[9]物质世界的进化是如此，生物世界的进化是如此，人类社会的进化也是如此。正如拉兹洛指出的，在进化序列中，当我们“首先注意体积、组织层次和结合能量，我们立刻发现这是一个绝对连续的统一体。当我们从初级组织层次的微观系统走向较高组织层次的宏观系统，我们就是从被强有力地、牢固地结合在一起的系统走向具有较弱和较灵活的结合能量的系统”。“体积、组织层次和结合能量的连续统一体出现于从宇宙的基本粒子到最高层次的生物界的整个进化领域。像原子这样的粒子，我们已经知道它们是由非常强的力结合在一起的。原子核中的质子和中子是由核交换力结合在一起的，这种力的惊人强度已由核裂变显示出来。原子外层由电子的结合力束缚于原子核，它比核内的结合力弱整整一个量纲。复杂分子内的原子是由离子键或共价键及其相对更弱的力连接在一起。有机大分子内把细胞维系在一起的那些力就更微弱了，而多细胞生物体内把细胞维系在一起的那些力强弱标度中又要低一个量纲。至于在生态系统和社会系统中把生物物种和所有的人拢在一起的那些结合力，不管什么性质，都要比物理和生物化学的结合力更易消逝。”而“随着结合能量递减相应地其组织层次递增”，体积也随之递增。[10]生命的组织层次高于构成它的分子水平，而分子的组织层次又高于构成它的原子的水平；同时，一个生命的体积大于构成它的任一个中分子、大分子的体积，而一个中分子与大分子的体积又大于构成它的任一个原子的体积。

尽管从单一经济单位看，垄断的行业集中率高于竞争经济，但由于垄断的存在，首先，减少了厂商的数目，破坏了经济生活的多样性生态，用一对多的谈判机制代替了多对多的谈判机制。多对多的决策选择，是资源配置优化的先决条件之一，而一对多的决策选择，则是导致资源配置低效、价格歧视、垄断寻租、外部性的根源。其次，它的组织性却处在一个较低的层次，由一个组织垄断了某种资源的分配，是分工竞争经济这一较高形态的基础条件遭到破坏，有可能退化到一个更为原初的层级，因为竞争性的资源配置，是资源配置优化的基本方式。最后，垄断的资源利用的效率低于竞争经济。经济学证明，完全垄断厂商的长期均衡实现时，不能使平均成本处在最低一点（$MC=MR$，$dAC\neq0$），而完全竞争厂商的长期均衡实现时，恰好平均成本处在最小值（$MC=MR$，$dAC=0$）。

在时间序列上，尽管垄断可能发生于分工竞争经济之前，也可能发生于分工竞争经济之后，但在进化方向上，无论是经济上的垄断或是权力的垄断，都属于分工演化中的反向现象，它们抑制了竞争的活力，并使系统停滞或走向衰败。分工演化系统符合耗散结构的系统性质，开放性、复杂性是其系统特征，而垄断则遵循热力学第二定律，封闭性、简单性是其系统特征。实际上，科学家早已注意到在热力学描述的宇宙中各个系统的退化与达尔文进化论之间的矛盾，直到普里高津的耗散结构理论的提出，才给出进化系统动力机制的科学描述，使上述矛盾得到解决。

按照普里高津的划分，我们所知道的宇宙世界包括三种系统：平衡态的系统（系统内部的熵值最大，系统与外界没有热交换）、接近平衡态的系统（系统与外界有一定的热交换，系统会发生一些小的振荡，但其波动总是在平衡态附近）、远离平衡态的系统。这些系统中的第三种状态是远离热平衡和化学平衡的系统，被普里高津称为耗散结构。这种状态下的系统是非线性的和随机不确定的，它们不是趋向最小自由能和最大熵，相反，它们能放大某些涨落，然后进化到与平衡或接近平衡的固定状态不一样的新的动态体制。作为开放系统，它能够通过从系统边界引入负熵流来抵消甚至大于系统内的熵增，从而使系统从混沌走向有序，从存在走向进化。[11]随着能量越来越多地聚集到物质-能量系统中，这些系统就越来越远离热平衡和化学平衡状态，并变得越来越复杂，越来越具有进化到更高一级组织层次的可能。反之，随着系统进化活力的衰减，与自然进行物质-能量变换的效率将趋于降低，多样性将为一致性所取代，进化将为退化所取代。

经济上的垄断与权力上的垄断一样，使得社会成员参与决策的程度与影响力降低，垄断者的决策影响程度提高，而要保证垄断决策的效力，不仅要把一个巨大的外部成本与寻租成本强加到社会成员头上，垄断者贯彻其决策还要付出高额的监督成本，甚至意识形态成本。这一制度性质表明人类从环境获得一定的能量要支付更高的成本，或者说在一定的成本付出条件下只能从环境获得更少的能量，因为有一个被社会所承担的巨大的外部成本完全不必要，或者说完全可以通过制度改进加以节约。用现在时髦的话说，任何形式的垄断带给人类的只是负能量，它以少数垄断者的低效租金损害了社会资源的高效配置。这一点不仅对于经济生活中的完全垄断与寡头垄断是适用的，而且对于社会其他领域中的权力垄断与思想文化垄断也是适用的，它们窒息了社会的活性。由于垄断徒增的外部成本、寻租成本、监督成本、意识形态成本、其他精神成本，直接消减了社会净福利，并且瓦解了社会公平竞争的秩序，败坏了社会正义的空气，作为自由竞争秩序的反面，垄断最终将使社会经济生活与社会生活失去活力并走向衰败。

到了20世纪80年代，随着宇宙大爆炸理论、耗散结构理论、广义综合进化理论的进展，人类已基本搞清了物质－能量系统、生物－化学系统、社会－文化系统不是互不相干的任意构造，而是一个绝对连续的统一体。其中，较低层次的系统限定了较高层次系统能够进化的约束条件有多宽，可能性有多大。在较低层次束上的系统能做到允许更高层次束上的系统的进化，限制了它进化的大致方向，虽然它永远不能规定较高层次束上系统的新的特质，但它自身的性质被高层次所包含，构成高层次系统的基础。物理科学研究的是最基本层次上的基本粒子；生物科学研究的是更复杂的实体，其起点是为生物物种遗传信息编码的核酸；社会科学关心的是更高层次束，即社会－文化系统。

这些组织层次束中的每一束都是在下面那个层次束的基础上建立起来的。由于在较高层次得以出现之前，较低层次就已经形成了，因此，物质－能量领域、生物－化学领域、社会－文化领域构成的三大领域，表现为组织性的序列与时间性的序列。这三个组织层次束形成金字塔形，它的底部是物质世界构成的物质－能量系统和生物世界构成的生物－化学系统，在这个金字塔的顶部是人类在地球上建立的经济－文化系统，包括人类知识系统。而在人类的经济－文化系统中，分工及其演化具有创造性的功能，它所构造的专业化分工与市场交换系统，是一种自维生的开放系统，是人类自然适应与社会适应的基本方式。它从系统循环的微观层次就趋向多样性与自由竞争，不断打破稳定性与垄断。而垄断则破坏了系统进化的开放性条件与社会生态的多样性平衡。

当然，我们不能把人类生活还原为生物学定律与物理学定律，但是，作为一种进化或进步的观念，分工演化原理在本质上与生物进化甚至宇宙进化有着逻辑上的一致性。为了进一步表明分工演化的逻辑、生物进化的逻辑与宇宙演化的逻辑的这种一致性，克服在斯密分工演进原理理解上的偏颇，有必要对整个的进化历史过程有一个大致的了解。按照拉兹洛的见解，对于进化的广阔领域的考察要从金字塔的底部、从进化过程的起点、从基本的组织层与时间的起点、从这个有形的物质宇宙的物质合成开始。

第四节 广义综合进化理论

一、物质－能量系统的生成

物质的进化大约是在200亿年以前开始的。随着宇宙的大爆炸产生出了各种各样的物质－能量系统：按照热力学的划分，这些系统包括封闭系统（不同外界进行物质、能量、信息交换的系统）、孤立系统（不同外界进行物质、能量交换的系统）、开放系统（与外界进行物质、能量、信息交换的系统）；按照普里高津的划分，这些系统包括平衡态的系统（系统内部的熵值最大，系统与外界没有热交换）、接近平衡态的系统（系统与外界有一定的热交换，系统会发生一些小的振荡，但其波动总是在平衡态附近）、远离平衡态的系统（耗散结构）。而只有开放系统或远离热平衡和化学平衡的状态的系统具有进化的功能，这些系统不是像封闭系统那样趋向最小自由能和最大熵，它们内部的熵的变化并不是唯一地取决于它们边界内的不可逆过程，不只是简单地服从热力学第二定律，即自由能一旦消耗就不能进一步做功了，使系统朝着无组织滑去，而是可以从它们的环境输入进一步做功的自由能或负熵流。如果系统足够开放，能够从环境引入的自由能或负熵流能够克服系统内的熵增，系统就会远离热平衡和化学平衡状态，在宇宙中得以进化，成为有序的根源。[12]

物质－能量系统的进化集中表现在体积增大、组织层次提高、要素之间的结合能减少三个相关的方面。当我们沿着进化的路线从低级组织层次的微观系统（基本粒子、原子、分子）走向较高组织层次的宏观系统，就可以发现，进化着的系统就是从被强有力地、牢固地结合在一起的系统走向具有较弱的和较灵活的结合能的系统，同时，系统的体积增大，组织层次提高。这样，系统与外界进行物质、能量、信息交换的可能性进一步提高了，为向更高的组织层次迈进做好了准备。例如，在基本粒子层次，系统的结合能最大，体积最小，组织层次最低；在原子层次，系统的结合能依然很大，但比起基本粒子层次，它的结合能要小一些，体积要大一些，组织层次要高一些；在分子层次，系统的结合能要更小一些，体积更大一些，组织层次要更高一些。比起下层系统，上层系统表现为一个先行结构自发演化的更为复杂的结构。例如，原子层次是基本粒子层次的自发演化的结果，分子层次又是原子层次的自发演化的结果。这种自发扩展的秩序是自然界的杰作，宇宙的进化就是从较低的组织层次向较高的组织层次迈进，从基本粒子到原子，到分子，到中分子，到大分子，从物质－能量系统进化到生物－化学系统。在上述进化的过程中，系统的复杂性提高，与环境进行能量交换的效率提高，而系统的稳定性则随之降低。

二、生物－化学系统的进化

中分子与大分子能够记录、保存遗传信息，有着与环境进行物质、能量、信息交换的更大的能力。遗传物质 DNA 就是这样的大分子，有着自我复制的生物学功能。在上述基础上，生命神奇地产生了。我们这个星球上生命的进化是凭借宇宙进化过程中提供的条件开始的。物质进化过程中创造出的那些基本粒子、原子和分子，决定了生物进化的范围和相应的限制因素，虽然它没有决定生物进化的精确形式。有生命的系统在低层次组织的基础上自己确定它们自己的进化轨线，它们不能还原为物理的和化学的系统和过程。进化是一个自然过程，它有自己客观的“进化意向”。

生命是在46亿～36亿年以前在地球上占统治地位的条件下必然产生出来的。从太阳到地球的以及从地球内部到表面的持续能量流把地球表面的“化学汤”里的成分组织成了能获收和储存更大能量的系统。试验表明，在一个包含重要的生物的系统内，可见光和紫外线引起了一系列的光化学反应，最终产生出了中等分子量的各种化合物。由于一方面，太阳表面6000℃和地球表面25℃形成的温差，导致了地球与太阳之间的热流动，海洋成了热交流与热保持最为重要的场所；另一方面，由于地壳的缝中喷出了岩浆，加剧了海洋的热运动与矿物成分的运动，于是生命就在太古时代的海洋诞生了。后来，在我们这颗行星上所以发生了生物进化，是靠那些海底热泉内选择出了具有最快生长速度和复制速度的原始细胞。据海洋生物学的最新发现，在海底热泉边缘的生物物质的密度是海底其他地方的500倍到1000倍。深海荒漠中的这些生命绿洲，支持了关于生命起源的新的假说，也就是生命起源于深海喷泉的炎热环境的假设。这个进化过程一旦开始，生命几乎完全不再依靠地热的能量，而更多的靠来自太阳能量流来维持，植物通过光合作用利用阳光，把水和二氧化碳转化成碳氢化合物。植物靠上述机制生存，而动物靠吃植物和其他动物生存。但无论如何，能量流总是维持生物圈所有这些过程的不可缺少的动力。

基因组本身是一个远离平衡态的非线性化学系统，它包括自催化循环圈通过为数众多的自我调节和自我复制过程，在物质流和能量流中维持着自身的结构。作为一个动态系统，它有着倾向于在共同分享的环境内形成超循环的趋势。在早期生命史上，真核细胞的进化就是通过前核细胞当中的这一过程实现的，接下来，多细胞物种从真核细胞当中的超循环圈产生出来后，在更高的层次上，整个生态系统又是多细胞物种当中的超循环的结果。拉兹洛说，大致在原生细胞的层次上就出现了自创生系统（那些能够自己更新自己，自己修复自己，并且能够自己复制自己，自己生产自己的系统）：细胞中的超循环进化到有了复制整个细胞结构的能力，细胞分裂使单细胞有机体成了原则上不朽的系统：只要保证维持在边界条件范围以内，它们总能自己把自己复制出来。在这样一个进化的过程中，"分子在有化学活性的原子的结合中产生了；原生细胞从复杂化学分子的序列中出现了；真核细胞从原核细胞中诞生了；后生动物从原生动物当中自己涌现出来了；而后生动物又结合成广泛的生态系统、社会系统，以及至少在一种情况下，还结合成社会文化系统。"[13]

生物进化的时间之矢指向活力和自主性增强的物种，它通过基因频率的变化使具有活力和自主性强的物种得以保存和进化；同时，生物进化的时间之矢也指向具有高度复杂性和高度易损性的物种。于是，这样的物种就不得不依赖于更为复杂的生存技能。这些生存技能不仅包括生物遗传编码决定的特化器官的功能和本能行为，而且包括个体在一生中实际学习到的、后天的东西。大约在 200 万年以前，我们的祖先在生存竞争中已有了手脚的分工，学会了直立行走，开始了以制造工具为特征的生产活动。于是，他们不仅依赖于遗传生理机制、依赖于本能的行为来维持个体的生存与族类的延续，而且越来越多地依赖于对环境的感知、依赖于后天的行为来维持个体的保存与族类的繁衍。人类社会的经济－文化系统作为生物化学系统的次级系统，在物理性质上仍然属于远离平衡态的热力学耗散结构系统。人类这一物种主要通过使用工具尤其是采取分工与专业化的方式同环境进行物质、能量、信息交换。劳动及其分工，是这一能量变换的装置或形式，是自然选择的结果，并呈现出不同于其他物种在自然适应方面的特征。这是一个不可逆的过程，它指向多样性与进化。此外，人类还能够从精神上再现这种进化的原理，比如物理学、生物学、经济学。

三、社会－分工系统的演进

社会－分工系统在拉兹洛刻画的进化序列中，占据了物质－能量系统和生物－化学系统之上的一个组织层次束，兼有自然环境和社会环境。在社会进化的过程中，也朝着体积增大、组织层次提高、内部结合能变小的方向迈进，以使得人类可以更好地同自然进行物质变换，获得维持人类生存与进化所需要的能量。

无论是社会制度变迁还是技术革命或是文化融合，都指向了这一点。

一开始，人类原始部族是一个以血缘为纽带的人的联盟，以自然禀赋条件适应一个特定的环境，有着基本的自然分工，没有社会分工与交换，自给自足是基本的经济形态。这一形态较为简单而稳定，与环境物质能量信息交换的层次较低，曾延续了几千年。当分工与交换最后内生地从自给自足经济中出现，成为人类与自然进行物质－能量交换的方式，原始公社的共有财产制度、家庭婚配方式、组织形式则被私有财产制度、市场制度、国家制度所取代。奴隶制形态与封建制形态与其演化出来的前身相比，有着更为复杂的社会结构，更高的组织层次，更大的与环境进行物质－能量信息变换的能力，但其发展仍然缓慢，且内部监控费用较高；直到庄园经济解体，自由契约与市场竞争才最终取代了封建劳役与垄断，工商业才最终取代了农业，成为人类生活的基本形态，城市、货币、企业组织、金融业、国内外贸易随之进一步发展并成为协调社会分工的有效手段。

在从自给自足经济向现代大工业漫长的演进过程中，就科学技术来说，可以把它看作人类从自然获取物质和能量的转换器，这些手段扩展了人类作用于自然和人类相互作用的能力。石器、农耕与灌溉技术、近代科学与工业革命、计算机与信息化，成为表征人类技术变化的几个里程标志。拉兹洛写道：“着眼于技术和社会这两个因素，我们就可清楚地看到社会发展过程中的一系列动态相变，狩猎－采集的游牧部落驯化野生的动植物，然后转变成定居的农耕－放牧社会；农耕－放牧社会推进灌溉、轮作以及其他技术，然后转变成农业社会；农业社会发展出手工业技术和简单的制造技术，然后得以转变成工业社会；工业社会受到以信息和定向通讯技术为主的新技术的推动，进化到后工业社会。”[14] 拉兹洛还认为，社会的进步主要是由创造、吸收或适应技术革命而获得的。石器、农耕技术、蒸汽机与流水线、硅片与计算机，刻画了人类与自然进行物质－能量变换的不同阶段。而斯密早就指明，劳动分工是劳动熟练程度提高、技术进步与财富增长的深刻原因。

在人类社会进化的过程中，诚如诺斯指出的，分工演化与有效率的社会组织成为关键，后者在协调分工收益与分工成本中扮演着最为重要的角色。拉兹洛也指出，就社会组织形式来说，“它进化出它自己那个社会组织层次特有的功能，并获得了它自己那个社会组织层次特有的属性。这类自发产生的特征包括复制最重要的组分的能力，更新已经被内部和外部的变动损坏了的任何一部分结构的能力。自组织是社会的又一特征。和其他动态系统一样，社会本身就是一个自进化系统，它有紧随危机性紊乱之后稳定在一个可能的平稳状态上的能力。通过自生和分叉，社会在其特有的环境中自我维持；只要还能存活，社会就会在时间过程中朝向另一种可能的结构和组织形式进化。”[15] 人类正是通过分工内生演化与外生演化的方式不断提高着它与自然交换的效率，通过不断的技术创新与制度创新来发展与协调分工，建构起更为复杂的社会经济与政治规则，使分工演进的逻辑一次次在更高的组织层次上被复制出来。

分工演化与自由竞争是一种秩序，一个逻辑，是宇宙演化、自然生成、社会进化规律在更高层次的再现，它造就更弱的系统屏障，更不稳定的动态演化，使人类同环境更为有效的物质、能量、信息的交换成为可能，社会进步成为可能；而垄断是另一种秩序，另一个逻辑，它造就更强的系统屏障，更稳定的组织结构，使人类同环境之间物质、能量、信息的交换的效率降低，使进一步的分工演化成为不可能。前者是进化的动力，遵循耗散结构的演化动力学，并不断打破垄断从而为自己开辟进化的道路；后者是进化的反动，遵循热力学第二定律，趋于稳定并抑制分工与竞争。从前者不仅不会自发产生后者，正如进化的人不会再自发进化成猴子一样，从后者也不能否定前者，正如宇宙终将走向死寂而否定它曾在一种形态灿烂演化出了秩序一样。两者遵循着不同的逻辑。

从拉兹洛描述的宇宙演化秩序中，我们很容易看出它与斯密分工演化原理以及自由竞争原理，与哈耶克的自发扩展秩序原理，与杨小凯的分工演化秩序之间的一致性。宇宙演进、生物进化、分工扩展、道德生成之间有着共同的、内在的逻辑，它指向更小的结合能（基本粒子－原子－分子层面）、趋向更复杂也更不稳定的环境（生物－化学层面）、导致更细化的分工与更为自由的竞争（社会生活层面），来克服不同层面对于进化的限制，比如强大的结合能（基本粒子－原子－分子层面）、简单而稳定的系统（生物－化学层面）、经济的垄断与权力的垄断（社会生活层面）等。

分工与自由竞争的逻辑是与宇宙进化的逻辑一致的，而垄断的逻辑是与宇宙进化的逻辑相悖的。自由竞争通过打破经济垄断与权力垄断为自己开辟道路，把一个公平的、自由的、协商的机制与较低的外部成本带给社会，并走向文明；而经济的、权力的垄断则通过抵制竞争来保持自己的垄断地位与垄断租金，把一个不公平、独断的、强制的秩序与较高的外部成本施加给社会，并走向倒退。

从这种意义上说，分工－自由竞争秩序与垄断－租金秩序是风马牛不相及的。经济与权力的垄断者赖以生存的垄断租金要靠创租、设租、寻租来维持，它来源于决策权的不平等分配所导致的同一资源的不同价格；而在自由与公平的竞争条件下，垄断租金在制度设计上就没有存在的基础，同一资源在自由竞争市场上的价格有着迅速走向一致的趋势。

因此，所谓斯密悖论是一个假问题。

参考文献

［1］［2］米瑟斯. 自由与繁荣的国度［M］. 北京：中国社会科学出版社，1994. p. 123，pp. 123 – 124

［3］斯密. 国富论（上）［M］. 西安：陕西人民出版社，2001. pp. 60 – 61

［4］马克思. 道德化的批判和批判化的道德∥马克思恩格斯选集（第一卷）［M］. 北京：人民出版社，1972. p. 174

［5］［6］［7］陈平. 文明分岔、经济混沌和演化经济动力学［M］. 北京：北京大学出版社，2004. p. 222，p. 235 ，p. 241

［8］［9］［10］拉兹洛. 进化：广义综合理论［M］. 北京：中国社会科学出版社，1988. p. 5，p. 32，p. 32 – 33

［11］［12］普里高津. 从混沌到有序［M］. 上海：上海译文出版社，1987. p. 46 页，p. 18

［13］［14］［15］拉兹洛. 进化：广义综合理论［M］. 北京：中国社会科学出版社，1988. p. 53，p. 98，p. 91

第十一章 奥尔森悖论：导致组织产生的因素与导致组织解体的因素是同一个

第一节 引 言

奥尔森悖论，也可称之为奥尔森集体行动的悖论与组织悖论，它是指，那些导致组织建构与集体行动达成的逻辑，恰恰又是组织解构与集体行动瓦解的逻辑。奥尔森在1965年的《集体行动的逻辑》一书中指出："认为个人组成的集团会采取行动以实现他们共同的或集团的利益，这一想法远非一个集团的个人会有理性地增进他们的个人利益这一假设的逻辑推论。实际上，它是与这一假设矛盾的。"[1] 在奥尔森看来，那种认为集团会自动增进其成员的利益与认为成员会自动增进集团的利益一样，这些在社会科学中流传颇广的观点都是没有根据的。奥尔森困境的实质是外部性问题与合成谬误的问题，与公地的悲剧一样，指的是个人的理性选择往往会导致非理性的悲剧，如囚徒困境所显示的那样。奥尔森还把斯密"看不见的手"原理称为经济学第一定律，把外部性与囚徒困境表现出的逻辑称为经济学第二定律，指出了它们各自的有效性与相互之间的矛盾。奥尔森悖论的深刻之处在于，一方面，在公共选择理论的建构上，奥尔森坚持理性经济人的假定，说明个人行为与集体行为在同一种逻辑下所呈现的不同特征；另一方面，在组织克服"搭便车"行为的对策方面，奥尔森通过组织协调成本的引入，说明了具有选择性激励的集团比缺乏这种组织机制的集团更具有稳定性，而小集团由于监控成本较低，比大集团更容易组织起来。

关于组织悖论，崔之元博士在《"看不见的手"范式的悖论》一书中，从软预算的角度给出了外部性问题有力的例证。他把奥尔森悖论与斯密悖论联系起来，指出：斯密"看不见的手"的定理与软预算约束不能兼容。他指出：在斯密的分工演化定理与市场"看不见的手"原理中包含着如下前提：完全竞争，完全信息，不存在公共产品，不存在外部性与软预算约束；而被科尔内在《短缺经济学》中提出的软预算约束问题，以及现代经济学中称之为的外部性问题，都是斯密很少考虑的。崔之元指出，有限责任公司、破产制度、中央银行制度，均表示出这些制度的软预算约束特征与外部性特征，与斯密"看不见的手"的硬预算约束要求相矛盾。

崔之元博士指出的悖论与奥尔森悖论相同的地方在于，都指向了外部性问题；不一样的地方在于，在奥尔森看来，作为经济学第一定理的斯密市场"看不见的手"原理与作为经济学第二定理的外部性原理都是有效的，但从逻辑上又存在着矛盾，需要在集体行动与组织的层面通过建构更高的组织规则来解决；而在崔博士看来，“看不见的手”的假定与软预算约束不相容，由于软预算约束广泛存在，那么“看不见的手”就是一件“皇帝的新衣”，在现实中根本就不存在。他扮演了那个指出皇帝什么也没有穿的孩子的角色。但这是用现实的标准要求一个基础理论与它保持逻辑上的一致。实际上，斯密的分工原理、哈耶克的自发扩展理论、交易成本理论、公共选择理论、杨小凯的新兴古典理论，都有助于回答崔之元博士提出的问题。

第二节　经济学第一定律与第二定律

如果说，斯密悖论是指斯密分工定理与斯密“看不见的手”原理之间产生的悖论，那么，奥尔森悖论是指斯密看不见的手原理与经济学家称之为的外部性原理之间产生的悖论。奥尔森指出：经济学“第一定律声称，有时，当每一个体只谋求他或她自身的利益时，群体的理性结果会自动产生，著名的看不见的手将个体为自己的努力联合起来，并保证具有社会效率。第二条定律是，有时，第一条定律站不住脚：无论每位个体如何努力追求自己的利益，社会的理性结果最终不会自动产生，只有靠看得见的手或适当的机构才能带来具有集体效率的结果。这两个的格言具有最为重要和普遍的意义：几乎所有的经济学和社会科学的规律都可以被其中之一所概括”。[2] 奥尔森指出的这两条经济学基本定律的矛盾是显而易见的，它们既与斯密的分工－市场悖论相关，也与奥尔森的组织－集体行动悖论相关。就市场来说，由于公共产品与准公共产品所导致的外部性问题的存在，理性且自利的个体存在着选择做一个“搭便车”者的倾向，从而导致公共产品供给的不足，出现集体非理性的后果；就组织来说，由于在监控成本与绩效之间存在两难，组织中理性且自利的个体也倾向于选择做一个“搭便车”者，致使集体或组织最大产能难以实现，“搭便车”问题成为组织行为与集体行动的难题。对于前一个问题，有人把国家作为公共产品的常规生产者来解决公共产品供给不足的问题，但又会引发腐败、寻租、低效的问题，这些问题在根本上依然与外部成本有关；对于后一个问题，有人把“选择性激励”作为一种解决组织困局的方案，但它本来就是私有企业与大集体行动的基本特征，但并没有解决奥尔森困局。奥尔森悖论的核心在于，市场与组织都未能从根本上消除外部性与“搭便车”问题。

奥尔森问题的本质是在经济理性人假定的基础上，指出了组织活动或集体活动存在的“搭便车”现象，按中国的俗语说就是“三个和尚没水吃”的问题。奥尔森询问道：是什么原因妨碍了由理智的个体形成的群体为它的共同利益而采取行动？是什么原因使得群体里的每一位个体都享受到了集体行动的利益，而不管他有没有对集体行动做出过贡献？由于大集体行动或者较大的组织监控费用太高，集体产品的提供达不到最优；“既然集体行动的好处施予其中的每个个体，不管他是否分担了集体行动的成本；那么，除非群体规模较小或满足较特殊的条件，集体产品将不会通过市场机制或以直接的方式或出于自愿的安排而得到供给。”[3] 即使在小集体行动的范围内，最有利于集体的产品甚至也难以被提供出来。奥尔森还举了囚徒困境的例子：“依照囚徒困境模型，即使只有二人，集体行动也一定失败。”[4] 这些都是不合作解的例子。

从决策安排的角度看，只有当集体行动（包括团队生产与企业形态）比个人行动能带来更高的收益时，纯粹个人行动的决策才会为集体行动的决策所替代，个人才会选择集体行动或组织行动，这是组织发生的前提条件。组织或集体行动的存在，解决了个体行动所不能完成或不能实现的目标，但并未改变人的自利本性，也带来组织与集体行动本身产生的问题，比如“搭便车”问题。对于一项集体行动、一个经济组织，与其说，当用于克服成员“搭便车”的监控费用或激励费用支出，小于由于这种支出而带来集体产品的增加，那么，组织规则、监控制度、激励制度就会在集体行动与组织演进中出现，倒不如说，集体行动与组织行为的产生就在于抑制外部成本，通过契约规则防止外部成本在组织内的溢散与机会主义行为的蔓延。因此，旨在防止外部性与“搭便车”的监督机制、选择性激励机制是构成组织的构件。这种组织生成与成长的逻辑，与分工演化的逻辑在本质上是一致的，它协调分工与交换，降低外部成本与交易成本；当我们说，组织由于缺乏监督与激励而解体与衰落，不过是说，假如在一个关于达成集体行动的决策谈判中，个人的机会主义策略战胜了契约组织的策略，个人行动成为均衡态，集体行动或企业制度不会从分工演化中出现，或者即使出现，也会很快由分工双向演化退回到纯粹的个人行动。

埃琳娜·奥斯特罗姆的研究表明，当产权制度边界清晰，潜在用户较少，外部性与机会主义行为施加给个人的损害程度便于测量时，用户就可能达成自主治理协议，通过集体行动的方式来提供公共产品，并且可以有效把“搭便车”者排除在用户之外。① 正如诺斯非常客观指出的，奥尔森发现：“当个人在团体活动中的收益大于成本或个人被迫卷入活动中时，一个小集团就会产生；当成员能够得到排他性的个人收益而外人却不能获得时，大的集团就会出现。他同时指明，当大集团被组建并产生变动，而这并没有给成员带来排他性的收益时，他们将趋于不稳定和解体。统而言之，当个人仍能够通过搭便车方式得益时，理性人就不会承受参与大集团活动的成本。”[5] 当然，这种逻辑也从另一个方面昭示了一

① 参见埃琳娜·奥斯特罗姆的《公共事务的治理之道》、《制度激励与可持续发展》。

种道理：一方面，当个人通过自愿的契约安排来组织活动所导致的成本，小于由纯粹个体主义的行为所施加的成本，自愿的集体协作行动将是有效的组织方法；另一方面，当集体行动通过增加监督成本与选择性激励成本，能够有效地防止集体行动中的搭便车行为，有效地降低机会主义成本，那么，集体行动或企业组织就会从纯粹个体主义行为中演化出来并存在下去。而这两个方面，都是集体行动与组织行为存在的必要条件。

如果理性的个人选择纯粹个体主义行为的决策产生的预期成本－收益结构，优于他选择集体行动或加入组织的决策产生的预期成本－收益结构，集体行动就没有存在的理由，个人就不会选择集体行动或加入企业组织；反之，人们则会达成集体行动或加入组织的决策。如果集体行动成员或组织成员的支付函数相同，如囚徒困境结构显示的那样，尽管一次性博弈会得到非合作解，但人们也会通过重复博弈得到合作解；如果集体行动成员或组织成员的支付函数不同，或者说他们在成本－收益关系、报酬多寡、剩余索取权的分布等方面是不均衡分布的，有着更高收益预期的组织成员会为组织利益做更多的贡献，而预期收益较低的成员宁愿做一个"搭便车"者，并在组织内部形成纳什均衡；如果一项集体行动或一个经济组织能够测量个人机会主义行为可能施加的外部成本，并且支付一个监督成本与选择性激励成本可以有效抑制机会主义行为，在集体行动中或组织内就会建立监督机制与选择性激励机制，以降低机会主义成本，提高组织收益与集体成员的个人收益。

智猪博弈提供了一个有趣的例子，说明了在各个决策者支付函数不同的条件下，即使存在"搭便车"行为，也能够取得合作解（参见图 11－1）。

		小猪	
		行动	等待
大猪	行动	1 5	4 4
	等待	−1 9	0 0

图 11－1 智猪博弈

假设猪圈里有一头大猪、一头小猪。猪圈的一头有猪食槽，另一头有控制猪食供应的按钮，按一下按钮会有 10 个单位的猪食进槽，但是谁按按钮就会首先付出 2 个单位的成本。若大猪先到槽边，大小猪吃到食物的收益比是 9∶1；同时到槽边，收益比是 7∶3；小猪先到槽边，收益比是 6∶4。在两头猪都有智慧且按照自理原则行动的假定前提下，通过报酬矩阵，我们可以清晰地看出小猪与大猪在博弈过程中各自的优势策略，最终结果将是小猪选择等待，大猪不得不选择行动。

从矩阵中可以看出，对于小猪来说，当大猪选择行动的时候，小猪如果行动，其净收益是 1，而小猪等待的话，净收益是 4，所以小猪应该选择等待；当大猪选择等待的时候，小猪如果行动的话，其净收益为负，而小猪等待的话，收益是0，所以小猪也应该选择等待。综合来看，无论大猪是选择行动还是选择等待，小猪的选择都将是等待，即等待是小猪的优势策略。

对于大猪来说，如果小猪采取行动，它选择等待就是最优策略。但由于无论如何小猪都会选择等待，那么，当大猪也选择等待，它的净收益为0；如果它选择行动，它的净收益为4。因此，大猪选择行动是大猪的次优策略。最后的纳什均衡为：小猪选择等待，大猪选择行动。

总之，对于小猪来说，无论如何，选择等待都要优于选择行动，“搭便车”是它的优势策略；而对于大猪来说，无论如何，它最后都要选择行动，在其最优策略不能实现时，使其次优策略得到实现。同理，对于集体行动中支付函数不同的成员来说，不能够从行动中获得回报的成员会选择等待，做一个“搭便车”者；而那些能够从行动中获得相对较高的报酬的成员会选择行动。比如对于企业来说，企业所有者对于企业剩余具有完全的索取权，处在投资中心的位置，承担着投资、利润、成本方面最大的责任；企业高层管理者虽然不对投资承担主要责任，但处在利润中心的位置，承担着利润、成本方面的主要责任；而那些难以测量其劳动效率且不易得到提升岗位的普通员工，只是处在成本中心的位置，既不对投资负责，也不对利润负责，只对成本负责，他们除了完成集体或企业规定的劳动定额与成本指标外，常常宁愿做一个“搭便车”者。尽管这三个层面的所有成员遵循着同一个逻辑假定：具有理性且自利，但集体行动或组织行为就是由这三个层面的成员达成的契约，而且各个层面的职能职责是清楚的。

总之，如果我们对分工演化的进化层级原理有所了解，就不难解释这一悖论。从组织生成的前提条件来说，理性自理的个人之所以通过组织方式结合起来，就是对于个人来说，采取团队生产或集体行动或企业组织的方式能够增加个人的收益，这是集体行动与组织行为的第一逻辑；否则，我们无法理解人类社会广泛存在的经济组织形式。集体行动或组织行为解决了个人行为所无法实现的分工协作，但不能改变人性中理性与利己的本性，存在着“搭便车”的机会主义行为的可能。如果“搭便车”带来的组织损失超过组织活动比起个人活动来说的净收益，组织就没有存在的必要，个人行动就是均衡态；如果集体行动或组织行为带来的净收益减去组织克服“搭便车”的监控费用后依然超过个人行动的净收益，集体行动与组织行为就会从个人行动中演化生成，组织就是均衡态。一个经济组织在计件工资、计时工资、劳动定额管理、选择性激励、目标管理、企业文化、团队学习、股权激励等方面的支出，如果能够超过由于“搭便车”给组织带来的损害，企业就会采取这样的定量、监督、激励等措施。如果组织成员的努力能够为选择性激励制度识别，他或她通过为组织贡献的行动能够从行动中获得回报，他或她就会选择行动；反之，如果组织成员的努力不能够为选择性激励制度识别，或者组织根本就不存在选择性激励制度，他或她通过为组织贡献的行动不能够获得回报，他或她就会选择做一个“搭便车”者而不采取徒劳无功的积极行动。这一点恰如奥尔森指出的那样：“除非在集体成员同意分担实现集团目标所需要的成本的情况下给予他们不同于共同或集团利益的独立的激励，或者除非强迫他们这么做，不然的话，如果一个大集团中的成员有理性地寻求使他们的自我利益最大化，他们不会采取行动以增进他们的共同目标或集团目标。”[7]奥尔森的提示不过表明，监督成本与选择性激励，是一个集体行动或组织行为必须的成本支出，或高或低，因为在集体行动与组织层面，达成的决策必须面对“搭便车”问题。这一点，奥尔森在1982年出版的《国家的兴衰》一书中对选择性激励做了进一步的说明，指出根据组织成员对集体物品的贡献而采用的奖惩措施是集体行动的组成部分。

此外，集体行为比个人行为具有更高的组织层级，不能还原为个人行为或者从纯粹个人行为中得到解释。如果每一个交易者都以“搭便车”动机来构造集体行动或经济组织，集体行动或组织就不会从分工中出现，个人独自行动就是均衡；如果每一个交易者通过劳动的交换替代他们个人之间中间产品的交换，集体行动与企业组织形态就会从个人独自行动中演化出来，集体行动与组织就是交换的均衡态；当然，组织成员在组织构建之后，依据个人理性与自利本性，依然倾向于做一个“搭便车”者，只有在组织层级建构起一个具有选择性激励的组织规则，才能克服搭这种潜在的机会主义行为，保证组织的运行；否则，组织将面临集体产品供给的不足，甚至组织的解体。因此，组织存在的先决条件是：组织行为在解决外部性问题上比个人行为更为有效而不是相反。它通过增加达成劳动交易的交易成本（D_1），监督机会主义行为与实施选择性激励的成本（D_2），达成集体行动的谈判成本（D_3），比起纯粹的个体主义行为与公共政策行为来说，更有效地降低了外部成本（C），在企业组织层面实现了决策均衡（参见图11－2）。

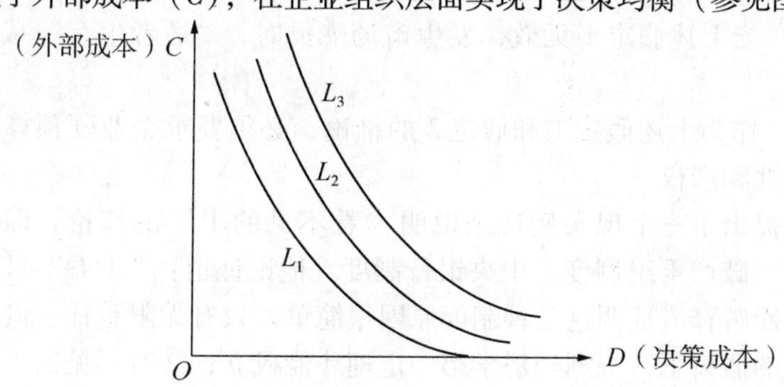

图11－2　决策成本对外部成本的替代

其中，OD 表示决策成本，OC 表示外部成本，L_3 表示公共政策协调或政府协调下的决策成本与外部成本的替代关系，L_2 表示纯粹个人行动下决策成本与外部成本的替代关系，L_1 表示企业契约下决策成本与外部成本的替代关系。

如图所示，当集体行动或组织决策协调外部成本与决策成本（L_1），与个人协调相比（L_2）或公共政策或政府协调（L_3）相比，后者在降低一个外部成本时，需要付出更高的决策成本，或者在维持一个决策成本时，有着更高的外部成本，那么，集体行动或组织行为就会在分工演化中出现，并成为协调分工收益与分工成本的方式。尽管“搭便车”机会主义行为瓦解了一些组织，但更多的组织还是从分工中演化出来，并存活了下去。因为在人类的初年，人们就知道了集体行动与组织的力量，并且通过制定组织规则或者说增加决策成本，来克服集体行动中的机会主义行为或者说降低外部成本，把可能溢散的收益内部化。在今天的分工经济中，没有专业化的组织活动与相应的组织激励，人类的整个社会生活是不可想象的。

第三节　公司制度与破产制度

崔之元在《“看不见的手”范式的悖论》一书中指出了斯密“看不见的手”原理与软预算约束不能兼容性。这一悖论首先由崔之元博士提出，并突出地表现在有限责任公司制度、破产制度、中央银行制度三个方面。其逻辑简要地表述如下。

在对斯密“看不见的手”范式论证的过程包含着三个假定：

假定 1　福利经济学第一定理：在完全竞争、没有公共物品、不存在规模经济、没有外部性的假设条件下，市场竞争机制可以使整个社会达到资源配置的帕累托最优。

假定 2　当上述假定 1 无效，发生市场失灵时，“适者生存”成为对假定 1 的补充。

假定 3　作为上述假定 1 和假定 2 的推论，必须要求企业硬预算约束，并且不存在外部性和产权。

崔博士提出了三个现实例证来说明“看不见的手”的悖论，即——有限责任公司制度、破产重组制度、中央银行制度。他论证道：“①看不见的手范式的第一论证不能解释或证明这三种制度原因很简单，只有无限责任，没有货币和没有破产制度的假设下，福利经济学第一定理才能成立；②看不见的手范式的第二论证（适者生存）与三种制度的存在不相协调；③这三种制度的存在导致软预算约束。”[7]

这种逻辑推论可以进一步简化为：因为斯密“看不见的手”原理要求硬预算约束；又因为有限责任公司制度、破产重组制度、中央银行制度表明软预算约束的存在；所以，斯密“看不见的手”范式存在反例或悖论。

论证并未到此结束。为要消除悖论，不能忍受两个看似矛盾的命题同时存在，简单的方法就是承认一个有效而另一个无效。在他看来，包含着外部性的有限责任公司制度、破产制度、中央银行制度作为现实的存在是不可避免的，“废除这三种制度也不是解决办法，因为我们无法先验地确定任何一种制度所产生的净收益。”[8]那么，消除悖论恰当的道路就只剩下一条，那就是废除斯密“看不见的手”的范式。这种处理不禁让人想起斯蒂格勒的话，之所以称之为“看不见的手”，实际就是皇帝的新衣，根本就不存在。

这种非此即彼的思维简单而鲜明，但不仅缺乏对分工演进的理论了解，也缺乏对有限责任公司制度、破产制度、中央银行制度得以发生的历史了解。确实，完全竞争、没有公共物品、没有规模经济、没有软预算约束、没有外部性的真空情况在人类社会从来就没有存在过，它们只在理论上被假定，其目的在于说明分工内生演化的理想条件以及为克服交易成本、保证分工好处而实施的交易制度与企业制度，而“看不见的手”的原理作为分工演化原理的市场延伸，不过说明了市场在协调着分工带来的好处与分工成本。斯密、哈耶克、杨小凯描述了由分工发动的这一演化过程：在个人选择专业化分工与市场“看不见的手”作用下，交换经济从自给自足的自然经济形态中自发演化出来，货币从物物交换中演化出来，集体行动与企业从个体行动中演化出来，有限责任制度从无限责任制度中演化出来，商业银行制度从交换制度与信用制度中演化出来，中央银行制度又从商业银行制度中演化出来。这种被哈耶克称为“自发扩展秩序”的历史演进逻辑，其核心原理就在于斯密的劳动分工原理。因为它再现了斯密的那句老话：劳动创造财富，分工推动财富增长，市场协调分工。并且，科斯、张五常、杨小凯证明，企业也是协调分工的形式，它通过劳动的交换替代中间产品的交换，保证企业这一专业化分工组织能更有效地发挥分工经济的效率，节约交易费用，并尽可能把外部性问题内部化，减少外部性与软预算约束带来的负面影响。

因此，应该修正与克服的恰恰不是分工演化原理与“看不见的手”的原理，而是外部性与“搭便车”现象。基于分工的制度建构在于保障分工效益，促进分工演化，降低分工带来的交易费用与外部成本。比照有限责任公司、破产制度、中央银行制度来说，无限责任公司制度、不允许破产的企业制度、纯商业银行制度的外部性一点也不小，甚至更大。如果把现实与理论作比较借以否定基本理论，不仅会导致思维的混乱，也会导致对历史的曲解。

1862年，英国通过《公司法》，创立了“有限责任”条款。英国贸易局表示：1825年以前，法律禁止民间设立股份公司，成立股份公司是一种特权，现在它成为公民的一种权利。该项权利的价值在于，允许人们在一定的法律框架之下，可以自由的组建一家只承担有限责任的企业或公司。这项制度设计使得投资更加安全，鼓励更多的人投资公司，促进并协调了分工经济的发展。从理论上来说，当分工演化到这样一种程度，生产链不断延长，中间产品的交易不断增多，不仅需要货币作为交易中介，也不仅要求企业来协调分工，而且为鼓励投资并降低投资风险，有限责任制度作为新的企业形态，就在分工演化中出现。

有限责任制度在资不抵债条件下的清算就是破产制度，两者都是鼓励投资与有效协调分工的形式，是个人通过投资组建企业组织的实体规则与程序规则，在“范式”上都属于硬预算约束。而软预算约束则有着自身特定的制度含义，科尔内特指传统社会主义条件下的企业制度特征。这一点从预算约束的始作俑者科尔内的描述中就可以看到。他指出：“古典资本主义企业有硬的预算约束。如果它没有偿债能力，那么迟早会破产。”“与此相反，传统社会主义企业的预算约束是软的。如果亏损了，它也不会真正破产，即停止营业。”[9]因此，破产制度恰恰是硬预算约束的表现，它的外部性比传统社会主义条件下的企业要小得多。而崔之元博士对于“软预算约束”的理解存在着时空上的错位，不是指出市场体制下的企业预算约束比计划体制下的企业预算约束要硬化得多，而是指出现实市场体制下的预算约束比理想市场条件下的企业预算约束要软得多。他认为，那种理想条件是斯密分工定理与市场原理的理论前提，由于与现实不符，所以应该废弃。按此逻辑，由于现实世界不是真空世界，牛顿力学应该废弃；由于爱因斯坦的统一场力尚未找到，相对论应该废弃；由于欧式几何第五公设不能自证，欧式几何应该废弃；由于光受到重力场会发生弯曲，光沿直线传播的理论应该废弃。此外，他对于“范式”的运用也存在着类似的问题。

按照库恩的解释，范式的基本含义是指科学共同体在科学实践中公认的范例，包括定律、理论、应用和仪器等，以为特定的连贯的科学研究提供模型。“一个范式就是一个科学共同体的成员所共有的东西，而反过来，一个科学共同体由共有一个范式的人组成。”[10]显然，崔博士与斯密不属于一个科学共同体，两者之间不具有统一的范式。库恩曾指出，不同的理论有着不同的范式，而不同的理论与范式之间不存在一种中立的、客观的、可用于比较两者优劣的中性语言，两者之间是“不可通约的”。例如，一个物体掉落地面，在亚里士多德看来是物体趋向于宇宙中心的运动，而在牛顿看来则是地球引力作用的结果；现代公司制度，一些人看到的是分工自发演化与自由竞争的结果，在于把外部性内部化，另一些人看到的却是它仍带有的外部性；软预算约束，一些人看到它可以通过市场这只“看不见的手”、私有产权制度、市场交易制度、有限责任制度、破产制度被硬化，另一些人则只看到软预算约束。由于不相信斯密早就告诉我们的市场那只“看不见的手”，于是得出结论：因为看不见，所以不存在。

由于理论基本观点的偏差，崔之元博士所主张用一种新的术语或范式来帮助我们思考现代经济学，即用“经济民主”的比喻来代替斯密的“看不见的手”的比喻，期望对付软预算约束的理论问题，解决诸如国有资产流失、腐败、两极分化的现实问题。民主属于顶层设计的政治范畴，而“经济民主”确实只是一个比喻，并且是一个不恰当的比喻。因为，不从理性经济人出发，不从分工演进出发，不从确立生命权、财产权、言论权、选择权这些民主框架的基础出发，甚至不从与“看不见的手”这一自由市场相匹配的契约自由出发，我们就难以理解政治制度应该是一种基于自由权利达成的社会契约，反而会导向一种强制制度，而这种强制无论是通过暴力获得，还是通过“经济民主”获得。这一泾渭分明的制度边界涉及分工演进的自然基础，涉及亚当·斯密的天然权利，尽管这些权利在现实生活中从未完全得到保证，但它们作为一个形而上的先验原则，在洛克、休谟、康德、密尔、斯密、哈耶克那里反复得到确认，并自发生长出秩序。不从这一原则出发，民主就无从谈起，况且“经济民主”又是一个十分怪异的概念，缺失了权利与自由，离开了分工与市场，民主，包括经济民主，又是为了什么呢？当然，“经济民主”的理想王国并非不毛之地，它生长着矛盾。

第四节 商业银行与中央银行制度

崔之元博士在商业银行与中央银行起源的问题上，提供了大量的理论资源与史料。在他看来，不仅有限责任制度与破产制度属于软预算约束，中央银行制度也属于软预算约束，足以致“看不见的手”以死地。实际上，商业银行制度与中央银行制度恰恰也是分工与竞争经济自发的产物，而中央银行制度设置的根本就在于硬预算约束，克服外部成本。

银行作为经营货币商品信贷业务、发行信用货币、充当信用中介、调剂资金的供求、办理货币的存贷与结算的金融机构，是分工演化与货币发展的产物。早在公元前2000多年，当时西欧古代社会的一些寺庙已从事保管金银、发放贷款、收付利息的活动，中国在商代就开始使用货币。公元前400年的雅典和公元前200年的罗马帝国，先后出现了银钱商和类似银行的商业机构。

崔博士对于私人银行与中央银行的历史提供了丰富的资料，并对斯密、米瑟斯、哈耶克的深刻见解给予了详实的记录。他写道：工商业革命之初，主要的货币形式是足值的金、银、铜等金融铸币，其价值仅比其金融成分的相应市场价值稍高一点。随着交易金额的不断增加，安全地贮藏和转移这些铸币就成了问题。那些有创意的金匠们，同意利用其作坊中的库房，为客户保存铸币，收取一定的费用，保证其安全性。久而久之，金匠和他们的客户都发现：在交易中买方将手中金匠开具的收条转给卖方比起兑现这些收条并实际转移相应的铸币要方便得多，彼此均能从中收益。收条的持有者可以在任何时候凭收条兑换铸币。不过，多数情形下，这些收条不是被兑现，而是越来越多地被当作一种交换的媒介来使用。这种作为货币的用途被人们认识到之后，收条也就发展成广为人知的票券，并被用作早期的通货。在票券发展的过程中，金匠们又注意到，这些票券不会同时要求被兑换为铸币。一般情况下，只要很少一部分铸币就可以满足正常的票券兑现要求。更具创意的金匠们不禁联想到：为何不多发些票券，贷款给那些有暂时购买力需要的人呢？对这种想法付诸实施标志着由“百分之百准备”的银行制度向“部分准备”的银行制度的转变。就是这样，金匠们卓有成效地创造了货币。[11]

崔博士关于银行起源的这段话尽管与历史上银行的起源存在较大的出入，但在逻辑上还是描述了斯密、杨小凯分工演进的路径。实际上，“向银行业发展的途径很多，不仅仅是，甚至主要不是金匠，还有商人、公证人、实业家和包税商。”[12] 只有分工演进到这样一种程度，不仅交换需要以货币作为中介来降低交易费用，而且需要专门经营货币往来的企业协调投资，银行制度才从工商业活动中演化出来，并成为协调分工与投资的重要方式。因此，银行制度与其说是金匠们创设的，不如说是由协调社会分工的商业活动创设的。

最早出现的只是商业银行，为了开展金融信贷，提高银行的运营效率，这些商业银行都实行部分准备的制度。这一部分准备制度构成了商业银行制度的核心，它创造了货币乘数，繁荣了交易与投资。但是，它会不会引起挤兑混乱？它能不能稳定而有效地协调分工？它是不是在根本上违背了市场供求原则？亚当·斯密的“真实票据论”给予了一种解释 。

斯密“真实票据论”的核心内容如下：一旦流通中的纸币过量，多余的部分既不能输往国外、又无法用于国内的流通，则必然会被立即送返银行兑换成金银。很多人意识到手中的纸币超过了国内业务的需要，由于不能将其输出国境，他们会立即要求银行进行兑付。一旦多余的纸币被兑换成金银，他们就能很容易地将之送往国外并派上用场，若是依然停留在纸币形态，就无法做到这一点了。因此，银行会立即面临着所有这些多余纸币的兑现要求，并且，银行若是在支付中显现出丝毫的犹豫或是困难，挤兑现象会进一步扩展。这种预警情况必然会加速纸币的挤兑现象。正如崔之元博士在此后评论的，斯密的“真实票据论”有两个要点：其一，可称之为“回流定律”，指银行超量发行的纸币将被返还到发行的银行；其二，指过渡发行会造成挤兑银行的危险。这一回流定理还暗含着对金本位制的依赖。[13]

英国作为近代工商业革命的的发源地，其商业与金融制度起步较早，并受到荷兰金融制度创新的影响。作为协调分工与交换的方式，早在17世纪末与18世纪初，英国的乡村银行与城市商业银行就发展起来。有资料显示，1750年，伦敦以外的乡村银行有十几家，到了1800年发展到400家，1809年又发展到755家。这些乡村银行的主要业务在于：实业家所需的当地收付；公证人、汇款人、尤其是贸易商在乡村与伦敦之间的资金划拨，以及征税人的政府税收收款业务。[14]1694年英国成立的英格兰银行是世界上第一个股份银行，它当时的主要业务是为英国国王威廉三世提供贷款，筹集军费和政府开支。由于这样的特殊身份，18世纪当英国议会限制其他银行发钞时，英格兰银行发行货币的权利不但未受影响，反而取得了垄断的地位。正是由于英格兰银行既是皇家私人银行，又是发钞垄断银行，它可以通过发钞稀释社会财富，引发纸币贬值与金融混乱。而商业银行也有着扩大业务货币创造的内在冲动。在1825年的危机中，“英格兰的770家银行中有73家倒闭”。这场“恐慌在人们的记忆中持续了50年”。[15]其间又相继发生了1847年、1857年、1866年的危机。

正如崔之元指出的：“1847、1857和1866年的危机证明，部分准备的银行体系存在内部不稳定性，必须要有一个‘最后贷款人’。道理很简单：黄金准备本身并不能带来收益，追求利润最大化的银行总是努力使之保持在最低水平，只要看来尚不妨碍安全性。在当时的英国，成立于1694年的英格兰银行居于整个银行业之首，其他银行很自然地寄希望于这家拥有特权的最大的私人银行为整个体系提供黄金储备。然而作为一家受利益驱动的私人机构，英格兰银行无法定承担最后贷款人的责任。”[16]由于英格兰银行具有发钞的垄断权力，在接下来的百年中，它逐渐成为英国银行结算的中心；在金融危机发生，其他银行出现挤提的情况下，英格兰银行充当了“最后贷款人”的角色。随着各个私人商业银行货币发行业务的逐步放弃，英格兰银行于1921年垄断了英国的货币发行权，并在1946年被收归国有，完成了从商业银行到中央银行的最终转变。而在美国，商业银行的历史随着欧洲对美洲的殖民统治起步，直到美国独立之时，杰弗逊等人仍极力反对建立中央银行制度。在此后的100多年，美国发生了多次经济危机与金融震荡，与此同时，加强金融监管、建立中央银行制度的呼声也越来越高。只是在经历了1907年的经济恐慌之后，“使得那些中央银行最坚定的反对者们也认识到，经济体系的正常运行再也离不开中央银行制度了。这个国家从托马斯·杰弗逊那里继承的最不幸的遗产，在百年来给这个国家不时带来一次次深重灾难之后，终于被彻底抛弃了。"[17] 到了 1913 年 12 月 23 日，国会批准设立美联储，标志着美国中央银行制度的诞生。

由于存在着外部成本问题，"最后贷款人"与中央银行制度自打提出就遭到一些经济学家、政治家与银行家的反对，斯密与哈耶克都是自由银行制度的倡导者，"最后贷款人"制度与中央银行制度的反对者，托马斯·杰弗逊也反对建立中央银行制度，英格兰银行的一位前行长汉基甚至称"最后贷款人"这个概念是"有史以来注入金融界或银行界的最有害的理论"。[18] 因为这一制度拯救了过度放贷行将破产的商业银行。

支持建立中央银行制度与反对建立中央银行制度的理由都很充分，"如果一家企业或公司知道自己干了蠢事后会得救，这实际上使它进一步降低标准而沉迷于蠢行。就凭这一点，人们应当发誓不救援它。另一方面，一旦蠢事已成事实，并具有扩散倒闭和失败的性质，就像火灾、雪崩、脱缰的马和人群中的惊慌一样，在这样的时刻，负责部门应义不容辞地采取措施来控制崩溃的局面。"[19] 正是在这种两难困境中，中央银行制度最后得以诞生。

中央银行的基本职能有三个：首先，中央银行是货币的发行银行，并且具有垄断性的发行货币的权利；其次，中央银行是银行的银行，是商业银行存款准备金的保管者和票据的结算银行，为各金融机构开立账户，接受商业银行的储备存款和特别存款，办理结算与贴现业务；最后，中央银行还是政府的银行，代理国库，为财政部开户，代理外汇平衡账户，保管经营黄金、外汇、特别提款权，稳定币值，还代表政府参加国际性财政金融机构。

从银行演进的历史来看，中央银行是在原有商业银行的基础上逐步演变发展而来的。在这一演进的过程中，需要构建和完善中央银行来满足联行结算的需求，而这种需求的实现实质上也体现了中央银行作为银行的银行所应具有的职能。通过签订结算协议，在银行开立账户的客户之间可以利用银行进行结算，在不同银行开户的客户之间的交易使得银行之间也有必要订立结算协议。交易的频繁进行使得一次一结不仅程序繁琐，而且交易成本较大；为了提高交易效率，降低交易成本，更有效的协调分工与交换，银行之间采取了新的方式，即相互开立账户，彼此在对方处存放一笔钱，经过一段时间（如一年）后再就互相交易的差额进行结算，多退少补。

在实践中人们又发现，通过如下的安排可以进一步地降低成本，简化手续，提高效率：选择一家银行作为银行间的结算中心，其余的商业银行都与之达成结算协议，银行之间的结算都通过它来进行。这样一来，结算协议就发展成为联行结算协议。然而这种做法也会伴生这样的问题：由于所有其他银行都必须在被选择作为结算中心的那家银行开立账户并存款，以方便结算，这家特殊的银行就能够无偿地取得大量的资金；如果允许它继续作为一般的商业银行进行经营的话，那么对于其他银行来说是很不公平的。为了避免出现这种不正当的竞争，作为联行结算中心的银行应当是非营利性的，至少在业务上不能与其他银行有竞争关系。于是，独立的中央银行胜任了这样的角色，逐渐成为银行结算的枢纽；各商业银行则都须向其交存部分资金以备结算之用，这笔资金后来就演变为今天的存款准备金。

从银行业的发展历史可以看出，它一方面源于以货币的形式来协调分工与交换，以提高交易效率，另一方面源于以企业的形式来协调分工与交换，以提高专业化经济程度，而这两方面的发展为现代银行的出现提供了条件。"随着交易效率的提高，一般均衡就会从自给自足演进到完全分工，此时货币就成为完全分工的关键。如果社会和制度条件保证纸币、一种信用制度或其他货币代用品的交易成本系数足够小，则货币代用品就会被用做交换媒介以协调完全分工。"[20] 当贵金属代用品的交易效率高于贵金属本身的交易效率时，劣币就会驱逐良币，贵金属更多地承担储藏手段的功能，其代用品就会成为流通手段，早期的钱庄、票号、金匠就会以票据与纸币这样的货币符号取代贵金属的流通；当分工交换经济演化到这样一种程度，必须有一种商业企业组织专业化承担组织社会闲散资金、从事放贷业务的功能，商业银行制度就从分工中演化出来；当"部分准备"制度的交易效率高于"百分之百准备"制度的交易效率，现代银行企业及其金融放大工具就会在分工演化中产生；商业银行作为现代企业的一种形式，其组织方式仍然是有限责任形式，以吸引投资，降低投资风险；同时为保证银行信誉与储户利益，需要一个"最后贷款人"以克服挤兑风险，中央银行及其准备制度最后也建立起来；当国际分工与国际贸易发展到一定程度，国际货币与国际性金融机构就会协调国际分工、国际贸易与国际结算，像美元、世界银行、国际货币基金组织就会在分工演化中出现。但是在目前的国内、国际货币金融体系中，一方面，各个国家都有着自己的金融体系，以协调国内分工与商业交换活动，在各个商业银行的基础上建立起中央银行，充当货币发行行与"最后贷款人"的角色；另一方面，随着国际分工、国际贸易、跨国投资的深化，国际结算货币体系正处在形成于变革之中，但在各国的金融体系之上尚未建立起一个超越各个民族国家的"最后贷款人"，尚未形成一个具有广泛认同与具有约束力的国际货币金融体系。随着布雷顿森林体系的垮塌、美国金融危机的爆发与欧债危机的蔓延，新一轮的量化宽松政策与货币竞赛正在上演。这一状况可能会在国家与世界层面再现奥尔森集体行动的困境：每个国家的理性自利的选择会导致整个世界范围的非理性结局。当每个国家的货币都变得越发不值钱时，各个国家的货币过度发行以及由此引发的贸易摩擦与汇率战争就难以避免。

杨小凯说，经济学就是处理经济生活中两难选择的学科。现代金融业的发展一方面增加了流动性，活跃了交易，一方面又带了金融业自身的风险。这就是两难困境。在凯恩斯主义盛行、布雷顿森林体系崩溃与国际金融危机的大背景下，风险问题变得尤为突出，并集中在“中央银行制度”、美元结算、国际金融制度上。问题的根本在于在各个国家的中央银行之上，并没有一个“最后贷款人”来实行国际金融监管，化解金融风险。如果各个国家展开货币超发竞赛，如同哈丁的悲剧描述的放牧竞赛一样，难免导致国际金融秩序的悲剧，这就是风险所在。无论是布雷顿森林体系的崩溃，还是牙买加协议，无论是2007年的金融海啸，还是2010年的量化宽松竞赛，都表明一种能够有效协调国际分工与国际贸易的国际金融体系尚未建立起来。是回归金本位制，还是建立一个超越各个民族国家的国际货币储备与结算体系，是强化自由银行制度弱化中央银行制度，还是强化中央银行制度加强商业银行监管，仍是一个问题。

早在20世纪20年代，米瑟斯就对扩张的金融创新提出了警告。在李嘉图和维克塞尔的启发下，“米瑟斯首次提出了后来以奥地利学派命名的经济周期理论的基本特征，他的这一研究成果在理论上具有开创性的意义。他指出：政府和中央银行也应对经济周期的反复循环问题承担责任，只要政府将新‘创造的’货币通过金融市场注入经济生活之中，就会导致利息率降低到低于市场供求所决定的正常的市场利率水平之下的后果。而较低的利息率又导致投资规模的扩大和资本存量的增加，这就形成了经济繁荣（高涨）阶段。但是，由于实际消费趋势和储蓄趋势并没有发生任何变化，接踵而至的‘校正’必然会有一个时间上的延迟，直到投资规模过大的问题暴露之后，人们才开始对错误的投资进行系统地清理和调整，这就是每次繁荣之后紧接着出现衰退的内在原因。米瑟斯认为，为了避免通货膨胀和经济周期的循环问题，政府必须放弃对货币的干预和控制，必须取消中央银行和政府对货币印制和发行所拥有的垄断地位，由金本位制以及在金本位制基础上建立起来的自由的、竞争的银行体系来取代政府和中央银行的地位。”[21]在这一点上，哈耶克与米瑟斯的意见是一致的，哈耶克也指出了货币超发刺激最终会导致泡沫的破裂。他们的这种见解尽管曾备受嘲笑，但经历了2007年金融危机之后，又重新受到业界的重视。

有限责任制度、破产制度、中央银行制度是市场协调分工与交换的结果，界定了避免外部成本进一步溢散的边界，以有效协调分工、刺激投资。因此，它们无论在起源上还是在功能上，都属于“看不见的手”的范式，属于一个研究纲领。外部性问题不是市场制度的本质，而是非市场制度的本质，私有财产制度、市场竞争制度、个人自由决策制度，根本上就是要解决外部性问题。在现代市场经济条件下，外部性寄生于市场；在制度转型与双轨制条件下，外部性寄生于同一资源的双重价格之间，恰如权钱交易为整个社会带来的外部成本一样。但它不是市场经济的本质，而是非市场权力经济的本质、垄断的本质。自由市场制度本身，以财产权利为前提，通过购买者货币投票最终来决定资源配置，这一过程是通过个人决策自发形成的。有限责任制度、破产制度、中央银行制度的产生只是在分工演进过程中，通过市场这只“看不见的手”协调分工与交换的结果，货币投票的结果。如果其协调分工的效率超过它们外部性与软预算带来的损失，有限责任制度、破产制度、中央银行制度就会从分工中演化出来，遵循着分工演化与“看不见的手”的逻辑。

在现实生活中，突出的问题是外部性与垄断租金。而最大的外部性就来自于经济与权力的垄断，它把外部成本强加给整个社会，而社会成员承担的外部损失，恰恰构成了垄断者的租金。寻租空间，可以通过对于某种资源高于竞争价格的垄断高定价获得，也可以通过对于某种资源低于竞争价格的权力低定价获得。这一租金，见与不见、拿与不拿，它都在那里，它不会通过在刑事上惩罚垄断者或寻租者而减少一丝一毫，而只能通过制度改进来消除。

参考文献

[1] 奥尔森. 集体行动的逻辑 [M]. 上海：上海三联书店，1995. p. 2

[2] [3] [4] 奥尔森. 经济学第二定律//盛洪主编. 现代制度经济学 [M]. 北京：北京大学出版社，2003. p. 353，p. 354，p. 355

[5] 诺斯. 经济史中的结构与变迁 [M]. 上海：上海人民出版社，1995. p. 10

[6] 奥尔森. 集体行动的逻辑 [M]. 上海：上海三联书店，1995. p. 3

[7] [8] 崔之元. “看不见的手”范式的悖论 [M]. 北京：经济科学出版社，1999. pp. 14 – 15，p. 15

[9] 科尔内. 短缺经济学 [M]. 北京：经济科学出版社，1986. p. 36

[10] 库恩. 科学革命的结构 [M]. 北京：北京大学出版社，2003. p. 158

[11] 崔之元. “看不见的手”范式的悖论 [M]. 北京：经济科学出版社，1999. p. 55

[12] 查尔斯·金德尔伯格. 西欧金融史 [M]. 北京：中国金融出版社，2010. p. 83

[13] 崔之元. “看不见的手”范式的悖论 [M]. 北京：经济科学出版社，1999. p. 57

[14] [15] 查尔斯·金德尔伯格. 西欧金融史 [M]. 北京：中国金融出版社，

2010. p. 89, p. 95

[16] 崔之元. “看不见的手”范式的悖论 [M]. 北京: 经济科学出版社, 1999. p. 61

[17] 约翰·S. 戈登. 伟大的博弈 [M]. 北京: 中信出版社, 2011. pp. 237–238

[18] [19] 查尔斯·金德尔伯格. 西欧金融史 [M]. 北京: 中国金融出版社, 2010. p. 104

[20] 杨小凯. 发展经济学: 超边际与边际分析 [M]. 北京: 社会科学文献出版社, 2003. p. 408

[21] 米瑟斯. 自由与繁荣的国度 [M]. 北京: 中国社会科学出版社, 1994. p. 5

第十二章 诺斯悖论：国家既是经济增长的关键也是经济衰退的根源

第一节　引　　言

诺斯悖论是诺斯在 1995 年《经济史中的结构与变迁》一书中提出的一个命题，即："国家的存在是经济增长的关键，然而，国家又是人为经济衰退的根源；这一悖论使国家成为经济史研究的核心，在任何关于长期变迁的分析中，国家模型都将占据显要的一席。"[1]诺斯通过国家具有界定产权的制度安排权利强化了这一问题。他认为，由于国家界定产权，它对整个社会绩效负责。假如决策权平等分配，便构成契约型国家，国家便会从全社会的立场进行制度安排，以保证社会产出的最大化，让私人净收益接近社会净收益的水平；反之，假如决策权利不平等分配，便构成非契约型国家，国家便会从既得利益集团立场进行制度设计，以保证垄断租金的最大化，这样便不能有效地保护私人财产权与促进分工，最终会出现经济的停滞甚至衰退。

布坎南与塔洛克在《同意的计算》一书中指出："政治是一个更为复杂的交换结构，通过这个结构，人们希望集体地获得个人自己私下确定的目标，而这些目标是不能通过简单的市场交换来有效获得的。"[2]作者把经济学成本分析的工具运用到公共选择的分析中，建立了外部成本函数与决策成本函数，并把相互依赖成本（外部成本与决策成本之和）的最小值作为集体选择或公共决策的最优规则，使公共选择理论具有了经济学的基础。如果社会成员普遍参与决策，他们会通过决策成本与外部成本之间的权衡，使相互依赖成本最小化；由此反推，如果由一个国家排斥社会成员参与公共事务的决策，那么将为社会带来极大的外部成本。从这种意义上看，布坎南的公共选择理论也可以看作对诺斯悖论的一种回答。

21 世纪初，杨小凯与林毅夫关于后发劣势与后发优势之争也涉及国家理论问题，它们指向落后国家经济增长路径的选择。杨小凯指出，后发国家通过技术模仿而避开制度模仿，比较容易，并可在短时间内取得成效，但并不能持久，它会积累起一个既得利益阶层，形成制度改进屏障，最终会陷入后发劣势的陷阱。林毅夫则认为，后发国家不必先采用制度模仿，而凭借自然禀赋与技术模仿，先易后难，小步快跑，可获得持续的增长并超过先行工业化国家，取得后发优势。

这样代价较小，可以在一个相对稳定的环境中来发展经济。① 这一讨论指向市场经济相容的制度问题，它所构成的张力再现了诺斯悖论。

第二节 诺斯解释：契约论与掠夺论的综合

诺斯是新经济史的先驱者，在学术上受到斯密分工理论、马克思制度分析框架和科斯交易费用理论的影响，开创性地运用制度分析的方法来研究经济史问题。在解释历史上的经济增长方面，他着重强调了产权结构在协调分工收益与分工成本中的核心作用，认为一个有效率的经济组织的出现是经济增长的关键。他指出："专业化和分工是《国富论》的核心问题。然而，经济学家们在构造他们的模型时忽略了专业化和劳动分工所产生的费用，这些交易费用是决定一种政治或经济体制结构的制度基础。"[3]而"在分工收益与分工成本间不断发生的冲突，不仅是经济史中制度变迁的根源，而且也是现代政治、经济实绩问题的核心"。[4]

诺斯多次强调有效率的经济组织在经济增长中的作用，因为清晰界定产权边界的制度安排造成了一种刺激，将个人的经济努力变成私人收益接近社会收益的活动，把外部性降低到最小限度。由于私人收益是指经济单位从事某种活动获得的净收入，社会收益是社会从这一活动中所得到的总净收益，后者等于私人收益加上这一活动使社会其他成员获得的净收益。因此，私人经济活动的收入被外部化的部分越多，他就越不能从该活动中获得激励；反之，越是能把外部性程度降低的制度安排，就越是能够为私人投资提供经济激励。诺斯说道，除非现行的经济组织是有效率的，否则经济增长不会简单地发生；而要使得经济组织具有效率，社会必须为经济组织的经济活动提供足够的制度激励。

如果国家通过制度安排建立的排他性的产权结构，有效地减少了社会在分工演化中的外部损失，使私人收益接近社会收益，则为经济活动提供了发展的动力；反之，如果国家通过制度安排建立的产权结构，不能有效地控制社会在分工演化中的外部成本，使私人预期收益的很大一部分被外部化了，则经济活动便失去了持续发展的动力。因此，国家所界定的产权结构的性质与公共决策在克服外部性方面的成效，决定了国家最终的兴衰，它可能成为繁荣的动力，也可能成为衰落的根源。最后这一点，构成"诺斯悖论"的命题。

国家性质构成诺斯悖论的基础。诺斯指出："关于国家的存在有两种解释：

---

① 林毅夫2002年6月12日在北京大学名为"后发优势与后发劣势——与杨小凯教授商榷"的演讲，是对杨小凯在天则研究所名为"后发劣势，共和与自由"演讲的直接回应。

契约理论与掠夺或剥削理论。”[5]如果决策权平等分配，就会建立起契约型国家，它通过界定产权，提供一个有效率配置资源的框架，保证社会产出的最大化，促进整个社会福利的增加，推动经济增长。这就是国家契约论。如果决策权不平等分配，由少数人垄断决策权，就会建立起掠夺型国家，它通过界定产权，仅使权力集团的垄断租金最大化，就不能实现整个社会经济的发展，而会造成人为的不公、经济停滞甚至衰退。这就是国家掠夺论。

契约论是启蒙主义政治理念的核心部分，霍布斯、洛克、卢梭都推崇社会契约的观念。卢梭认为，国家起源于人的自然权力，是一个自由人的联合体，是全体社会成员的社会契约。他指出："要寻找出一种结合的方式，使它能以全部共同的力量来卫护和保障每个结合者的人身和财富，并且由于这一结合而使得每一个与全体相联合的个人又只不过是在服从其本人，并且仍然像以往一样自由。这就是社会契约所要解决的根本问题。”[6]因此，国家的合理性前提是人的生命权、财产权、自由权这些自然权利，国家的合法性前提在于个人之间达成的社会契约，其目的只是为了更好地保护人的自然权利。卢梭“把政治组织的建立视为人民和他们所选出的首领之间的一种真正的契约，双方约定遵守其中规定的法律，这些法律构成了他们结合的纽带。人民在一切社会关系上，既以把每个人的意志结合成为一个单一的意志，所以一切表现这个意志的条款，同时也就成为对于国家全体成员无不具有约束力的根本法”。[7]而非契约政府则建立在对社会成员契约权力的剥夺之上，同时它也就失去了合法性的基础。由一个人代替整个社会进行决策，尽管决策成本低，但整个社会成员将承受巨大的外部成本。密尔在《代议制政府》一书中，不仅指出了非契约制度对人的基本权利的侵害，而且也注意到了专制意识形态的欺骗功能，让人们错以为好的专制制度能带来社会稳定，而坏的民主制度会造成社会动荡。密尔指出："好的专制政治完全是一种虚假的理想，实际上是最无意义和最危险的奇异想法。在一个文明有所发展的国家，好的专制政治比坏的专制更有害，因为它更加松懈和消磨人民的思想、感情和精力。”[8]密尔认为，理想上最好的政府形式就是主权或作为最后手段的最高支配权力属于整个社会的政府，在这里，每个公民对最终的主权行使发言权，而且经由选举还能够亲自担任某种地方的或一般的公共职务。[9]但由于直接民主决策成本太高，“即使在面积和人口相当于一个小市镇的社会里，由所有人亲自参加公共事务也是不可能，从而就可得出结论说，一个完善政府的理想类型一定是代议制政府了。”[10]

掠夺论的代表人物是马克思和恩格斯，奥尔森从流窜匪帮到常住匪帮的理论也可归于掠夺论。早在19世纪中叶，马克思就得出如下看法：国家是社会生产力和社会生产关系发展到一定阶段的产物，是私有财产制度的政治形式，是一个阶级统治与剥削另一个阶级的工具。马克思的理论影响到19—20世纪的工人运动与社会主义模式的出现。奥尔森则在《独裁、民主和发展》（1993）一文和《权力与繁荣》（2000）一书中，讲述了一个从流窜匪帮到常驻匪帮的制度演变故事，流窜匪帮通过掠夺，把巨大的外部成本施加在整个社会成员头上，匪帮集团所得，恰好等于其他社会成员的损失。即使当这一流窜匪帮成为常驻匪帮，在缺乏社会成员个人决策、自由契约、公共谈判机制的制度条件下，由常驻匪帮代替整个社会成员的决策，交易成本与公共决策的谈判成本为零，但对匪帮之外的社会成员来说，存在着极大的外部成本。而要维持这一局面的稳定，常驻匪帮还要支付一份监督成本与维稳费用，必要时还要支付一个巨大的意识形态成本，以降低制度改进与制度替代的概率。

契约论与掠夺论是两种完全不同的国家理论，指向两类性质完全不同的国家。诺斯解释在于对契约论与掠夺论的综合。他指出，契约论假定主体间的权利或暴力潜能在社会成员中是平等分配的，它成功解释了最初签订契约为社会成员带来的利益，但未能说明不同利益成员背后的最大化行为；掠夺论假定主体间的权利或暴力潜能在社会成员中是不平等分配的，它成功解释了掌握国家控制权的人何以能从社会其他成员中榨取租金，但忽略了契约的最初签订给社会成员带来的利益。[11]诺斯指出，国家提供博弈的基本规则，而制定这些规则不外乎有两个目的：“一是，界定形成产权结构的竞争与合作的基本规则（即在要素和产品市场上界定所有制结构），这能使统治者的租金最大化；二是，在第一目的的框架中降低交易费用以使社会产出最大，从而使国家税收增加。”[12]但这两个目的是不一致的。前者指向统治者收入或垄断租金最大化，它同时也意味着社会成员的私人收益被外部化为垄断租金；后者指向社会产出的最大化，而只有建立起一个有效率的产权结构，这一目标才可能实现。它也意味着外部成本的同时降低。

正是从这种意义上，诺斯悖论是有意义的，它指向了这样一个道理：国家界定产权，国家要对经济绩效负责。关键的问题在于上述两个目标之间的博弈，两种决策制度的替代与利益调整。当天平倾向前者，租金最大，外部性最大，社会激励最低；当天平倾向后者，社会产出最大，外部性最小，社会激励最高。而在租金最大化决策到社会产出最大决策之间，或者说在垄断决策到社会契约决策之间，不仅存在着帕累托改进的空间，即在不减少一部分人的福利的情况下，通过改变原有的决策方式与资源配置方式，可以提高另一部分人的福利，还存在着卡尔多－希克斯改进的空间，即一部分人的境况由于决策调整而变好，他们能够补偿另一个部分人的损失而且保证还有剩余。而帕累托最优的情况，即从一种决策状态到另一种决策状态的变化中，不再可能使社会成员的福利状况变得更好，却只有在每一个社会成员具有平等的决策地位的条件下才可能实现。

在诺斯解释中，承认国家的暴力潜能与掠夺的可能性，认为初始权利的平等分配与契约构建有助于抑制这种暴力潜能向掠夺方向的演化；反之，初始权利的不平等分配，则有可能强化这种暴力潜能朝掠夺方向的发展。因此，成为决定演化方向的关键因素在于初始权利是否能够得到公平的分配，由此决定了制度安排的效率。这些问题涉及核心制度的立宪基础与决策规则。对此，诺斯并没有深入讨论，而布坎南给出了一种以个人决策为基础的公共选择理论的解释。

第三节　布坎南－塔洛克解释：决策成本对外部成本的替代

詹姆斯·麦吉尔·布坎南（James Mcgill Buchanan，1919—2013），现代公共选择理论的奠基者。在布坎南看来，政治学与经济学一样，都是一门交易的学科，只不过政治市场有着更为复杂的交易结构，以至于个人的权益在某些情形下不能通过经济市场的交易来实现，而只有通过政治市场的交易来实现。1962 年，布坎南与戈登·塔洛克在《同意的计算》一书中，按决策性质区分了个人决策、契约选择、集体行动与公共决策，提出了外部成本函数、决策成本函数、相互依赖成本函数，并把相互依赖成本的最小值作为集体选择或公共决策的最优规则，使公共选择理论具有了经济学的基础。由于布坎南在公共选择领域开创性的研究，他于 1986 年获得诺贝尔经济学奖。

一、公共选择理论基本假定

早在 19 世纪末，瑞典经济学家维克塞尔就通过交换的概念把经济市场与政治市场联系起来，提出了政治自愿交易学说。该学说建立在“方法论上的个人主义、理性经济人假设、作为交易的政治”三个基本条件之上。维克赛尔认为，没有个人利益就没有任何利益，人们正是基于自身利益，通过自愿的交易来形成所需要的政治产品。在经济市场上，人们用一种物品交换另一种物品；在政治市场上，人们支付税收交换公共服务。此外，维克赛尔把完全一致的原则作为检验政府活动效率的最好原则。1919 年，另一位瑞典学派经济学家林达尔提出了公共产品概念。他指出，由于公共产品的外部性特征，个人缺乏提供它的激励，政府便成为公共产品的常规提供者，而人们缴纳的税收实际上是他们为公共产品的生产支付的成本。他还指出，政府在一定时期提供的公共产品的数量是由不同利益的社会成员进行相互交易的均衡点来决定的，由此开创了公共产品市场交易均衡的分析方法。

布坎南指出："政治是一个更为复杂的交换结构，通过这个结构，人们希望集体地获得个人私下确定的目标，而这些目标是不能通过简单的市场交换来有效获得的。"[13] 在这一过程中，无论是普通民众，还是政府官员，都运用成本收益工具，期望公共政策的选择符合自身的利益。塔洛克发现，与政府行政部门相比，私人企业有着更为硬化的预算约束，由此产生了一个反常结果：在其他条件不变的情况下，私人企业中的个人活动最有可能符合公共利益，而在行政机构中，人们却有可能恣意追求个人利益的最大化而不管这些个人利益是否符合公共利益。在《同意的计算》一书中，作者建立起了一个贯通经济市场与政治市场的分析框架。该框架继承了维克赛尔关于"方法论上的个人主义、理性经济人假设、作为交易的政治"的观点，通过引入外部成本、决策成本、相互依赖成本概念，为公共决策的最优化提供了一种说明。

二、决策成本－外部成本分析工具

布坎南与塔洛克把决策分为纯粹个体主义行为的决策、私人自愿组织起来的决策、集体或政府行为决策三种类型，以 a，b，g 表示各个决策的总成本的预期最小值，这些成本中既包括外部成本，也包括决策成本。[14] 每种决策都影响到外部成本与决策成本，两者之和为相互依赖成本。由于个人决策目标就是要使相互依赖成本最小化，对于个人来说，三种决策发生的相互依赖成本从最低到最高包括六种排序：

(1)（$a \leq b < g$）；

(2)（$a < g < b$）；

(3)（$b < a < g$）；

(4)（$b < g < a$）；

(5)（$g < a \leq b$）；

(6)（$g < b < a$）。

在第一种排序中，纯粹个人决策优于契约决策与集体行为或公共决策，当纯粹个人化行为的预期组织成本为零（$a = 0$）时，不存在外部效应，有理性的个人做出的决策选择则是把所有符合这种条件的活动留给私人行动领域。

在第二种排序中，$a > 0$，之所以个人预期会有一些外部成本或溢出成本，这是其他个人的行动的结果。但由于这些成本低于自愿协作行动或政府行动的预期成本，所以，通过把这样的活动留在由纯粹个体主义或私人的决定来组织的部门范围内，社会相互依赖成本就被有效地最小化。

在第三种排序（$b < a < g$）中，通过自愿的契约安排来组织活动所导致的成本，小于由纯粹个体主义的行为所施加的成本，而后者又小于集体的组织活动的

预期成本。纯粹个人化行动会带来显著的外部效应，如果不允许在个人之间发生契约性的安排，那么这种外部性就有可能把相当大的成本强加给个人。因此，个人通过自愿协作与契约安排，宁愿承担由此带来的外部成本，而不愿把决策权转交给公共的领域。

在第四种排序中（b<g<a）中，个人会产生这样的预期，自愿的协作行动将是有效的组织方法。这里的等级次序还意味着，因为集体决策给个人造成的相互依赖成本，会低于纯粹个体主义的决策所造成的成本，个人宁愿把某些个人决策转交给公共部门。

在第五种排序（g<a≤b）中，纯粹个体主义的行动将产生一些外部效应（a>0），而消除或减少这些外部效应的最有效的方法，是通过行政过程来组织这种活动，比如公共消防与公共安全。

在第六种排序（g<b<a）中，人们的个体主义行为将造成较大的溢出效应或外部成本，而减少这种外部成本的有效方法是通过契约安排或是把这些活动转交给公共部门。并且，与契约安排相比，公共部门更能够减少外部性[15][16]。

布坎南与塔洛克指出，私人行为的外部效应的存在，既不是集体选择的必要条件，也不是它的充分条件。“在由自由的个人选择所产生的最后均衡中，各种契约安排往往会在某种志愿的基础上得到确定，这将有效地减少外部性，且有可能完全消除外部性。在该群体中，集体的组织各种活动的好处，完全在于集体组织有更大的效率。私人性的契约安排有可能消除私人行为的全部外部效应，但要维持这种组织，却可以证明是代价相当大的事。在这样的条件下，支持把该项活动转给集体领域或公共部门。”[17]

外部成本 C 与决策成本 D 都是决策人数的函数。外部成本是决策人数的递减函数，决策成本是决策人数的递增函数，随着决策人数的增加，外部成本线向右下方倾斜，决策成本线向右上方倾斜，两条线有且只有一个焦点。而相互依赖成本（$C+D$）也是决策人数的函数，在一个决策人数－成本的两位坐标系中，相互依赖成本线表现为一条U型线（见图12－1），并且在决策成本与外部成本相等时取得最小值，这便是最优决策的解[18]。

其中：ON 表示决策人数，OA 表示相互依赖成本；C 为外部成本线，D 为决策成本线，（$C+D$）为相互依赖成本线，0K 为相互依赖成本取得最小值时的达成一致的决策人数。

当整个社会决策由一个人完成时，不存在达成决策的交易费用、监督费用、谈判费用，$D=0$，但存在最大化的外部成本，$Ma\times C=OA$；而当社会决策取得完全一致时，外部性就被减弱到最小限度，$C=0$，但达成完全一致却要付出高昂的谈判成本，$Ma\times D=NB$；最优决策产生于决策成本对外部成本的协调，由于

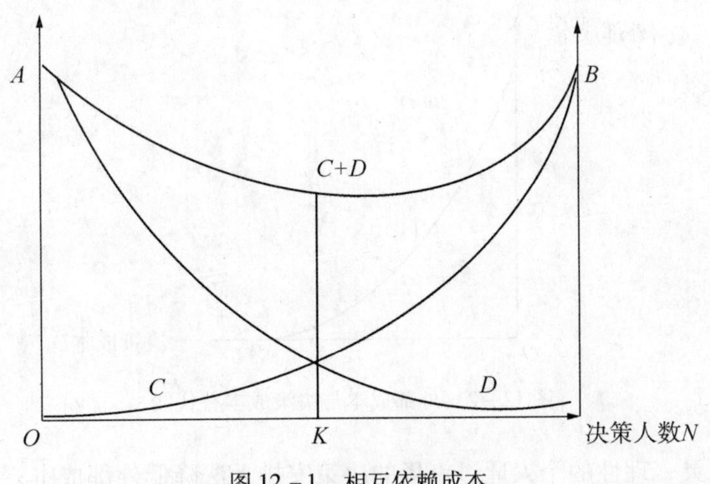

图 12－1 相互依赖成本

相互依赖成本（$C+D$）线呈 U 型线，其最低点对应的决策人数为 K，或者说当完全一致（ON）为多数一致（OK）所替代时，得到了最优决策，此时 $d(C+D)/dN=0$。

三、成本替代线与等净收益线

外部成本 C 是决策的外生变量，是指他人施加到一个人身上的成本或福利损失，并不是由决策当事人直接支付的成本；决策成本 D 是决策的内生变量，是指个人、组织、集体决策必须直接支付的成本，包括交易成本（D_1）、组织监督成本（D_2）、达成集体行动与公共决策的谈判成本（D_3）。在新的决策尚未成行的原有决策层级上，并列存在着外部成本与决策成本，而对于更高一级的层级来说，较低一级的层级发生的所有成本，包括外部成本与决策成本，都可以当作外部成本来处理。从这种意义上讲，新的决策只有一个目标，就是通过增加（或减少）决策成本来降低（或放任）对它来说上一个决策层级的外部成本。

在外部成本与决策成本之间，存在着类似菲利普斯曲线中通胀率与失业率的两难选择或此消彼长的关系：要想保证一个较低的决策费用，就要忍受一个较高的外部成本；要想减低外部成本，就要支付一个较高的决策费用（见图 12－2）。

该线的斜率表现了替代的强弱程度以及决策成本变动对净收益的贡献程度：替代线陡峭，意味着决策效率高，增加一个不大的决策成本，将带来一个较大的外部成本的下降，净收益增加；替代线平缓，意味着决策效率低，增加一个较大的决策成本，只换来一个较小的外部成本的下降，净收益下降；替代线水平，意味着政治市场的公共决策失灵，或简称政府失灵，很高的决策成本支出也换不来外部成本的下降；替代线垂直，意味着经济市场的个人决策与契约决策失灵，或

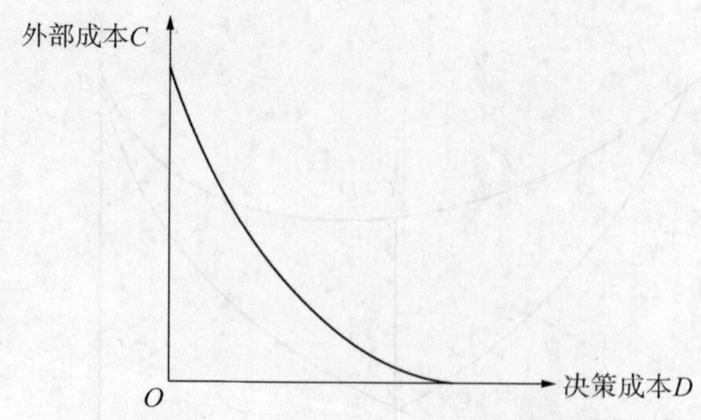

图 12－2　外部成本与决策成本替代线

简称市场失灵，理性的个人通过市场的决策安排无法降低外部成本；替代线平行上移，意味着公共政策的替代效率降低，要降低一个外部成本，需要支付一个更高的决策成本；替代线向右上方倾斜，意味着正相关，市场失灵与政策失灵同时发生。

在成本替代的过程中，根本的问题在于保证有一个净收益的产生。净收益指决策成本替代外部成本过程中收益的增量。而等净收益线刻画了净收益与成本变动之间的关系，它表示保证一个净收益所有的决策成本与外部成本的组合。较高的等收益线 L_3 表明降低一个外部成本需要付出更多的决策成本，从而保证一个净收益；较低的等收益 L_1 表明降低一个外部成本需要付出一个不太大的决策成本，从而保证一个较小的净收益。不难得出如下结论：在保证一定的净收益前提下，净收益线 L_2 与外部成本－决策成本替代线相切，成为最优解（见图 12－3）。

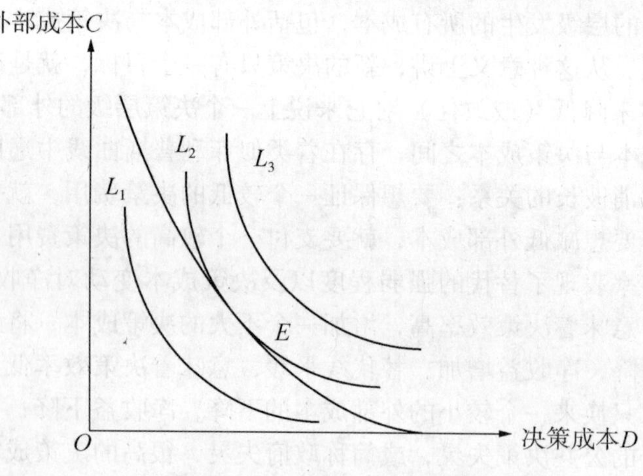

图 12－3　等净收益线

它的经济学意义在于：保证一个净收益增量所支付的最小决策成本，或者给定一个决策成本所能得到的最大净收益增量。它也意味着，相互依赖成本最小，私人收益接近社会收益，外部性被有效降低。而这一最优决策的实现，以社会成员的普遍参与为前提，他们会选择出一种外部性最小，私人收益最接近社会收益的决策安排与制度安排。

决策均衡基于决策成本对外部成本的替代，由于达成完全一致的相互依赖成本太高，尽管它极大地消除了外部成本，但达成完全一致的成本时社会却难以承受，多数规则作为一种替代就是可操作、可实现的决策均衡，它不仅保证了相互依赖成本最低，也可由决策程序来保证。在布坎南这里，程序优先是根本性的，因为所有决策问题都已经建立在“私人在人权和产权获得初始界定之后”这一基础之上，无论是采取个体主义决策，还是采取契约决策，或是采取公共决策，都是具有决策权的社会成员依据个人的预期成本变化自主选择与公平博弈的结果。但对于制度转型的后发国家来说，程序优先远未触及问题的根本，存在着比西方学者常常强调的程序优先更为重要的原则，它们反而被程序优先遮蔽了。因为倘若没有建立起保证个人财产权与决策参与权最为基本的规则，就无法确定公共决策的公正原则，何谈程序？哪来优先？因为作为最为基本的准则恰恰不是决策的结果，而是前提，它既不能通过决策程序来保证，也不能由决策结果所推翻。这些最为基本的原则比程序优先更具有优先性，正是它们，构成了国家性质的根本与社会兴衰的关键。对于布坎南面对的先行宪政国家，这不是一个问题，而对于杨小凯面对的后发国家，这是问题的核心所在。

第四节　杨小凯解释：制度模仿与技术模仿

林毅夫于2002年6月12日在北京大学发表了《后发优势与后发劣势——与杨小凯教授商榷》的演讲，对杨小凯在天则研究所所作的《后发劣势，共和与自由》演讲做出了直接回应。杨、林之争涉及制度转型的核心问题。杨小凯指出：今天的中国经济学家经常谈论后发国家经济发展的后发优势，但是他们很少注意到后发劣势。它是指下列现象：经济发展中的后起者往往有更多空间模仿发达国家的技术，用技术模仿来代替制度模仿。因为制度改革比模仿技术更痛苦，更触痛既得利益，更多模仿技术的空间反而使制度改革被延缓。这种用技术模仿代替制度模仿的策略，短期效果不差，但长期代价极高。真正要利用后发优势应该提倡制度兴国，民主宪政兴国。[20] 而林毅夫则认为：从理论和经验的角度来看，一个后发国家并非要先实现英、美的宪政体制改革才可以避免后发劣势。一个发展中国家是否能利用和发达国家的技术差距来加速经济发展的关键在于发展战略：如果政府的政策诱导企业在发展的每一个阶段，都充分利用要素禀赋结构所决定的比较优势来选择产业，那么，后发优势就能够充分发挥，要素禀赋结构能够得到快速的提升，产业结构就会以“小步快跑”的方式稳步向发达国家接近。[21]

一、杨小凯的制度模仿优先论与林毅夫的技术模仿优先论

（一）杨小凯的制度模仿优先论的理由

1. 以技术模仿代替制度模仿是后发国家的“后发劣势”

杨小凯指出，后发国家在技术与制度方面都存在着后发劣势，其中，制度落后尤为根本。在后发国家社会转型过程中往往舍本求末，倾向于模仿发达国家的技术和管理而不去模仿发达国家的制度。这样，后发国家虽然可以在短期内实现经济的快速增长，但是会强化制度模仿的惰性，给长期增长留下隐患。在缺乏宪政基本制度的情况下，后发国家缺乏自我纠错机制、制度创新能力及相关的制度基础设施，当技术模仿的潜力已经耗尽，或者劳动分工的网络变得日益复杂的时候，这种策略的长期代价将超过它的短期利益。

2. 模仿应该由难而易

后发国家在向西方学习的过程中，常常采取较易的技术模仿策略，而推延较难的制度模仿进程。但杨小凯认为，后发国家在进行技术模仿之前，要先完成制度模仿，否则无法进行制度创新。如果先发展经济，再进行制度改革，势必造成权力的滥用与腐败现象，形成既得利益阶层，阻碍制度改进，最后招致长期经济发展的失败。在英国，经济发展的最初过程是从光荣革命开始，形成了议会与国王之间的权力制衡的共和制，首先通过对王权的限制和对私有产权的保护，然后才促进了分工演化与工商业革命。如果本末倒置，将错失制度模仿的时机，而短期的经济增长终将遇到制度屏障，最后会陷入后发劣势的陷阱。

3. 制度模仿是整个社会转型、经济转轨的核心

诺斯早就指出，国家制度是整个制度的核心，是经济增长的根本。杨小凯指出，后发国家社会转型的核心在于建立现代国家，向宪政制度转变，而经济改革只是宪政转型的一个组成部分。经济增长的最终源泉是制度与技术的创新，而这些都是在给定的制度下完成的。与宪政制度相比，集权制度所能允许的制度尝试的数量与种类要少得多，这就使得后发国家制度创新的可能性要小得多，最终的经济绩效也差得多。只有突破这一后发制度瓶颈，实现制度转型，才能够产生制度激励与持续的经济增长。各个发展中国家尽管有着特定的历史和文化传统，但

不能导致不同的转轨路径，应该遵循同一个转轨路径。

林毅夫针对杨小凯的制度模仿优先论，提出了技术模仿优先论，对杨小凯的观点进行了全面反驳。

（二）林毅夫的技术模仿优先论的理由

1．技术模仿是后发国家后来居上的主要依据，是后发优势的主要内容

林毅夫强调，技术模仿是后发国家后来居上的主要依据，它们在引进发达国家的技术时，技术变迁的成本远远低于发达国家，因而从技术的层面来说，发展中国家有比发达国家增长更快的潜力。尽管后发国家在收入水平、技术发展水平、产业结构水平与发达国家相比存在着较大差距，但它们可以利用这个技术差距，通过引进技术的方式来加速技术变迁，取得更快的经济发展。这恰恰是后发优势的关键所在。

2．制度是内生的，制度的转变是一个长期而缓慢的过程

林毅夫承认制度是重要的，但指出一个最优的制度安排实际上是内生的，与发展阶段及历史、文化等因素有关。制度变迁是不可能隔夜就能完成的，即使共和宪政体制真的那么重要，也不是通过改变宪法或政权就可以在一代人或两代人之间建成的，只能是一面发展经济一面逐步探索、逐步完善。在他看来，社会转型必然是一个长期的过程，不会因为一部宪法的颁布和一次选举的举行就能完成。用激进改革的方式不仅不能真正实现宪政转型，而且会对经济发展立即造成破坏。因此，渐进的转型优于激进的改革。

3．宪政体制既不是经济长期发展的充分条件，也不是必要条件

林毅夫认为，宪政改革先行的国家并不一定好于宪政改革后行的国家，还没有发现世界上有哪一个后发国家是因为先进行了宪政改革，然后经济才持续快速发展。印度很早就实行了宪政制度，但至今未看到其经济发展的良好绩效，所以，宪政体制不是经济长期发展的充分条件；又如新加坡没有实行共和宪政制度，但其经济发展的良好绩效无可否认，所以，宪政体制也不是经济长期发展的必要条件。因此，一个后发国家并非要先实现英美式宪政体制才可以避免后发劣势，后发国家能否利用与发达国家之间的技术差距来加速经济发展的关键在于发展战略：如果政府的政策诱导使企业在发展的每一个阶段上，都能充分利用要素禀赋结构所决定的比较优势来正确地选择产业，那么，后发优势就能够充分发挥，要素禀赋与经济结构都能得到快速的提升，产业结构就会以“小步快跑”的方式稳步向发达国家接近。

杨小凯与林毅夫之争的实质，是应该在何种制度框架寻求社会转型与经济增长的问题。在杨小凯看来，后发国家的后发劣势不仅在于技术的落后，而更为根本的在于制度的落后，改革的关键在于重构国家制度。而在林毅夫看来，后发国家的落后主要表现在技术层面，它们单纯通过技术模仿，在制度代价很小的条件下可以取得持续的经济增长，这一点恰恰是后发优势之所在。在杨小凯看来，以个人权利为基础、以制约公权核心的制度改进是经济持续增长前提的先行条件。在林毅夫看来，依据自然禀赋差异的技术模仿才是经济持续增长的先行条件，而制度改进则是经济增长的最后结果。在杨小凯看来，朝向宪政的制度改革是经济进步与社会转型的核心所在。在林毅夫看来，国家恰当的产业战略调整是经济进步与社会转型的关键所在。

这样，杨林之争的焦点又回到了诺斯悖论，回到了国家制度对于经济增长的意义。

二、国家类型与决策后果

早在古希腊时期，亚里士多德把国家制度分为六种类型：君主制，贵族制，共和制，民主制，寡头制，僭越制。他认为，前三种制度是好的制度，后三种制度是坏的制度。其中，在君主制条件下，君主享有整个国家，对整个社会负责，是最好的制度；在贵族制条件下，贵族崇尚荣誉，也能对社会负责，是次好的制度；在共和制条件下，制衡并保护权利，对社会负责，也是较好的制度；在民主制条件下，大众参与决策，但可能导致权力被多数贫困者操纵而不顾少数富人的利益，是坏的制度里最不坏的制度；在寡头制条件下，寡头迷恋财富，只考虑自身利益，不顾及社会利益，不能对社会负责，是较坏的制度；在僭越制条件下，僭越者通过暴力与阴谋获得国家权力，从手段到目的都对社会造成危害，是最坏的制度。[21]

但从决策参与的角度看：君主制与僭越制是最坏的决策制度，由一个人的决策替代了社会决策，社会参与度 = 1/N。由于社会成员个人的决策权被剥夺，尽管决策谈判成本为零，但监督成本与外部成本最大，社会成员的私人净收益与社会净收益的差额最大，而社会成员的外部损失恰恰构成君主或僭越者的福利所得。贵族制与寡头制是较坏的决策制度，由少数人决策代替社会决策，尽管决策成本较小，但外部成本与相互依赖成本较大，社会成员的私人净收益与社会净收益的差额较大，社会相互依赖成本接近最大值，社会成员的福利损失恰恰构成贵族或寡头的福利所得。共和制与民主制是较好的决策制度，由社会成员的个人决策决定社会决策，在完全一致或接近完全一致时，尽管外部成本较低，但决策成本与相互依赖成本较大，社会成员或者由他们组成的共同体会通过协商达成多数一致，在社会相互依赖成本最小值附近实现决策均衡，使社会成员的私人收益接近社会收益的水平。

到了启蒙运动以后，国家类型被学者们分为两类：契约制国家与掠夺制国家。在契约制国家中，社会成员享有平等的生命权、财产权、自由权，而且这些权力是他们不可剥夺、不可转让的权利，国家本身就是社会成员达成的社会契约。在这种制度下，社会成员的个人决策最终决定社会决策，或者由他们组成的共同体具有决策权，通过协商达成一致，尽管存在一定的决策成本，但外部成本较低，个人净收益接近社会净收益；而在掠夺制国家，基本权利存在着不公平的分配，社会成员缺失基本人权保障，由国家决策替代社会决策，尽管其决策成本较小，但外部成本较大，社会成员的私人净收益与社会净收益的差额较大，社会成员的福利损失恰恰构成既得利益集团的福利所得，而财产的不平等只是初始权利不平等的社会结果。

到了近代，中国社会所认识到的国家类型包括君主专制、君主立宪、民主立宪三种政治架构。即使是来自清王朝内部的开明派也得出一个重要结论，即君主立宪是一种利国、利民、不利官的制度，有利于皇权永固，有利于消弭革命，有利于抵御外患。[22]而君主立宪制就是英国和日本的模式，在保留皇权的前提下，通过立法权、司法权、行政权的分离形成权力制衡，通过民选议会与责任政府形成社会参与的决策机制。从决策优化的角度看，在从君主专制到君主立宪决策的转换过程中，由于制衡了权力，外部成本会大幅度下降，并使决策的不断优化成为可能；而在缺乏决策权利公平分配条件下，由于社会财富分配的严重不公，社会下层民众往往以财富平等为第一诉求，并通过革命的极端方式来实现，而革命又造成决策权力的高度集中，使得朝向由社会成员普遍参与决策的制度改进变得依然艰难。诚如阿克顿勋爵痛心疾首所说的：“由于对平等的热衷，使自由的希望落了空，曾经赋予这个世界的大好机会因而被抛弃了。”[23]这一点，对于后发国家具有普遍性。

三、外部成本与寻租

后发国家的后发劣势集中表现在经济市场与政治市场决策权力的过度集中，前者表现为垄断，后者变现为集权。这两种情况会导致垄断寻租与权力寻租这两种不同的寻租行为，造成过高的外部成本，即对于社会来说的收益溢出，而溢出的部分构成决策制度造成的租金，该租金的上限与下限，构成寻租空间。

租金最早指土地租金，后来被马歇尔引申为机会成本的剩余，即支付给资源所有者的报酬超过这些资源在任何其他可选择的用途中所能得到的报酬的那一部分。安妮·克鲁格于1974年在《美国经济评论》上发表的《寻租社会的政治经济学》一文将寻租定义为利用资源通过政治过程获得特权，从而构成对他人利益的损害大于租金获得者收益的行为。戈登·塔洛克则把寻租称为“利用资源为某些人牟取租金，并给社会带来负的价值”的行为[25]。在垄断决策与竞争决策并存、权力规则与市场规则共同发生作用的条件下，同一资源或产品就存在着不同的交易价格，这样便为寻租提供了空间，而这种通过权力定价导致的租金，可以看作不同的决策安排产生的收益差额，并被寻租者内部化，也等于两种决策制度下的外部成本之差，并把这样一个外部代价转嫁给整个社会（见图12－4）。

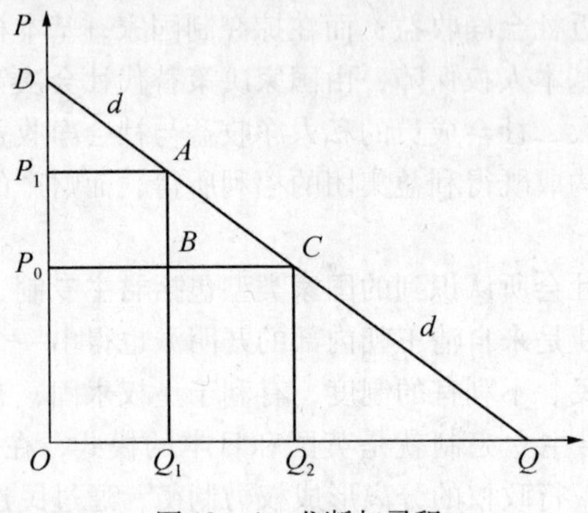

图12－4　垄断与寻租

其中，OQ 表示数量，OP 表示价格，dd 为需求线。OP_0 为竞争价格，OP_1 为垄断价格，它可由经济垄断形成，也可由政府权力干预形成。

在自由竞争条件下，均衡价格为 OP_0，均衡交易量为 OQ_2，消费者剩余为三角形 DP_0C 的面积；在垄断或政府替代市场决策制度下，均衡价格为 OP_1，均衡交易量为 OQ_1，消费者剩余为三角形 DP_1A 的面积，消费者损失为 P_1ACP_0，其中，P_1ABP_0 为垄断收益，哈伯格三角形 ABC 的面积为社会净福利损失。而寻租最大收益空间为矩形 P_1ABP_0 的面积，由寻租者与权力者瓜分，其中寻租者付出寻租成本，获得瓜分资格，权力者把寻租者的寻租成本转化为自己的收益。

垄断寻租导致的低效与福利损失，已为经济学家们深入讨论并加以说明。但为经济学家所忽视的是，在从垄断到竞争、权力到市场的制度转型期间，存在着两种决策安排之间，通过垄断与通过权力的设租与寻租决策，获得交易机会与盈利机会。如果政府掌握着大量稀缺资源，并对这些资源具有定价权，那么就始终存在着另外一种可能性：以低于市场竞争价格的资源定价来进行创租、设租，制造价差、息差、利差、税差、费差、汇差的寻租空间，从而为交易双方带来利益。樊纲曾通过“相对于计划价格来说的市场短缺”来界定灰色市场或寻租的制度条件（价格双轨制）与物质条件（短缺），并说明了价格双轨制条件下的灰色市场关系的溢散效应。资源由市场定价与权力定价造成的价差，资金由市场真实利率与名义利率造成的息差，投资的市场收益与权力介入的收益造成的利差，成为权力腐败的温床。这种状态与垄断寻租有着根本的不同点：垄断意味着较高的价格、较小的交易量、较低的增长，在较高的垄断价格与较低的市场价格之间构成寻租空间；而权利经济条件下的寻租除了垄断与权力的高定价设置寻租空间之外，还可以通过较低的价格、较大的交易量、较快的增长，在较低的权力定价与较高的市场定价之间构成寻租空间。而这一点，成为转型的发展中国家的制度特征。

在后发国家转型的过程中，国家通过私有化与市场化安排，开启了分工演进、决策优化的进程，一部分资源通过市场配置提高了效率，基于外生比较优势的技术模仿与国际分工也带动了经济增长。即使在社会公共决策与国家权力结构再造方面毫无作为，但通过市场化改革与权力介入，也能在相当一段时期增加社会福利。它意味着纯粹政府权力决策改进为个人决策、市场契约决策、权力决策的混合决策结构，外部性程度降低，私人收益水平上升。而在这一过程中，"从寻租中获得的经济收益将足以诱使经济企业家变成政治企业家"[25]，同时，行政官员的设租行为也经济化与企业家化了。尤其突出的表现为，"第三世界的政治控制已经使得政治统治者能够利用市场力量来牟取自己的利益"。"文森特·奥斯特罗姆提出了一个有力的实例证明，有少数人设计的以最大化政治控制和寻租活动的实体，不可能为（社会成员）个人提供因要努力解决他们自己的经济问题以及因要更大地提高效率和增长所带来的个人机会而进行制度试验的尝试"。[26]简言之，这种以最大化权力控制和最大化经济寻租的社会秩序成为制度改进的根本障碍。

当然，不能简单地认为，权力控制与寻租的存在不能导致经济增长。在租金最大与社会产出最大之间，不仅存在着制度调整空间，而且在双轨制之间，还存在着更多的寻租机会与交易机会。这两个方面都可以把更多的交易机会与经济资源卷入经济活动之中，导致经济增长，使租金和社会福利都得到提升，但以一个较高的外部成本为代价。新加坡与中国的增长也说明了这一点。对此，经济学家们则缺乏深入的说明。

因此，在制度转型期间，存在着较大的寻租空间与较多的交易机会。在竞争秩序与垄断秩序，市场决策与权力决策共同发生作用的混合体制中，始终存在着这样一种可能与动力：社会部分成员可以在制度上通过低于市场价格的方式买入，通过等于市场价格或垄断价格的方式卖出，以这种设租与寻租形态获得交易机会与盈利机会，其结果是整个社会以一个较高的外部成本代价或福利损失换取经济增长。由于政府权力部门掌握着大量的经济资源与投资机会，也就为寻租行为提供了滥散的制度条件。这一点，构成经济转型中的发展中国家的制度特征，其造成的经济激励可能延长制度转型的时间（见图 12－5）。

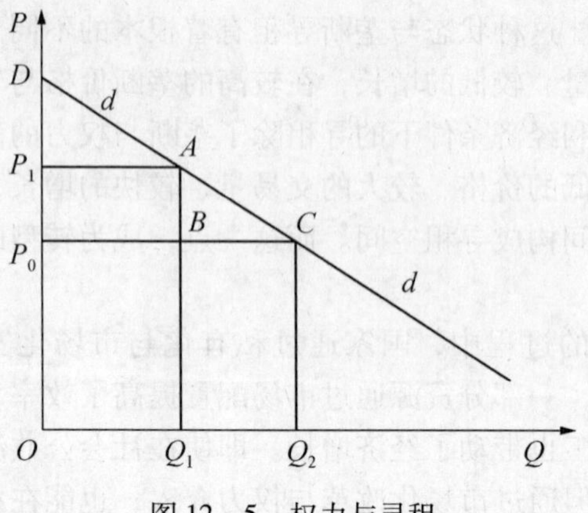

图 12－5　权力与寻租

其中，OQ 表示数量，OP 表示价格，dd 为需求线，OP_1 为竞争价格，OP_0 权利定价。

在市场竞争条件下，均衡价格为 OP_1，均衡交易量为 OQ_1，消费者剩余为三角形 DP_1A 的面积；在政府替代市场决策制度下，买入价格可以为 OP_0，均衡交易量为 OQ_2。这一点也意味着更多的交易机会、更大的交易量、更高的外部成本，甚至更快的经济增长；卖出价格为 OP_1，而套利空间或租金为矩形 P_1ACP_0 的面积，由寻租者与权力垄断者瓜分，其中寻租者付出寻租成本，获得瓜分资格，掌握着公共资源的定价者把寻租者的寻租成本转化为自己的收益。哈伯格三角形 ABC 的面积仍为社会净福利损失。此外，塔洛克强调，考虑到寻租与低效的关系，交易过程中不仅存在寻租成本，而且存在低效额外成本，哈伯格三角形可为塔洛克四边形所取代（见图 12－6）。

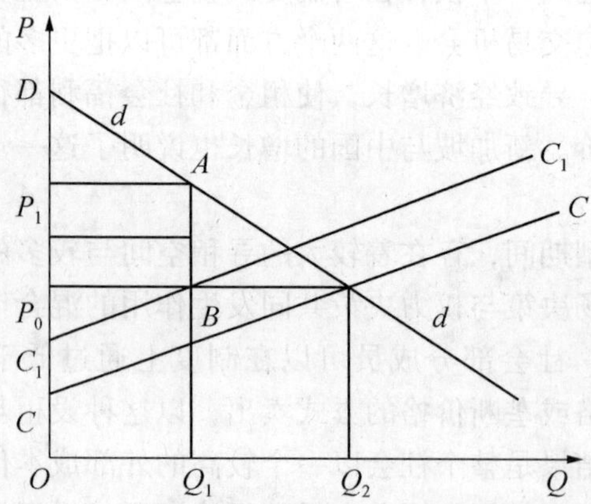

图12－6　竞争性受限的寻租与塔洛克四边形

原有的成本线为 C，寻租致使竞争性受阻，致使成本线上升为 C_1，C 与 C_1 在四边形 OQ_1BP_0 之间的面积也为社会福利的损失，并使原有租金的面积 ABP_0P_1 被一分为二，上面部分为租金，下面部分为成本上升导致的新的社会福利损失，即塔洛克四边形。社会总福利损失应为哈伯格三角形与塔洛克四边形之和。

因此，寻租是人们通过支付寻租成本与支配某种资源的权力相交换从而获得额外利益的行为。寻租行为的结果对寻租者与设租者个人而言是有利的，但这种非生产性盈利行为加大了社会成本，导致了社会福利损失。从整个全社会来看，因设租、寻租所付出的时间、精力、金钱等导致了资源的浪费，并对公平竞争利用社会资源造成了挤占效应。

塔洛克对寻租类型与寻租成本进行了分类。在他看来，寻租类型包括：为获得垄断地位的寻租；为保持垄断地位的寻租；为获得优于市场条件下的价差、息差、利差、税差、费差的寻租；为防止他人寻租妨碍自己寻租的寻租；租用权利；政治市场寻租。寻租成本包括：①寻求垄断租所耗费的成本，包括搜集潜在垄断租的信息成本、对政府官员的游说成本、贿赂有关人员的成本以及维持垄断租的成本等；②垄断本身所造成的福利损失；③寻租所失去的技术创新的机会及其福利。他指出，对于寻租者来讲，寻租的直接成本为第一项，寻租者寻求垄断租所耗费的成本；而后两项成本与寻租者并没有直接的关系，这些成本作为外部成本由全社会来承担。对于垄断高定价寻祖，经济学家已有较为深入的说明；但对于低于市场价格进行交易与寻租的形态，经济学家们则缺乏认识，而这一点恰恰构成后极权国家向市场转型过程中的重要制度特征，应专门加以讨论与深化。

此外，许多人把新加坡作为无须进行制度改进也能取得经济成功的范例。但这不是否定制度转型的理由。桑巴特·钱堂冯曾指出：“按照（新加坡）人民行动党领导人的观点，他们只有在将新加坡转变为一党制而可以不用过多考虑政治时，才能成功地推进人民的福利。该体制在公共住房、交通运输、保健、教育以及社区组织等领域的成就已经说服了大多数感到满意的民众，是他们相信除了人民行动党所提供的方式外，根本不存在其他办法能够保证其经济上的生存。现在，普选变成了一种动员，仅仅是为了维持这个体制和加强执政党的权利。显然，该体制已经非常成功地造就了物质上以满足的公民，他们情愿放弃一切政府拒绝给他们的东西，同时绝对服从政府。”[27] 可悲的是，“其他的亚洲国家的领导人渴望看到自己的国家成为另一个新加坡。与其他国家相比，新加坡俨然是一个理想社会了。然而，一个托克维尔的学生可能会问道：如果普通公民倾诉其冤情和所受的折磨的主要方式是报纸上竖着读的字母或者（被称为）政治谣言的传递，那么，这个吃得最好、管制得最好、教育得最好的国家还有什么意义呢？这事实上难道不是一个没有真正的政治参与和新闻出版自由受压制社会的症状吗？

更为糟糕的是，难道这种资本极权主义还没有提醒我们注意在托克维尔未提及的新专制主义中，政府为它的人民管理了生活中几乎一切重要的东西，而人民这样做因而不用考虑任何事情或者根本就不会思考了。”[28] 这种体制不禁让人想起斯密的话：“试图指导私人以何种方式运用其资本的政治家，不仅是其本人在瞎劳神，也是在僭越一种无论如何也不能安心地授权给枢密院和参议院的权利；有一个愚蠢和专断到幻想自己是适于行使这种权力的人掌握它，是再危险不过的了。”[29]

实现传统社会向现代社会转型的关键在于重构社会决策系统的基础。其中，不仅包括公民的生命权、财产权、契约权，也包括言论权、信仰权、决策权。它是保证社会分工朝着正确方向演化的基础，也是走向文明的条件。诚如杨小凯多次表述的那样：后发国家在走向现代文明的过程中，有两个方面可以模仿发达国家：一种是模仿制度，另一种是模仿技术。技术模仿可以通过直接从先进国家引进技术和管理模式来实现，而不需要进行制度创新，成本比较低，短期效果也非常明显。但是，当经济发展到一定的阶段，对制度进行改革的压力将会越来越大，因为没有相应的制度支撑，经济发展就会遇到瓶颈。在这个时候，累积下来的各种弊端积重难返，既得利益集团更为庞大，制度改革的代价将大大超过它赎买既得利益平滑转型获得的短期利益。用技术模仿代替制度变革，当技术模仿的潜力耗尽以后，失败或许在所难免。

杨小凯说：中国就处于这样一个关键时刻。

参考文献

[1] 诺斯. 经济史中的结构与变迁 [M]. 上海：上海人民出版社，1995. p. 20

[2] 布坎南，塔洛克. 同意的计算 [M]. 北京：中国社会科学出版社，2000. p. 2

[3] [4] [5] 诺斯. 经济史中的结构与变迁 [M]. 上海：上海人民出版社，1995. p. 1，pp. 233－234，p. 7，p. 17，p. 20

[6] 卢梭. 社会契约论 [M]. 北京：商务印书馆，2003. p. 19

[7] 卢梭. 论人类不平等的起源和基础 [M]. 北京：商务印书馆，1996. pp. 137－138

[8] [9] [10] 密尔. 代议制政府 [M]. 北京：商务印书馆，1997. p. 43，p. 43，p. 55

[11] [12] 诺斯. 经济史中的结构与变迁 [M]. 上海：上海人民出版社，

1995. p. 22，p. 24
[13] [14] [15] [16] [17] [18] 布坎南，塔洛克. 同意的计算 [M]. 北京：中国社会科学出版社，2000. p. 2，p. 52，pp. 53 – 63，p. 63，p. 64，pp. 67 – 73
[19] 参见：杨小凯. 后发劣势，共和与自由
[20] 参见：林毅夫. 后发优势与后发劣势——与杨小凯教授商榷
[21] 罗素. 西方哲学史 [M]. 北京：商务印书馆，2005. pp. 245 – 246
[22] 马勇. 清亡启示录 [M]. 北京：中信出版社，2012. p. 55
[23] 哈耶克. 通往奴役之路 [M]. 北京：中国社会科学出版社，1997. p. 99
[24] 戈登 · 塔洛克. 特权和寻租的经济学 [M]. 上海：上海人民出版社，2008. p. 77
[25] [26] 诺曼 · 尼克尔森. 制度分析与发展的现状//文森特 · 奥斯特罗姆等. 制度分析与发展的反思 [M]. 北京：商务印书馆，2001. p. 25，p. 29
[27] [28] 文森特 · 奥斯特罗姆等. 制度分析与发展的反思 [M]. 北京：商务印书馆，2001. pp. 72 – 73，p. 74
[29] 哈耶克. 通往奴役之路 [M]. 北京：中国社会科学出版社，1997. p. 59

后　记

感谢我的大学同窗好友郑棣、费远、李克平先生在本书的写作过程中对我的鼓励和帮助。

感谢李露钢先生对本书的意见与建议。

感谢我的朋友武治功先生、尤凤娥女士始终给予我的激励。

感谢中原工学院我的同事李雄诒教授、周纪昌教授、金明副教授对我的帮助。

感谢中山大学出版社蔡浩然、杨文泉先生、林绵华、何雅涛女士为本书的出版付出的辛劳。

李露亮

2014 年 9 月